竹村和浩
ビル・ベンフィールド

世界基準のビジネス英会話

重要交渉戦略15パターン

SANSHUSHA

はじめに

日本人は総じて「交渉」が苦手だと言われています。

かつて日本が国として経済的に優位だったバブルの頃とは違い、低成長時代の今こ
そ、本当の意味での交渉が求められているといえます。ただ、交渉といってもどのよ
うにすればよいかと戸惑われる方もいらっしゃると思います。実はグローバルな交渉に
は、いくつかの定番ともいえる交渉術が存在するのです。

それらはBATNA / Defense in Depth / Snow Job / Chicken / Brinkmanship /
Door in the Face / Foot in the Door / Highball/Lowball / Good Guy/Bad Guy /
Nibble / Bogey / Time Pressure / Deadlines / Flinch / Mirroring などと呼ばれま
す。本著は前著「世界基準のビジネス英会話」で取り上げた7つの交渉術にさらに8
つを加え、あらゆるビジネスシーンで使える内容となっています。より「交渉」に特化し
た内容を求める読者からのご要望にお応えするコンテンツとしたつもりです。

上記の交渉術は、欧米のビジネススクールなどでは必ずと言ってよいほど教わる内容
ですが、日本ではその定番すら教わる機会はほとんどありません。また日本は交渉の
際「誠意」を基本に据える傾向があり、その点でも時に「脅し」「騙し」ともいえる交
渉術を使ってくる世界の国々とは太刀打ちが難しくなることがしばしばです。

世界の各国交渉術を比較した次のようなジョークがあります。
アメリカ人には実は「交渉」はない、拳銃を突き付けて「Yes or No?」と聞く。ロシア
人と交渉していると激怒して突然席を立ってしまうが、これは単にこの交渉に真剣に
臨んでいるというジェスチャー。中国での交渉は掛け値から入り、50元のものを売り手

は100元と言い、買い手は20元と言う。売り手が80元と言うと買い手は話にならないとその場を立ち去ろうとする。するとその背中が見えなくなる瞬間に売り手は60元！と言い放ち、再び交渉が始まる。

若干大げさではありますが、それぞれの国柄からくる特徴をよく表しているといえましょう。

現在、世界はコロナ禍による困難と激変の時代のさなかです。しかしながら、世の中がどのように変化しようとも、人と人、企業と企業、国と国との「交渉」はどのような場面でも必要となります。

孫子の「彼を知り己を知れば百戦して殆うからず」の言葉通り、読者の皆さんがまずは本書にて欧米流の「交渉のグローバルスタンダード」を知り、それに加えて様々な英語表現を身につけ、日本人の「誠意」を懐にしまいつつも今後逞しくグローバルビジネスの主戦場で戦っていかれることを願ってやみません。

いつの世も最後は自分です。交渉術を武器として自分の道を切り開いていってください！

「己こそ己の寄るべ、己をおきて誰に寄るべぞ。よく整えし己こそ、まこと得難き寄るべをぞ得ん」―釈尊

2020年5月
コロナ禍の東京にて
竹村和浩　記

CONTENTS

〉 はじめに   2

〉 How to Use This Book   6

〉 世界基準の交渉術を身につける！重要交渉戦略15パターン   8

〉 英語の敬語 世界基準の4つのルール   24

UNIT 1 〉 BATNA   バトナ

〉 BATNA (1)   30

〉 BATNA (2)   38

〉 BATNA (3)   46

UNIT 2 〉 DEFENCE IN DEPTH   縦深防御

〉 Defence in Depth (1)   56

〉 Defence in Depth (2)   64

〉 Defence in Depth (3)   72

UNIT 3 〉 SNOW JOB   スノー・ジョブ

〉 Snow Job (1)   82

〉 Snow Job (2)   90

〉 Snow Job (3)   98

UNIT 4 〉 CHICKEN   チキン

〉 Chicken (1)   108

〉 Chicken (2)   116

〉 Chicken (3)   124

UNIT 5 〉 BRINKMANSHIP   瀬戸際戦術

〉 Brinkmanship (1)   134

〉 Brinkmanship (2)   142

UNIT 6 〉 DOOR IN THE FACE   ドア・イン・ザ・フェイス

〉 Door in the Face (1)   152

〉 Door in the Face (2)   160

〉 Door in the Face (3)   168

UNIT 7 〉 FOOT IN THE DOOR   フット・イン・ザ・ドア

〉 Foot in the Door (1)   178

〉 Foot in the Door (2)   186

〉 Foot in the Door (3)   194

UNIT 8 › HIGHBALL / LOWBALL ハイボール／ローボール

> Highball/Lowball (1) — 204
> Highball/Lowball (2) — 212

UNIT 9 › GOOD GUY / BAD GUY グッドガイ／バッドガイ

> Good Guy/Bad Guy (1) — 222
> Good Guy/Bad Guy (2) — 230
> Good Guy/Bad Guy (3) — 238

UNIT 10 › NIBBLE ニブル

> Nibble (1) — 248
> Nibble (2) — 256

UNIT 11 › BOGEY ボギー

> Bogey (1) — 266
> Bogey (2) — 274
> Bogey (3) — 282

UNIT 12 › TIME PRESSURE タイム・プレッシャー

> Time Pressure (1) — 292
> Time Pressure (2) — 300
> Time Pressure (3) — 308

UNIT 13 › DEADLINES デッドラインズ

> Deadlines (1) — 318
> Deadlines (2) — 326
> Deadlines (3) — 334

UNIT 14 › FLINCH フリンチ

> Flinch (1) — 344
> Flinch (2) — 352

UNIT 15 › MIRRORING ミラーリング

> Mirroring (1) — 362
> Mirroring (2) — 370

> あとがき — 378

HOW TO USE THIS BOOK

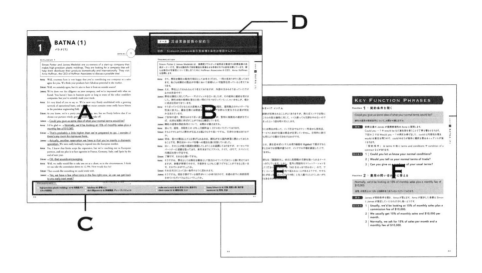

A 重要な交渉戦略を 15 個選び、その交渉戦略に沿って 40 のビジネス英会話が掲載されています。300 語程度の会話がアメリカ人、イギリス人、カナダ人、オーストラリア人のナレーターにより吹き込まれています（音声トラックは右上にある音声表記のとおり）。

会話文は、オックスフォード大学で現代語を専攻し、編集者、ライターとして新聞や雑誌記事、学習教材を多数執筆してきたビル・ベンフィールド氏が担当。「現代英語のエキスパート」＋「日本の学習者のニーズもつかんでいる」著者により洗練されたネイティブ表現を大量にインプットすることで、世界で活躍するための英語表現を身につけましょう。太字でハイライトがついているフレーズは**F**のキーファンクションフレーズを表しています。

B **A**の会話文の和訳です。

C 会話文中のキーとなるボキャブラリーをまとめています（ボキャブラリーがないページもあります）。

D ひと目でこの会話がどういったケースで、どんな目的の会話なのかがわかります。

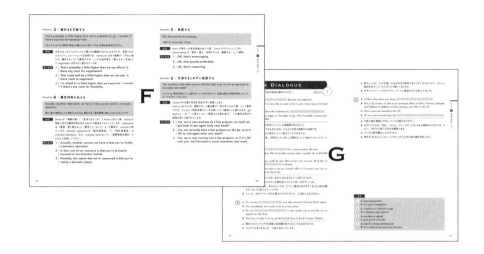

E 15 の交渉戦略ごとに関連コラムを掲載しています。各交渉戦略でよく使われる英語表現や国別の交渉戦略傾向、交渉戦略にまつわるエピソードなど多岐にわたり紹介しています。

F **A**の会話内で出てきた、それぞれの交渉戦略らしいキーフレーズを 6 つ程度選び、それぞれの意味と交渉戦略の解説をしています。会話の中でどのように交渉戦略が使われているのか、そのフレーズがどのような意図で使われているのかなど実践的な解説が満載です。
英語公用語採用企業や国内大手企業のグローバル人材育成に従事し、多くの日本人ビジネスパーソンを見てきている著者ならではの視点で、「一流ビジネスパーソンになるための」フレーズが交渉知識などとともに細かく解説されています。

G **A**の会話や**F**のキーフレーズで登場してきたキーフレーズや類似表現をスピーキングトレーニングするページです。聞こえてきた音声を聞き取り、空所に英語を埋め、キーとなる表現を確認したあと、声に出して発音を意識しながらスピーキングの練習をしてみましょう。

重要交渉戦略15パターン

交渉が成立しない場合の代替策 BATNA

BATNA（バトナ）とは、Best Alternative to Negotiated Agreementの略で「交渉が成立しない場合のベストな代替案」を意味します。

› BATNAを仕掛けるときの注意

転職活動を例にBATNAの注意点を挙げていきましょう。

①事前にBATNAを準備

あなたの現職における年収は700万円で、現在A社と交渉中だとします。このとき「A社での年収が700万円を割る場合は、現在の会社にとどまる」＝BATNAとなります（BATNAは目標年収ではなく、ベースライン）。

対して、A社としては出せる年収は800万円で、額がこれ以上になるなら、もっと専門性を持つ人材を雇う方針です（＝A社のBATNA）。

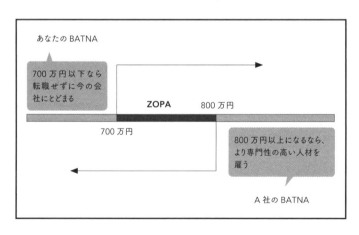

あなたの BATNA

700万円以下なら転職せずに今の会社にとどまる

ZOPA　800万円

700万円

800万円以上になるなら、より専門性の高い人材を雇う

A社の BATNA

②相手のBATNAより少し低い額で打診

この場合、図のように700〜800万円の中で交渉することになります(この範囲を
ZOPAと呼びます。コラムはp.40参照)。話し合いを通じてあなたがA社のBATNAを
把握できていれば、790万円で打診するなど、利幅を大きく狙う交渉が可能となります。

③BATNAを開示は慎重に

基本的に、BATNAは相手に明かさないほうがいいです。しかし、BATNAを伝えるほ
うがいい場合も。例えば、A社は「今まで中途採用者に800万円以上を出した前例が
なく、それ以上出すことは不可能」だとします。にもかかわらず、あなたが「830万円
を希望する」と主張し続けた場合、A社としては800万円のBATNAを明かしたほうが
話が早くまとまる可能性が高いということです。

本書での交渉例　p.30

Dialogue 1で、スタートアップ企業の共同オーナーの2人が、ある企業と交渉をスター
ト。Dialogue 2では2人がBATNAを練ります。続くDialogue 3では、2人は別の取
引先候補と商談します。2で決めたBATNAがどう効いてくるのか注視しましょう。

交渉人が入れ替わる Defense in Depth

Defense in Depthは元々軍事作戦の1つで、別名はElastic Defense (弾力性を持っ
た防御)、日本では「縦深防御」とも呼ばれます。この戦略は、敵軍が大軍で攻めてき
たとき、敵の前進を「防ぐ」のではなく「遅らせて」、最終的には敵を疲弊させることを
目的とします (詳しくはコラムp.58参照)。

ビジネスにおける本交渉は「交渉人を代えていく」方法をとることが多く、そうすること
で時間稼ぎをする、責任を分散させる狙いがあります。

例えば給与交渉の場面において、上司とあなたで交渉し、年収1000万円にまとまりか
けたところで、上司が「実は部長の承認が必要だから、部長との席を設定します」と
交渉人を代えます。

次に部長が登場し「1000万円は少し高すぎるので、900万でいかがですか。ただ、こ
の金額を通すには役員の承認が必要で」と、さらに新しい交渉人を立てます。あなた
は、話がまとまらず、さらに交渉人が代わり続けることに戸惑うはずです。

› Defense in Depthを仕掛けるには

これは**複数人で協力して仕掛けるので、交渉に不慣れな方でも試しやすいでしょう。**
先の例にあるように「立場が上の人を新しい交渉人として登場させる」ことで、相手
は抵抗しにくくなります。

もっともこの交渉術はかなり強引なので、敵対する相手に仕掛けるように。友好的、
継続的な関係を築きたい相手には避けたほうが賢明です。そういう意味では、給与
交渉において使われるケースはあまり多くなく、この例の場合は「900万円なら許容し
てもいい」くらいの態度なのかもしれません。

本書での交渉例 p.56
自治体と公共事業発注先の交渉で、自治体がこの交渉術を駆使して値引きを成功さ
せようとします。

言葉巧みに売り込む Snow Job

Snow Job とは「言葉巧みに人をだますこと、でっちあげた話」のことで、give 〜 a
snow jobで「〜を口車に乗せる」という意味になります。元々は「雪かき仕事を他人に
させるために説得したこと」からついた呼び名とも言われています。

この交渉術を平たく言うと、**セールスに付き物の「言葉巧みな売り込み」**です。
具体的には次のような方法で展開されるアプローチです。
①専門的な用語を多用し、もっともらしい根拠を数字で示すなどして畳みかける
②相手の質問に的確に答えず、論点をすり替えて話し続ける

› Snow Jobを仕掛けるなら／仕掛けられたら

**Win-Loseになりやすいので、長期的には取引しない会社や敵対する相手に向けて
仕掛けましょう。**下手をすると信頼を失う諸刃の剣とも言える交渉術なので、実行する
ときは慎重に！
互いに同レベルの知識を持ち合わせているBtoBよりも**BtoC、つまり知識がない消費
者への販売で威力を発揮する**ことが多いのも特徴です。

日本人が英語で交渉するとなったとき、Snow Jobを使う人はあまりおらず、むしろ仕掛
けられたときの心配をする方が多いはず。Snow Jobかと思われる営業トークが始まった

ら、相手に「立て板に水」の状態で話させないように。具体的には以下の点を押さえてください。

①何が重要なのか見抜く

大量の情報の中で何が重要なのかを聞きます。詳細まで把握して論点を明らかに。質問をかわされても問い続けることで、相手の矛盾点が見えてきます。

②安易に同意しない

納得していないことには同意しないこと。そうでないと一気に手玉に取られます。

本書での交渉例 p.82

車のディーラーと消費者の会話で、Snow Jobが実を結びやすいBtoCです。押しが強いことで知られるアメリカのディーラーがどのように息巻き、まくしたてるのか見ていきましょう。

終わりなきせめぎ合い Chicken

Chickenは、カーレースのチキンゲームに由来する交渉術です。このゲームは、別々の車に乗った2人が互いの車に向かって一直線に車を走らせる形式をとり、激突を避けるために先にハンドルを切った者がチキン（臆病者）とされます。
交渉においては、**脅し文句でせめぎ合い、お互いぎりぎりまで譲歩しないやり取り**をいいます。国際情勢に目を向けると、米中貿易戦争のようにChikenを数年以上にわたり続ける例が見られます（コラムp.126参照）。

› Chickenを仕掛けるときの注意

日本人にはなじみのない交渉術かもしれませんが、仕掛けるなら徹底的に。ただ、無計画に相手を脅すだけでは効果は見込めません。実際には、Highball / Lowball、Time Pressureなど、**他の強硬策も使いながら攻め込むことが多く**、本書のダイアログも例に漏れません。感情にまかせて猛攻撃するのではなく、どういうアプローチで攻め込むのか、どの交渉術と一緒に仕掛けるか、十分に準備するようにしましょう。

本書での交渉例 p.108、116、124

1話完結型で3通りのダイアログを紹介します。特にDialogue 1と3は無茶な要求を通そうとする展開です。Chikenらしい暴走がどのようなやり口で進められるのか注目しましょう。

Dialogue 1：講演料を上げたいスピーカー
Dialogue 2：住宅価格の値上げに対抗する買い手
Dialogue 3：光学機器メーカーに極端な値下げを求めるバイヤー

瀬戸際での熾烈な駆け引き Brinkmanship

Brinkmanship（瀬戸際戦術）は、あえて**危機的な状況を作り出し、相手からの譲歩を引き出す**交渉術です。

外交に目を向けると理解の助けになる事例があります。例えば冷戦中、アメリカは「ソ連が戦争をしかけるなら、犠牲を払ってでも立ち向かう」と宣言し、緊張状態を保ちつつも二大大国による核戦争は避けられてきました。

ビジネスの例を挙げましょう。創業者がキャッシュフローの悪化を投資家に訴え、「このままでは破産してしまう。そうするとこれまでの投資も無駄になる」と極限の状態で助けを請うと、創業者は文字通り崖っぷちまで追い込まれるはずです（ちなみに、Unit 12 Time Pressureで、このケースと同様の「創業者と投資家」による攻防が繰り広げられています。p.292参照）。

› Brinkmanshipを仕掛けるなら／仕掛けられたら

先の冷戦の例に話を戻すと、これは双方が「ギリギリのところで冷静さを保っている」状態だから成り立っていたものです。ちょっとしたきっかけでどちらかの感情が高まり、行きすぎた行動を取ると一触即発、両者とも崖から落ちるので注意してください。

この交渉術はWin-Loseの典型で、仕掛けることを積極的におすすめはできません。ここではむしろ「仕掛けられたときの対応術」に触れておきましょう。

交渉を仕掛ける者の心理は高ぶり、いわばブレーキがきかない状態。これを真に受けると相手のペースに飲み込まれるので、「**一度冷静に考えてみないか**」「**もっと建設的な話をしたい**」などと相手をクールダウンさせるのが得策です。

本書での交渉例 p.134、142

特にDialogue 2の労使交渉は、最悪の状況であるストライキを盾にBrinkmanshipを仕掛ける典型的なやり取りが展開されています。

Dialogue 1：共同制作における利益分配で優位に立ちたい小説家
Dialogue 2：労使交渉において賃上げを実現したい労組リーダー

あえて門前払いをさせるDoor in the Face

これは、元々はshut the door in the face（門前払いを食わせる）という成句から来た交渉用語です。

まず、法外な値段をふっかけて門前払いをさせます。これにより相手には「返報性」、つまり断った罪悪感が芽生えます。その後、仕掛けた側は一転して低い値段を提示。相手は「これくらいはのまないと申し訳ない」と条件を受け入れます。この**「低い値段」こそ、本来通したかった額**というからくりです。

> Door in the Faceを仕掛けるときの注意

法外な値段に対して相手が拒絶したらすぐに値下げする。それだけだと不信感を抱かれる可能性があります。

例えば、販売員が訪問してきて「2万円の化粧水があります」といきなり法外な値段で営業したとします。「とんでもない」とあなたがドアを閉めた後、販売員が再訪して「では8000円でお売りします」と言ったら、胡散臭い印象を持つはずです。

そうならないためのアプローチを2つご紹介します。

①ワンクッション置く

すぐに値下げせずに「上司に相談して後日訪問します」などと、あえて寝かせることで信憑性を出します。

②**価格だけでなくサービスの範囲も縮小する**

例えば「システム全体の入れ替えが必要で300万円かかる」とふっかけ、相手が難色を示したら「最低限マーケティング部門だけは見直す必要があり、それなら50万円で済む」などと、手がける範囲も縮小することで、値下げのプロセスが妥当である印象を与えます。

本書での交渉例 p.152、160、168

Door in the Faceは価格交渉だけではなく、マーケティングや人事関連でも応用できます。Dialogue 2と3は価格交渉以外の例です。

Dialogue 1：潜在顧客と契約を取りつけたいITコンサル
Dialogue 2：営業責任者に2年分の顧客リストを分析させたい経営者
Dialogue 3：ITの専門家の社員に地方業務を請け負ってほしい経営者

段階的に要求を上げる Foot in the Door

これは**小さな依頼から始め、少しずつ要求の度合いを上げ、最終的な要求を承諾させていく手法**です。

この名称は「訪問員が玄関のドアの隙間に足を入れて『少し話を聞いてほしい』と、小さな要求を足がかりに営業するさま」からきており、have a foot in the door（とっかかりを得る）という成句もあります。

これは心理学でいう「一貫性の原理（人は一貫して同じ方針を取りたがる）」を利用していますが、例を挙げましょう。ある慈善団体が訪問してきて「難民支援の寄付が必要です。額は少なくて構いません」とお願いし、あなたは「では3000円なら」と応じたとします。翌年、同じ訪問員が「難民の状況は昨年より厳しく…」と懇願してくれば、あなたは「では5000円に」と増額するかもしれません。

› Foot in the Doorを仕掛けるときの注意

この交渉術は、営業や給与交渉などの場面で使われます。

雇用主が入社予定者と給与交渉する際の例を挙げてみましょう。

① Would you like us to make you eligible for flextime so that you can work from home 2 days a week?

② Would you accept this salary?

①でフレックスタイムを導入しないか打診します。次に②で給与（＝本題）に入ります。ここで注意すべきことは、**最初に「小さな要求」をするときに、信頼関係を築くこと**。ここでは在宅勤務という好条件を提示して気分良くさせて、本来の目的である給与額を認めさせる狙いです。

本書での交渉例 ▶ p.178、186、194

オフィスからBtoC、学校まで、幅広いシーンでの例を紹介します。

Dialogue 1：部下に休日出勤を頼む上司
Dialogue 2：潜在的顧客にアプローチする営業員
Dialogue 3：子どもの長期休暇取得を依頼する母親

一般的に日本人が値段交渉をするときは、「落としどころ」を想定しています。例えば、サービスを外注する際、相場が100万円だったら、発注元は予算を抑えたくても90万円ほどで打診し、外注先は高値といっても110万円程度で要望を出すでしょう。

一方、外国での交渉では、極端に高い（低い）値段を戦略的に提示します。発注元が「50万円でできないか」と主張すれば、外注先は「200万円以下では無理」と応戦しうるのです。これをそれぞれLowball / Highballといいます。

› Highball / Lowballを仕掛けるなら／仕掛けられたら

法外な値段をふっかけることには抵抗があるかもしれません。しかし、海を渡ればいくらでもHighballは飛び交っているもの。しかも彼らは悪気なく投げ合っているので、**「当然のこと」と割り切ってHighballを投げていいのです。**

ただし、**Highballを投げる前にBATNAの値（p.8参照）を決めるように。**心の中では「200万円以下は無理と言ったけど、実際120万円くらいで受注できたらいい。それ以下なら契約しない」とBATNAを設定しておきます。一方、相手には相手のBATNAがあります。この場合の相手のBATNAが「50万円と主張したが、実は予算上130万円まで出せる」だったら、駆け引きを経て、120万～130万円の間で最終価格が決まるはずです。

逆に仕掛けられた場合は、動揺せずにLowballを返してください。知識がない状態で相手のHighballに譲歩すると、つけこまれて利益を損なうおそれもあるので要注意です。

本書での交渉例 p.204

IoTプラットフォームを高値で売りたい会社と、市場価格で相場を知っている買い手のボールの投げ合いが2ダイアログに渡って展開されます。落としどころがないように見える投げ合いのボールがどのように着地するのか、丁寧に展開を追いましょう。

ペアで交渉に臨む際に、事前にGood GuyとBad Guyの役割を決めておきます。Bad Guyが高圧的な発言をし、一方でGood Guyがなだめることで、相手を揺さぶり有利に進める手法です。

刑事ドラマの取り調べシーンを想像してください。強面の警官が「白状しないならどうなるかわかってるな」などと容疑者に詰め寄り、容疑者が疲弊しきったところで替わり穏やかな警官が「カツ丼でも食うか。お前にも家族がいるんだろ」などと、容疑者の心に取り入ろうとします。容疑者は穏やかな警官に心を許してすべてを話してしまう…という展開です。

なお、Bad Guyは在席していなくても構いません。例えば以下のように、外注先との値段交渉で、その場にいない上司をBad Guyに仕立てることも可能です。

> Good Guy: 外注費用ですが、50万円では厳しいです。実は、上司が40万円以上は出せないと申しておりまして。
> 外注先:　 では、45万円でお願いできますか。

› Good Guy / Bad Guyを仕掛けるときの注意

狂犬のBad Guyが暴れる舞台をお膳立てするのがGood Guyです。Good Guyを演じる際は、Bad Guyが攻撃できるように話を進行する、Bad Guyが脅迫めいた言葉を吐いた後は相手をフォローする一言を忘れないなど、俯瞰的に状況を見ながら進めましょう。

本書での交渉例 p.222

あるサービスを売り込む営業員に、Good GuyとBad Guyが対応します。Dialogue 3では、Bad Guyらしいやり口で極端な要望も通していきます。

少しずつかじりとる Nibble

Nibbleは元々「リスが木の実などを少しずつかじる」ことを指します。それが転じて、交渉においては、**小分けに要望を伝えていき、最終的に大きな成果を勝ち取る手法**をいいます。

アメリカのサスペンス・テレビ映画『刑事コロンボ』をご存知の方は、主人公コロンボが犯人をじわりじわりと追及するやり方を思い出してください。彼は、犯人を特定しておきながら一気に詰め寄ることはしません。足繁く犯人宅に通い、対話を重ねることでプレッシャーを与えて精神的に追いつめていくのです。そんな彼の口癖が**Just one more thing.（あと1つだけ）**で、これこそがNibbleを仕掛ける者が多用するフレーズです。

NibbleはBtoBだけでなくBtoCでもよく見られる手法です。例えば、車を購入することになり契約書にサインする直前に「1つお願いがあって…」と買い手がオプションを付けてもらうよう頼むといったケースが考えられます。

› Nibbleを仕掛けるときの注意

Nibbleは序盤ではなく終盤に。このことを念頭に置けば、交渉に不慣れな方でも成功しやすいはずです。
要は、契約を結ぶ直前の段階、交渉がまとまったように見えたその瞬間に、付随的なお願いをするのです。そうすれば、相手は「この期に及んで決裂させたくないから少しくらいの要望ならのもう」と受け入れてくれる可能性が高まります。

本書での交渉例 p.248

BtoBの例として、製薬会社と販売会社の交渉が展開されます。販売会社は契約がほぼまとまった後に、Nibbleで攻めます。in additionやThere's just one more thing.など、Nibble特有の言い回しにも注目しましょう。

それらしい要望をでっち上げる Bogey

Bogeyを仕掛ける側は、「本来の要望・条件」とは別に「偽りの要望・条件」を提示し、後者を主張することで、最終的には本来の要望を通していきます。

例えば、住宅の購入を検討している人が、「うちは6人家族で人数が多いので、トイレは2つ欲しい」と、それらしい偽りの要望を作り上げ、「この物件を大変気に入っており買おうという段階まできているのですが、トイレの数だけがネックなんです」と詰め寄ります。そうすると営業担当者は「要望には応えられないが、多少の値引きをしてでも物件を売ってしまおう」と値下げを申し出るかもしれません。

買い手の本来の目的はもちろん値引き。腹の内ではトイレの数はどうでもいいと思っているのです。

› Bogeyを仕掛けるときの注意

事前に「偽りの要望・条件」と「本来の要望・条件」を用意し、どういうシナリオで攻め込むのか準備する必要があります。

相手が交渉慣れしておりBogeyに気づいたらどうなるでしょうか。「偽りの要望・条件」を無視して、こちらのアプローチを遮断される、あるいは逆に仕掛ける側にとって重要ではない「偽りの要望・条件」のみを解決して、「本来の要望・条件」には真剣に向き合ってもらえないなど、タフな展開が予想されます。

違う交渉術で攻め直すなど、最悪の事態にどう対処するかのシナリオも用意しておくといいでしょう。

本書での交渉例 p.266

昇給額を抑えたい上司が、部下の家庭事情を把握した上で計画的にBogeyを仕掛けます。Bogeyを発動するまでのプロセスが長いですが、部下にとってのbogeyman（p.284参照）が何なのか、どうBogeyが効いていくのか、Dialogue 3で一気に明らかになります。

時間的制約で相手の思考を遮断する Time Pressure

Time Pressureは、**交渉の期限ぎりぎりまで何もせず、直前に相手に不利な条件を持ち出して押し切る手法**です。

例えば、相手が海外から打ち合わせのために来てくれたとします。交渉を仕掛ける側は、初めに「今回はいつお帰りですか」などと、探りを入れておき、打ち合わせでは揉めることなく条件を取り決めます。しかし、帰国直前になって一転、これまでの内容を覆す極端な条件を持ち出して押し切るといった方法です。

› Time Pressureを仕掛けるなら／仕掛けられたら

これは「差し迫る期限」を武器に、相手の思考を遮断して言い分を通す、強引なやり方です。多用しすぎると信頼関係が崩れるので注意しましょう。

ここでは、逆にTime Pressureを仕掛けられたらどうするかの対応策もご紹介しておきます。

ポイントは1つ、「期限」に必要以上に気を取られないようにしましょう。場合によっては「期限を延長してでも条件を見直す」冷静な姿勢で臨むと、攻撃をかわすことができるはず。「**提示された期限は、本当に守るべき最終期限か**」を見極めるのです。

本書での交渉例 p.292

交渉をしている両者が敵対関係ではなく「**利益とリスク**」を共有する仲でも、**この交渉術は効果を発揮**します。

ダイアログでは、投資家と投資先企業の創業者との駆け引きが展開されます。企業が取引先に対して支払いが滞った、支払い期限が刻一刻と迫っている、支払わなければ今後の経営に影響する…。こういう状況下で創業者が投資家にTime Pressureを仕掛けていきます。

切迫感を与えて答えを引き出す 王道のDeadlines

Deadlinesは「締め切りを設定することで緊張感を出し、欲しい答えや条件を引き出す」シンプルな交渉術です。職場では上司が部下に、学校では先生が生徒に、指示を出したり提出物を課したりするシーンを想像すると理解できるはずです。

Deadlinesには**「相手に懸案事項について深く考えさせない」**狙いもあり、その点ではTime Pressureと似ています。例えばビジネス上の提携をしようとするとき、本契約を前に二の足を踏む相手に具体的な締め切りを設定してしまえば、焦って熟考する時間もなく契約へ向けて走り出すかもしれません。

› Deadlinesを仕掛けるときの注意

Deadlinesでは、相手に緊張感、切迫感を与えられなければ成功につながりません。従って、**「締め切り」に加えて「締め切りを守らないとどうなるか」という最悪のシナリオまで伝える**と効果的です。例えば、「6月15日までにご回答いただけなければ、弊社は貴社と契約を結ばずに他社と提携する予定です」などのセリフです。

なお、締め切りは「来週くらい、来月中旬」などと曖昧な伝え方をせずに、できる限り具体的にしたほうが効果的です。

本書での交渉例 p.318、326、334

3ダイアログから成り、それぞれ1話完結型となっています。

Dialogue 1: 買収相手の最終回答を急ぐ天然資源企業
Dialogue 2: 転職希望者の就社意思確認を取りたいリクルーター
Dialogue 3: 不動産業者に未払い金を催促するソーラーパネル会社

沈黙の術 Flinch

Flinchは「たじろぐ、ひるむ」という意味で、多くは語らずに沈黙を活用します。

一般的に、交渉では相手を圧倒するようにまくしたてることが有利である―そう考えている方が少なくないはず。

しかし、**Flinchのように、相手に先に数字を言わせ、それを沈黙でけん制することで、より有利に交渉を進めることも可能なのです。**営業が苦手、口ベタで…という方におすすめのアプローチです。

例えば、就職面接中に給与の交渉に入るとします。

Flinchの交渉を使うとすると、就職希望者は、自分から希望する最低給与額を言いません。

面接官に額を言わせたら、就職希望者はその数字を復唱して、しばし沈黙したり驚いた表現を入れたり、と圧を与えるような反応をします。

その後に、その業界や職種における平均給与や自分のスキルをもとに、希望給与額を提示して交渉を有利に進めるのです。

› Flinchを仕掛けるときの注意

Flinchを成功させるためのポイントは以下の3つです。

①具体的な数字を自分から切り出さない

②数字の復唱や沈黙により、優位な会話のリズムを作る

③終盤に数字を提示する際は、リサーチに基づいた根拠も述べる

「沈黙」をうまく使う交渉術なので、口ベタな方でも挑戦しやすいのですが、③において理路整然と根拠を述べる必要があります。BATNAなどと同じく、用意周到なプランニングなしには成り立ちません。準備は入念に!

本書での交渉例 p.344、352

Dialogue 1と2どちらのパターンでも、Flinchを仕掛ける側は「相手に値段を先に言わせる」→「沈黙もしくは驚きを表すフレーズ」→「根拠を述べる」のプロセスを踏んでいます。1話完結型のコンパクトなダイアログの中で、どうプロセスを完遂するのか注目してみてください。

Dialogue 1：スタートアップ企業への融資額を抑えたい銀行員

Dialogue 2：自社レートで価格を決定したい翻訳代理店

鏡の交渉術 Mirroring

Mirroringとは、相手の言動やしぐさなどを鏡のように真似ることにより親近感を持たせ、好感を抱かせるテクニックです。心理学の世界では「ミラーリング効果」と呼ばれており、ビジネスにおけるトラブルの解決や交渉のみならず、恋愛、友人・夫婦関係など、幅広く応用がきく手法です。

Mirrroingは、**非言語コミュニケーション（座っているときの姿勢、ものを持つタイミング、表情を変化させるときなど）でも使う**ことができます。

› Mirroringを仕掛けるときの注意

露骨に相手のしぐさを真似したり、発言をおうむ返しし続けるだけでは、当然ながら効果は見込めません。むしろ「わざとらしい」マイナスの印象を与えることもあります。

この交渉術は、事前に「Mirroringをする」と意気込んで臨むというよりは、会話の自然な流れで**「相手とのラポールを築くために行動する」**と考えたほうが成功するでしょう。ラポールは、心理学用語で「相互信頼」のこと。**人は共通点を多く持つ相手や、同じ行動をする相手にラポールを築きやすくなります。**

「策を練りすぎない」という意味では、用意周到な準備がものをいうBATNAなどとは異なるタイプの交渉術といえるでしょう。

本書での交渉例 p.362

上司が部下の不満を聞く際にMirroringを行っています。単に機械的におうむ返しをするのではなく、丁寧に問題を把握しようとする上司のレスポンスは、傾聴スキルを磨く上でも勉強になるはず。最終的に上司は自分の意見を伝え、自身の意図通りの展開に運ぶことに成功しています。

世界基準の4つのルール

ルール1

依頼表現の丁寧度はCan you〜?→ Would you〜?→Could you〜?の順で高くなる

無理な要求ほど丁寧に伝える。これは交渉に限らずビジネス英語における鉄則です。無理難題をつきつけるときほど、丁寧な表現になるようにします。

では、英語における敬語、丁寧な表現とは何でしょうか。日本人が間違えやすいポイントを中心にご紹介します。

まず、Can you〜?は特にアメリカ英語で好まれ、レストランでの注文や家族・友人同士の会話でよく聞きますし、くだけた雰囲気の職場でも使います。しかし非ネイティブの私たちが、交渉などシリアスな場面で使っていいかというと話は別です。「Can you〜?はカジュアルなのでビジネスシーンでは避ける」と認識していたほうが賢明でしょう。

では、Would you 〜?とCould you 〜?の違いに迫りましょう。それぞれ助動詞の意味を考えてください。

wouldには「意思」の意味があります。「〜しますか、しませんか」と相手の意思を問う含みがあり、直接的です。対してcouldは「可能」。相手に「可能でしょうか」と尋ねるニュアンスになります。従って、より間接的な表現であるCould you 〜?のほうが丁寧な印象になるのです。

平叙文より疑問文でお願いすべき

例えば、上司に自分が書いた企画書を確認してほしいとき、あなたならどのように依頼しますか。

× | **I want you to review this proposal.**
（私はあなたにこの企画書を確認してほしいと思います）

△ | **I'd like you to review this proposal.**
（私はあなたにこの企画書を確認していただきたいと思います）

○ | **Could you review this proposal?**
（この企画書を確認していただけますか）

上司にお願いするときにI want 〜は論外です。ビジネスシーンに限らず、I want 〜I want 〜と言い過ぎると幼稚なイメージになるので注意してください。

次は〈I'd like+人+to〉のパターン。「wantをwould likeにすれば丁寧になるから、これでいいはず」とこの表現を頻繁に使う方を時々見かけます。確かに丁寧度は上がっています。しかしながら「私はあなたに〜してほしいのです」と、自分を主体に一方的にお願いを伝えている点ではI want 〜と変わりありません。

こういうときにふさわしいのはCould you 〜?という疑問文でお願いするパターンです。日本語でも平叙文より疑問文で聞いたほうが、相手に選択肢を与える丁寧な言い回しになりますよね。敬語の原理原則は日本語も英語も変わらないのです。

Please 〜.を使っていいかはケースバイケース

ビジネス英語の本を読んでいると、Please 〜.は命令形であり、相手に行動を強く促す
ニュアンスになってしまうので使うべきではないという解説を目にすることがあります。
これはその通りで、ルール2に則って疑問文でおうかがいを立てるほうが丁寧な表現と
なります。

△ **Please review this proposal by tomorrow.**
（明日までにこの企画書を確認してください）

▼

○ **Could you review this proposal by tomorrow?**
（明日までにこの企画書を確認していただけますか）

ただ、Please 〜.を絶対に使ってはいけないのかというと、そうではありません。

Please see the document attached.
（添付書類をご覧ください）

Please let me know if you have any questions.
（何かご質問があればお知らせください）

このように、依頼といっても相手に大きな負担がかからないもの（添付書類を見るだ
け）や、話し手の善意で相手に働きかけている場合は、Please 〜.を使っても問題あ
りません。しかしながら、こういった許容される場合でも、上司にはCould you 〜?な
どの疑問形で依頼したほうが丁寧ですし、TPOをわきまえてふさわしい表現を見つけ
ていきましょう。

wouldで「とても丁寧」な表現がたくさん作れる

ルール1で、Would you 〜?よりCould you 〜?のほうが丁寧と説明しましたが、例外として wouldを用いた表現で、かなり丁寧度の高い文を作ることができます。

› Would it be possible for you to 〜?
〜していただくことは可能でしょうか。

> Would it be possible for you to review this proposal by tomorrow?
> （明日までにこの企画書を確認していただくことは可能でしょうか）

› I would be grateful if you could 〜.
〜していただけると、ありがたいです。

> I would be grateful if you could review this proposal by tomorrow.
> （明日までにこの企画書を確認していただけると、ありがたいです）

› Would you mind 〜ing?
〜していただけますでしょうか。（直訳は「〜することを気にしますか」）

> Would you mind reviewing this proposal by tomorrow?
> （明日までにこの企画書を確認していただけますでしょうか）

UNIT

1

—

BATNA

バトナ

BATNA 1

BATNA 3

BATNA (1)

バトナ(1)

DIALOGUE 1

> Simon Potter and James Medelski are co-owners of a start-up company that makes high-precision plastic moldings. They are looking for a company that will help them distribute their products domestically and internationally. They visit Anna Hoffman, the CEO of Hoffman Associates to discuss a possible deal.

Anna: Well, everyone here is very happy that you're considering our company as a sales agent for you. We think your products have fabulous potential in the market.

Simon: Well, we certainly agree, but it's nice to hear it from an outside source!

James: We've done our due diligence on your company, and we're impressed with what we found. You haven't been in business quite as long as some of the other candidate companies, but you've certainly made your mark.

Anna: It's very kind of you to say so. We're now very firmly established with a growing network of operational bases, and our client roster contains some really heavy hitters in the precision engineering field.

Simon: As you know, we're a pretty young company, too, but we firmly believe that if we choose our partners wisely, growth could really take off.

James: 1. Could you give us some idea of what your normal terms would be?

Anna: I'd be glad to. 2. Normally, we'd be looking at 15% of monthly sales plus a monthly fee of $10,000.

Simon: 3. That's probably a little higher than we're prepared to go. I wonder if there's any room for maneuver here.

James: 4. Actually, another reservation we have is that you're mainly a domestic operation. We were really looking to expand into the European market.

Anna: Yes, I know that limits scope for expansion, but we're reaching out to European partners, and our plan is to have agencies in France, Germany, Italy, and Spain by the end of next year.

Simon: 5. OK, that sounds encouraging.

Anna: Well, we really would like to take you on as a client, so in the circumstances, I think we can take the commission down to 12.5%. How would that be?

Simon: That sounds like something we could work with.

James: 6. Yes, we have a few other irons in the fire right now, so can we get back to you early next week?

VOCABULARY

CONTINUED P.38

- high-precision plastic moldings (名・句) 高精度プラスチック成形品
- fabulous (形) 素晴らしい
- due diligence (名・句) 詳細調査、デュー・ディリジェンス

ケース ▶ 流通業務提携の契約①

目的 | SimonとJamesは取引先候補と条件の確認をしたい

TRANSLATION

> Simon Potter と James Medelski は、高精度プラスチック成形品を製造する新興企業の共同オーナーです。彼らは国内外で自社製品を流通させる手助けをする会社を探しています。彼らは取引の可能性について話し合うために Hoffman Associates の CEO、Anna Hoffman を訪問します。

Anna: さて、弊社を御社の販売代理店としてお考えくださり、一同大変ありがたく思っております。私どもは御社の製品が市場において素晴らしい可能性を持っていると考えております。

Simon: ええ、弊社としてはもちろんそう考えておりますが、外部の方からそう言っていただけるのは光栄です!

James: 弊社は御社に対してデュー・ディリジェンスを行いましたが、その結果に感銘を受けました。御社は他の候補企業ほど長い間ビジネスを行っていらっしゃいませんが、確かに成功を収めてきています。

Anna: そう言っていただけるとは大変痛み入ります。当社は現在、運用拠点のネットワークを堅実に拡大し、顧客名簿には精密エンジニアリング分野の大変有力な企業が何社か含まれています。

Simon: ご存知の通り、弊社もかなり若い会社ではありますが、賢明に提携先の選択を行えば、成長を実際に伸ばすことができると確信しています。

James: 御社の通常の契約条件について、お聞かせ願えますか。

Anna: 喜んで。通常、月間売上の 15% と月額料金 1 万ドルをいただいております。

Simon: そちらですとおそらく弊社が支払える額よりも少々高いですね。交渉の余地はありますか。

James: 実は、我々の懸念として1点挙げられるのは、御社が主に国内事業に携わっておられることです。弊社はヨーロッパ市場への進出を強く目指していました。

Anna: はい、そのことが拡大範囲を制限してしまうことは認識しておりますが、ヨーロッパのパートナーに連絡を取っており、来年末までにフランス、ドイツ、イタリア、スペインに代理店を持つ予定です。

Simon: 了解です、それは心強いですね。

Anna: そうですね、弊社としては御社を顧客として担当させていただきたいと強く考えておりますが、事情が事情ですので、手数料を 12.5% に値下げすることができると思います。それでいかがでしょうか。

Simon: それは双方にとって良い条件のように思われます。

James: そうですね。現在手掛けている案件がいくつかありますので、来週の前半に再度訪問させていただいてもよろしいでしょうか。

- **make one's mark**（動・句）有名になる、成功する
- **client roster**（名・句）顧客名簿、リスト
- **heavy hitters**（名・句）大物、重要人物、強打者
- **maneuver**（名）策略、交渉

交渉コラム

交渉は長丁場、NOを言わない!? インド人

取引条件交渉においてはお国柄が反映されることがよくありますが、例えばインドでは特に値引き交渉がつきものです。こちらの提示価格に対して、いくら断っても交渉をやめないので根負けして大幅に値引いてしまったという話を時々耳にします。

インド人が値引きにこだわるのには理由があって、インド社会ではタクシー料金から食料品、衣料品まで、様々な商品やサービスにあまり定価の概念が定着していません。日常的に値引き交渉をしており、ビジネスでも同じような駆け引きをするわけです。

値引きの要求が強いということは、裏を返せばインド人は売り価格を Highball で提示すると容易に想像がつきます。インドと日本では相場が違うので、インドでの市場を調査した上で、こちらも値引きを要求して構いません。

その他の特徴としては、まず彼らは「議論好き」。ゆえに長期戦の交渉を強いられるケースが多く、加えて主張は常にはっきりしています。しかし、意外と間接的なコミュニケーションを好む傾向がある点には注意してください。具体的には「NO をはっきり言わない」ので、できないことでも「何とかします」といった曖昧な表現で返されることがあるようです。ややもすればインド人は「YES / NO がはっきりしていてアメリカ的」と先入観でとらえてしまいがちですが、実は日本との共通点もあるのかもしれません。

KEY FUNCTION PHRASES

Function 1 > 契約条件を聞く

Could you give us some idea of what your normal terms would be?

御社の通常の契約条件について、お聞かせ願えますか。

解説 新興企業の James が提携候補先の Anna に質問します。
Could you 〜 ? や would be など過去形を使うことで丁寧な響きとなります。
下記の 2 では Would you 〜 ? の例文を挙げました。could は可能性を聞き、would は意志を問うので、could のほうが相手に選択を委ねるニュアンスが強くなります。
「契約条件」は terms の他に terms and conditions や condition of a contract などがあります。

他の表現
1 | Could you let us know your normal conditions?

2 | Would you tell us your normal terms of trade?

3 | Can you give us a rundown of your usual terms?

Function 2 > 費用の問い合わせに答える

Normally, we'd be looking at 15% of monthly sales plus a monthly fee of $10,000.

通常、月間売上の 15% と月額料金 1万ドルをいただいております。

解説 James が契約条件を聞き、Anna が答えます。Anna が提示した金額は Simon と James が想定していたものより少し高いようです。

他の表現
1 | Usually, we'd be looking at 15% of monthly sales plus a commission fee of $10,000.

2 | We usually get 15% of monthly sales and $10,000 per month.

3 | Normally, we ask for 15% of sales per month and a monthly fee of $10,000.

Function 3 〉 値引きを打診する

That's probably a little higher than we're prepared to go. I wonder if there's any room for maneuver here.

そちらですとおそらく弊社が支払える額よりも少々高いですね。交渉の余地はありますか。

解説 日本ではこのようにダイレクトに聞くのを躊躇するかもしれませんが、英語でのビジネスコミュニケーションでは自然です。maneuver は元々動詞で「巧みに動かす、操作する」という意味ですが、ここでは条件等を「動かせる」余地として negotiation の代わりに使われています。

他の表現

1 | That's probably a little higher than we can afford. Is there any room for negotiation?

2 | That could well be a little higher than we can pay. Is there room to negotiate?

3 | I'm afraid it's a little higher than we expected. I wonder if there's any room for flexibility.

Function 4 〉 懸念材料を伝える

Actually, another reservation we have is that you're mainly a domestic operation.

実は、我々の懸念として1点挙げられるのは、御社が主に国内事業に携わっておられることです。

解説 Simon が「価格が高い」「交渉できないか」と Anna に伝えた後、James が相手に対する懸念材料を伝えて Simon の意見をフォローしています。reservation は「留保、差し控えること、懸念していること」という意味で、concern と似ています。domestic operation は「国内事業者」で、「海外事業者」は overseas operation。なお、overseas operator だと「国際電話交換手」となるので注意してください。

他の表現

1 | Actually, another concern we have is that you're chiefly a domestic operation.

2 | In fact, one of our concerns is that you're primarily focused on the domestic market.

3 | Honestly, the reason that we're concerned is that you're mainly a domestic player.

Function 5 > 承認する

OK, that sounds encouraging.

了解です、それは心強いですね。

解説 Anna が海外への進出計画を述べた後、Simon がリアクションします。
encouraging は「勇気・望み・自信を与える、激励する」という意味。

他の表現
1 | OK, that's encouraging.
2 | OK, that sounds preferable.
3 | OK, that's reassuring.

Function 6 > 交渉をまとめずに保留する

Yes, we have a few other irons in the fire right now, so can we get back to you early next week?

そうですね。現在手掛けている案件がいくつかありますので、来週の前半に再度訪問させていただいてもよろしいでしょうか。

解説 James がその場で交渉を決定せずに保留にします。
irons in the fire は、直訳では「（鍛冶屋が）炉の中に入れた鉄」という意味ですが、そこから「現在手掛けている仕事」という意味として使われます。get back to 〜 は「〜に戻る」から「電話などを掛け直す」。この場合は再びの訪問を指して使われています。

他の表現
1 | Yes, we're now working on a few projects, so could we get back to you again early next week?
2 | Yes, we currently have a few projects on the go, so is it OK to visit again early next week?
3 | Yes, we're now moving into a few projects, so if it's OK with you, we'll be back in touch sometime next week.

EXERCISE DIALOGUE

付属音声を聞き、空所にあてはまる英語を埋めてください。　　　　　DL-02 ◯

1
A: Your company's _____ has been very impressive.

B: The main reason we've been able to come so far in such a short time is the hard work of our staff.

A: So, can you tell me about the conditions for _____ ?

B: Naturally, I'd be very happy to. Normally, we get 10% of monthly revenue and a monthly fee of $25,000.

A: 御社がこの短期間で成長したことに大変感銘を受けました。

B: この短期間でここまで来られたのは、ひとえに社員の頑張りのお陰です。

A: では、今回のお取引の条件について教えていただけますか。

B: もちろん喜んで。通常、月間売上の 10％ と月額料金 2 万 5000 ドルをいただいております。

2
A: Those _____ for a young company like ours.

B: In that case, how does 8% of monthly revenue and a monthly fee of $20,000 sound?

A: I'd be grateful if you could do that. But we have one concern. We'd like _____ in Europe.

B: Well, fortunately, we plan to set up a branch office in Germany next year, so there's no need to worry about that.

A: この条件は弊社のような若い会社にはかなりきつい内容となります。

B: それでは、月間売上の8％と月額料金 2 万ドルではいかがでしょうか。

A: そうしていただけると、ありがたいです。ただ1つ懸念があります。私どもは販売網をヨーロッパに拡大したいのです。

B: ちょうど、来年ドイツに支社を構える予定ですので、ご心配には及びません。

3
A: Do you have _____ your sales network in the Asia-Pacific region?

B: Not immediately, but we plan to do so at some point.

A: We see _____ in that market and so we'd like you to expand our sales there.

B: Next year, we plan to set up our first branch there, in Kuala Lumpur, Malaysia.

A: 御社ではアジア太平洋地域に販売網を拡大するご予定はありますか。

B: 今すぐではありませんが、今後予定はしています。

A: 弊社としては、その市場に大きな伸びが期待できると見ておりますので、そちらに販売を拡大していただけたらと願っております。

B: 来年にはマレーシアのクアラルンプールに最初の支社を設立予定です。

4 　**A:** I'd like to hear about your future   .

B: First of all, in Asia, we plan to set up branch offices in China, Vietnam, Malaysia, and Thailand. In addition, we'll be opening a new office in the UK.

A: How is your sales network in the US?

B: We use a sales network there that   .

A: 今後の海外展開の予定についてお聞かせください。

B: まずアジアでは、中国、ベトナム、マレーシア、タイに支社を開設する予定です。さらに、イギリスに新たな支社を開設します。

A: アメリカの販売網はいかがですか。

B: 弊社が20年以上にわたって作り上げた全米の販売網を利用します。

正解

1   **A:** short-term growth
     A: our current transaction

2   **A:** conditions are relatively tough
     A: to develop a sales network

3   **A:** any plans to expand
     A: great growth potential

4   **A:** plans for overseas development
     B: we've built up over more than 20 years

BATNA (2)

バトナ(2)

DIALOGUE 2

> Simon and James are discussing their meeting with Anna Hoffman and planning their next step.

Simon: 1. So, what's your take on the offer?

James: 2. Not bad, on the whole, but not having access to the European market immediately is a cause for concern.

Simon: 3. Yes, I agree, but I take them at their word when they say they'll have a network in place by next year.

James: Yes, I think you're right. Of the four companies we've seen so far, they're definitely the best bet.

Simon: Indeed. But we're seeing RokebyCorp tomorrow. They would be my first pick.

James: Agreed. They certainly have more international clout than any of the other companies we've talked to so far.

Simon: 4. Yes, but I have a feeling they're going to play hardball in the negotiations. They have a reputation for sticking to their guns.

James: Right. They're probably going to insist on at least 18% as a monthly commission, and I expect their monthly fee is going to be somewhere in the region of $20,000.

Simon: Quite honestly, I think that if we signed up to a deal like that, we'd be taking too much of a risk given the current state of our corporate finances.

James: Yes, we need to bear in mind that if orders started to climb, we'd probably have to invest in extra plant space and more machines … not to mention more workers.

Simon: 5. But if we can get them down to 15% and $15,000 per month, I think we should take a chance.

James: But what if they won't budge from a higher figure?

Simon: 6. Then my gut feeling is that we should go with Hoffman Associates, despite the fact that we won't get into the European market right away.

James: Good, that's how I read it, too.

CONTINUED P.46

VOCABULARY

- take（名）見解
- have 〜 in place （動・句）〜を設置する、〜を整える
- best bet（名・句）最善の策
- clout（名）強い影響力、勢力

目的 | SimonとJamesは社内ミーティングでBATNAを決定したい

TRANSLATION

> SimonとJamesはAnna Hoffmanとのミーティングについて話し合い、次の段階を計画しています。

Simon: さて、この申し出についてどうお考えですか。

James: 全体的に悪くありませんが、ただちにヨーロッパ市場にアクセスできないことは懸念要因ですね。

Simon: はい、私もそう思いますが、彼らが来年までにネットワークを万全に整備すると言うのであれば、私は彼らの申し出を採用します。

James: そうですね、妥当だと思います。我々がこれまで見てきた4つの企業のうち、彼らは間違いなく最も有望な企業です。

Simon: 確かに。でも明日はRokebyCorpと会いますよね。私にとっての第一の選択肢は彼らなのですが。

James: 賛成です。彼らは確かに我々がこれまでに話した他のどの企業よりも国際的な影響力を持っています。

Simon: はい、しかし彼らは交渉で強硬な姿勢を取る気がします。彼らは自分の立場を曲げないとの評判です。

James: そうですね。彼らはおそらく毎月の手数料として少なくとも18%を主張するでしょうし、月額料金は2万ドルあたりに上るだろうと予測しています。

Simon: 正直なところ、そのような取引を結ぶ場合、我が社の現在の財政状況を鑑みるに、リスクが大きすぎると思います。

James: はい、注文が増え始めた場合、おそらく追加の工場用地とより多くの機械に投資する必要があることを念頭に置く必要がありますし…より多くの従業員への投資は言うまでもありません。

Simon: でも15%と月に1万5000ドルまで値下げすることができれば、一か八かやってみるべきだと思います。

James: しかし、彼らが高めの数字から動かない場合はどうなりますか。

Simon: その場合は、これは私の直感ですが、ただちにヨーロッパ市場に参入できないとはいえ、Hoffman Associatesと提携するべきだと思います。

James: いいですね、私もそのように感じています。

- **play hardball**(動・句)強気な態度・強硬手段をとる
- **stick to one's guns**(動・句)〔反対されても〕自分の

- 信念・立場を守る
- **bear in mind**(動・句)念頭に置く、心に留める

交渉コラム

ZOPAの中で価格が決まる

交渉術を学んでいると ZOPA という言葉を度々耳にするはずです。日本語では「ゾーパ」と呼ばれ、Zone of Possible Agreement の略称です。つまり、交渉が妥結する可能性のある範囲を指します。

堅い用語ですが、難しく考える必要はありません。わかりやすい例としてフリマアプリで価格交渉をする場面を想像してください。

あなたはブランド品のバッグを 15 万円で出品します。そのバッグに興味を持った買い手は「15 万円だと高すぎるが 12 万円なら出せる。12 万円より高くなるなら手を出さない」と考え価格交渉に臨みます。対して、あなたは「15 万円で出品したものの、本当は 10 万円より高く売れれば御の字」と考えています。

このときの買い手にとっての BATNA は 12 万円、あなたの BATNA は 10 万円です。それぞれ、「12 万円を上回るなら、10 万円を下回るなら交渉決裂」とシミュレーションしており、これは walk-away price（p.48 を参照）でもあります。

このときの 10 万円〜 12 万円の範囲を ZOPA と呼びます。双方の BATNA を探りつつ、最終的には ZOPA の範囲で交渉がまとまるはずです。

逆を言えば、ZOPA がないと交渉は決裂します。この Unit では Simon と James のコンビが、RokebyCorp と Hoffmans Associates のどちらとの間に ZOPA を見いだせるのか、次のダイアログを読むと明らかになります。注目して見ていきましょう。

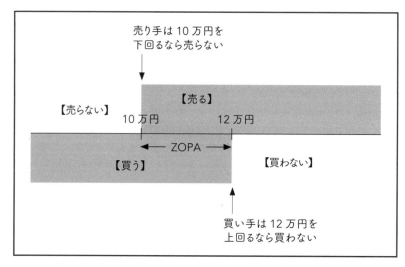

KEY FUNCTION PHRASES

Function 1 › 相手の提案を吟味する

So, what's your take on the offer?

さて、この申し出についてどうお考えですか。

解説 BATNA を設定するべく、Simon と James の打ち合わせが始まります。
ここでの take は名詞で「見解」という意味で使われています。ちなみに、ジャズの名曲で Take Five という曲がありますが、この take は動詞で「休憩をとる、（仕事を）一休みする」という意味です。

他の表現 1 | So, what do you think about this offer?

2 | So, what's your impression of this proposal?

3 | So, how does this quotation sound to you?

4 | So, what do you make of the report?

Function 2 › 懸念材料を明確にする

Not bad, on the whole, but not having access to the European market immediately is a cause for concern.

全体的に悪くありませんが、ただちにヨーロッパ市場にアクセスできないことは懸念要因ですね。

解説 James が Dialogue 1 でも挙がっていた懸念材料に触れます。
「全体的に」は、on the whole の他に as a whole や overall などがあります。
a cause for concern は「懸念要因、懸念材料」で、a source of concern または fear factor ともいいます。fear を使うと、リスクを含むニュアンスが出て強い語感になります。

他の表現 1 | Quite acceptable overall, but it's a source of concern that we won't immediately be able to access the European market.

2 | Not bad in general terms, but the lack of immediate access to the European market concerns me.

3 | Pretty good overall, but not having access to the European market immediately is a little worrying.

Yes, I agree, but I take them at their word when they say they'll have a network in place by next year.

はい、私もそう思いますが、彼らが来年までにネットワークを万全に整備すると言うのであれば、私は彼らの申し出を採用します。

解説 Simon が海外展開に関する懸念事項に対して同意します。加えて、Anna の会社の出方次第では、取引開始に前向きな姿勢を示します。
take them at their word は「相手の言い分を受け入れる」という意味です。基本的なフレーズで言い換えれば、accept their offer となります。下記の 1 は agree の意味で second を使っています。動詞 second には「～を支持する、裏付けする」などの意味があります。

他の表現
1 │ Yes, I second that, but I believe them when they say they'll have a network set up by next year.

2 │ Yes, I agree. If they say they'll have a thorough network by next year, I'll go with their offer.

3 │ Yes, I think so, too. If they say they'll have a comprehensive network by next year, I think we should take their offer.

Function **4** ＞ 懸念材料を述べる

Yes, but I have a feeling they're going to play hardball in the negotiations.

はい、しかし彼らは交渉で強硬な姿勢を気がします。

解説 Simon と James が、Hoffman Associates とは別の候補である RokebyCorp について話しています。RokebyCorp は国際的な影響力において一番で、2 人が取引をしたい会社です。しかしながら、強気な交渉姿勢で知られており、2 人はそのために BATNA を考える必要がありそうです。
hardball は、元々は文字通り、野球で使用する「硬球」を意味します。

他の表現
1 │ Yes, but I feel like they're going to take a strong stance in the negotiations.

2 │ Yes, but I get the impression that they're going to adopt a hardline stance in future negotiations.

3 │ Yes, but I can't help feeling that they're not going to give us an easy ride in the negotiations.

Function **5** › BATNAを決める①

> But if we can get them down to 15% and $15,000 per month, I think we should take a chance.

でも15％と月に1万5000ドルまで値下げすることができれば、一か八かやってみるべきだと思います。

解説 Simon と James は、RokebyCorp は 18％と 2 万ドルあたりの値段を提示するという想定をしています。それに対して、Simon が 15％と 1 万 5000 ドルまで値段を下がることができたら RokebyCorp と取引しようと、BATNA の条件を決めます。交渉用語で、この値（15％、1 万 5000 ドル）を留保価値といいます。これ以上の値段になってしまったら取引しないというラインです。

Function **6** › BATNAを決める②

> Then my gut feeling is that we should go with Hoffman Associates, despite the fact that we won't get into the European market right away.

その場合は、これは私の直感ですが、ただちにヨーロッパ市場に参入できないとはいえ、Hoffman Associatesと提携するべきだと思います。

解説 15％、1 万 5000 ドルまで値段を下げられなかった場合どうするか問われ、Simon が発言します。つまり、Simon と James の BATNA は「15％、1 万 5000 ドルまでの値段 で RokebyCorp と取引する、それがかなわない場合は Hoffman Associates と提携する」です。

gut feeling は「直感、第六感」という意味。gut は元々「腸」で、「お腹で感じる」というところから「直感」になったようです。他には hunch も「直感、予感、虫の知らせ」を表します。hunch は元々は「猫背、背を丸める」という意味です。

以下は上記文の前半部分の言い換えです。

他の表現

1 | I have a feeling in my gut that we should choose Hoffman Associates.

2 | My instinct is telling me that we should opt for Hoffman Associates.

3 | I have a hunch that Hoffman Associates would be a better option for us.

EXERCISE DIALOGUE

付属音声を聞き、空所にあてはまる英語を埋めてください。　DL-04　○

1
A: What do you think about the proposal from A Corporation?

B: Well, they're going to expand in the Asia-Pacific region, so I think [blank].

A: But they said they won't set up a branch office until next year, which doesn't really [blank].

B: Certainly, in that respect, B Corporation already has a sales network in that region.

A: A 社の提案についてどう思う?

B: そうね、アジア太平洋に今後広がるようなので有望だと思うけど。

A: ただ、支社開設は来年の話で、それでは我が社の計画に間に合わないよ。

B: 確かにその点では、B 社のほうがその地域にすでに販売網を持っているね。

2
A: B Corporation can certainly address our needs, but it's common knowledge that they [blank].

B: What about if they aren't willing to bring their price down?

A: If it's more than 15%, then that could be our [blank].

B: Understood. So, as soon as it exceeds 15%, we walk away.

A: B 社は確かに我が社のニーズに合っているけれど、値段については強硬姿勢をとることで知られているよ。

B: もし高値から引かなかった場合は、どうしようか。

A: 15％を超えるようであれば、それが我々の留保価値（walk-away price）と言えるかもしれないね。

B: 了解。それでは、15％を超えた時点で留保（walk away）することにしよう。

3
A: What do you think about their offer?

B: The percentage reduction isn't bad, but as for [blank], their overseas sales network is weaker than we expected.

A: But they did talk about developing it next year, We might be able to take a gamble on that.

B: I really hope they'll do that, but [blank].

A: 彼らの提案についてどう思う?

B: 値引き率は悪くないと思うけど、我々が一番欲しい海外販売網が思ったより弱いね。

44

A: ただ、来年の展開についても話していたから、そこにかけてみる手もあるよね。

B: そうしてほしいのは山々だが、リスクが大きいかもしれない。

4

A: I feel quite good about the proposal from A Corporation.

B: Really? I felt that ▨▨▨▨▨▨▨▨▨▨▨▨▨▨▨▨▨▨▨▨▨▨▨▨▨▨▨.

A: Yes, I suppose so. All they talked about were plans. They didn't really ▨▨▨▨▨
▨▨▨▨▨▨▨▨▨▨▨▨▨▨▨▨▨▨▨.

B: In that case, shall we try and make a decision by comparing B Corporation's discount and C Corporation's margins?

A: A 社の提案はなかなかいい感じだね。

B: そうかな？ あくまで仮定の話が多かった気がする。

A: 確かに、そうかも。彼らが話したのは計画ばかりで、実績についてはあまり触れていなかったね。

B: ならば、B 社の値引きと C 社のマージンを比較して決めるとしようか。

正解

1　B: they're a good bet
　　A: fit in with our plans

2　A: take a strong position on pricing
　　A: walk-away price

3　B: our primary consideration
　　B: it could be a big risk

4　B: the discussion was purely hypothetical.
　　A: mention any concrete results

BATNA (3)

バトナ(3)

DIALOGUE 3

> Simon and James are visiting Frances Behringer, the CEO of RokebyCorp, a well-established sales and distribution agent, to discuss a possible deal for their products.

Frances: Simon, James, welcome. It's very nice to see you.

Simon: We're happy to be here.

Frances: 1. First of all, let me say how much we admire what you guys have done. For a small start-up in a cutthroat industry, you've established yourselves very quickly.

James: Thanks, and it's our intention to keep on growing.

Simon: Which is why we're here today!

Frances: 2. Yes, indeed! You already know that we have an extensive distribution network, both domestic and international and a highly experienced sales team.

Simon: Yes, the best in the business, or so we've heard.

Frances: We think we could give you a substantial boost in sales very quickly.

James: So, could we get down to discussing what the rates would be?

Frances: In the usual run of things, we'd ask for 18% of sales plus a monthly fee of $20,000.

Simon: Hmm…I don't know. 3. That would leave us short of funds to finance any necessary expansion.

Frances: Yes, I suppose that since you're not yet as well-established as some of our other clients, we could make a concession, say 16% of sales and $17,500 a month.

James: That's still a bit on the high side for us. Could we lock that arrangement in for, say, five years?

Frances: No, it's our policy to review contracts every two years.

Simon: 4. So that's the lowest you can go?

Frances: 5. I very much regret to say it is.

James: 6. Well, thank you very much for your time, but at this point, we're not in a position to sign on the dotted line.

VOCABULARY

☐ **cutthroat**（形）〔競争などが〕過酷な、熾烈な
☐ **make a concession**（動・句）譲歩する

☐ **sign on the dotted line**（動・句）点線上に署名する、正式に同意する

ケース 流通業務提携の契約③

目的 SimonとJamesはBATNAを念頭に交渉を進めたい

TRANSLATION

Simon と James は彼らの製品に関する取引の可能性について話し合うために、販売・流通代理店の老舗 RokebyCorp の CEO、Frances Behringer を訪問しています。

Frances: Simon、James、ようこそ。お会いできて嬉しいです。

Simon: こちらこそ嬉しいです。

Frances: まず、あなた方の功績をどれだけ素晴らしいと感じているかについてお話しさせてください。小さなスタートアップにもかかわらず、過酷な競争下にある業界の中で、御社は早々と自社の地位を確立されました。

James: ありがとうございます。成長し続けようという弊社の意向の表れだと考えております。

Simon: 今日この場所にいられる理由でもあります！

Frances: はい、本当にそうですよね！弊社が国内外双方において広範な流通ネットワークを持ち、非常に経験豊かな営業チームを抱えていることを御社はすでにご存知かと思います。

Simon: はい、業界一だと聞き及んでおります。

Frances: 御社が売上を大幅に増加させるのをすぐにでもお手伝いできると思っています。

James: それでは、料金について話し合いましょうか。

Frances: 通常は、売上の 18% に加えて月額料金 2 万ドルをいただいております。

Simon: うーん…判断しかねます。そちらですと必要な拡張資金を調達するための資金が不足してしまうと思います。

Frances: そうですよね、他の取引先の方ほどまだ確立された状態ではいらっしゃらないと思いますので、売上の 16% に加えて月に 1 万 7500 ドルでの譲歩ができると思います。

James: そちらでも、まだ弊社にとっては少々高めですね。その取り決めを固定していただけますか。例えば5年間で。

Frances: いいえ、2年ごとに契約を見直すのが当社の方針です。

Simon: では、そちらが御社の最低条件でしょうか。

Frances: 誠に残念ながらそうです。

James: なるほど、お時間をいただき誠にありがとうございました。しかしながら現段階では、弊社としては全面的に同意はできかねます。

交渉コラム

BATNAにつきものである留保価値とは？

BATNA を語るときによく出てくる reservation value（留保価値）について、この Unit の事例に沿って解説していきましょう。

Dialogue 2 からわかる通り、Simon と James にとって一番手を結びたい相手は RokebyCorp です。「RokebyCorp との交渉において、手数料 15％、月額 1 万 5000 ドルという条件であれば契約を結ぶ。それがうまくいかない場合は Hoffman Associates と提携する」と、2 人は BATNA を設定します。このときの値である「手数料 15％、月額 1 万 5000 ドル」を交渉用語で留保価値と呼びます。

交渉をするときには相手の BATNA と留保価値を予想、把握しておく必要があります。RokebyCorp にとっての留保価値は「16％、1 万 7500 ドル」なので、下の図からも明らかなように、両者には交渉の余地がありません。

なお、留保価値は walk-away price と呼ばれることもあります。文字通り「立ち去る値段」を意味し、reservation value よりカジュアルなニュアンスになります。

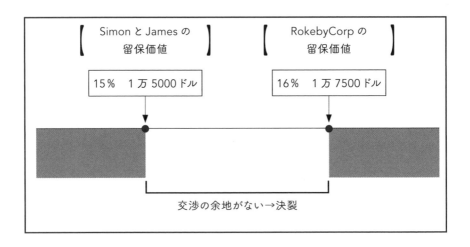

48

KEY FUNCTION PHRASES

Function 1 › 称賛する

First of all, let me say how much we admire what you guys have done.

まず、あなた方の功績をどれだけ素晴らしいと感じているかについてお話しさせてください。

解説 Dialogue 2 で話題にあがった手強い取引先候補である RokebyCorp の Frances によるセリフです。
交渉では気持ちよく条件に応じてもらう必要がありますから、まずは相手の業績を称賛するところから始めます。

他の表現
1 | First of all, let me express our admiration for what you guys have done.
2 | First of all, let me tell you how much we admire your great achievement.
3 | At the very beginning, let us express our deepest admiration for what you've achieved so far.

Function 2 › 自己アピールをする

Yes, indeed! You already know that we have an extensive distribution network, both domestic and international and a highly experienced sales team.

はい、本当にそうですよね! 弊社が国内外双方において広範な流通ネットワークを持ち、非常に経験豊かな営業チームを抱えていることを御社はすでにご存知かと思います。

解説 Frances からすると、Simon と James が他の企業も候補に入れ、自社と比較していることは想定内です。国内外ネットワークという自社最大の特長をぬかりなくアピールします。

他の表現
1 | Yes, that's true! You already know that we have an extensive distribution network both at home and abroad, and a seasoned sales team.
2 | Yes, that's true! You're already aware that we have a widespread distribution network both at home and abroad, and a sales team with years of experience.
3 | Yes, exactly. You must have learned that we have a wide-ranging distribution network both at home and abroad and a highly-trained sales team.

UNIT **1** BATNA (3)

49

Function **3** › 高額提示に難色を示す

That would leave us short of funds to finance any necessary expansion.

そちらですと必要な拡張資金を調達するための資金が不足してしまうと思います。

解説 直前に Frances が出した18％と2万ドルという条件は、Simon と James が予想していた通り高値ですが、2人で事前に BATNA の条件を決めているので、動じることなく食い下がります。用意周到な BATNA の効果が出ています。

「資金不足」は short of funds の他に、fund shortage や lack of finance などの表現があります。この文の finance は動詞で「融資する、資金調達する」です。英字新聞でもよく目にする用法で、ビジネスパーソンにとっては必須単語です。

他の表現
1 | That would mean we would have insufficient funds to finance necessary expansion.
2 | That would leave us unable to finance essential expansion.
3 | The resulting shortage of funds would make it impossible to raise the finance we'd need to expand.

Function **4** › 相手の留保価値を確認する

So that's the lowest you can go?

では、そちらが御社の最低条件でしょうか。

解説 やはり Frances は強気で、16％と1万7500ドルまで値下げをしてくれたものの、それも Simon と James にとっての条件をクリアしていません。15％と1万5000ドルという条件にもっていけるのか確認するために、Simon が Frances に問いかけています。

you can go は、直訳で「あなたが行くことができる」ですが、この場合は「あなたが提示できる」という意味で使われています。

他の表現
1 | So you can't go any lower than that?
2 | So that's the lowest price you can offer?
3 | So that's the very best price you can give us?
4 | So, am I to understand that that's your rock-bottom price?

Function 5 ＞ 自社の条件を貫く

I very much regret to say it is.

誠に残念ながらそうです。

解説 Frances が 16 ％と 1 万 7500 ドルから値下げはできないと明確に答えます。この 16 ％と 1 万 7500 ドルが Frances にとっての留保価値（これ以上値段を下げるようなら交渉をやめる）になります。

I regret to say で「残念ながら」という意味。他にも regrettably / I'm very sorry but / unfortunately などの表現があります。

Function 6 ＞ BATNA通りに交渉を決裂させる

Well, thank you very much for your time, but at this point, we're not in a position to sign on the dotted line.

なるほど、お時間をいただき誠にありがとうございました。しかしながら現段階では、弊社としては全面的に同意はできかねます。

解説 James が交渉決裂を宣言します。

2人は事前に「留保価値以下の値段でなければ Hoffman Associates と契約する」と BATNA を決めていたため、ここで潔く Frances との交渉を終えられました。

sign on the dotted line は、本来「（文書の）点線の上に署名する」という意味で、契約書に署名可能な状態を指します。そこから「全面的な合意をする」となっています。

他の表現
1 | Well, thank you for your time. However, at this stage, we can't fully commit.
2 | Well, we appreciate your time, but we can't give our full agreement to your proposal.
3 | Well, thank you for your time. However, at this point, it's hard for us to give our unconditional assent.

UNIT 1 BATNA (3)

51

EXERCISE DIALOGUE

付属音声を聞き、空所にあてはまる英語を埋めてください。

DL-06 ○

1 A: First of all, let me say how much we admire your company for having achieved success in such ▨▨▨▨▨▨▨▨▨▨▨ of the market.

B: It's ▨▨▨▨▨▨▨▨ someone from outside the company say so. We're proud that we've managed to come so far.

A: If you've reached this stage, I believe that our overseas sales network will help you to make even more progress.

B: That's what I need to ask you about at this point.

A: まず最初に、御社がこれほど競争の激しい業界で、ここまでの業績を上げられたことに称賛の意を表したいと思います。

B: 外部の方にそう言っていただけて、本当に嬉しく思います。私たちもここまでこられたことを誇りに思っています。

A: ここまでこられれば、弊社の海外販売網がより一層の飛躍をお手伝いできると確信しています。

B: まさにそれが現段階でおうかがいしたいことです。

2 A: We have tens of thousands of experienced sales staff and trading professionals worldwide. As a result, I believe that once we've signed a contract, we'll be able to accelerate the development of your services ▨▨▨▨▨▨▨▨▨.

B: Yes, I often hear that your company has ▨▨▨▨▨▨▨▨▨ ▨▨▨▨▨.

A: OK, shall we talk about terms and conditions?

B: Sure, I'd be happy to.

A: 弊社には、熟練した数万人の販売員と貿易実務のスタッフが世界中におります。これにより、いったん契約が決まれば、御社のサービスの海外展開が一気に加速すると思います。

B: はい、御社が広範囲に海外販売網をお持ちであることは常々おうかがいしております。

A: では、条件についてのお話に入りましょうか。

B: 是非よろしくお願いいたします。

3)

A: Normally, we charge a monthly fee of $30,000 along with 20% of sales revenue.

B: I have to say ▨▨▨▨▨▨▨▨▨▨▨▨▨▨▨▨▨▨▨▨.

A: In that case, how about a monthly fee of $19,000 along with 19% of sales revenue?

B: For a relatively young company like us, I think ▨▨▨▨▨▨▨▨▨▨ ▨▨▨▨. It would hamper future capital investment.

A: 通常は月額料金3万ドルに加えて売上の20%をいただいております。

B: それでは弊社にとって極めて厳しいと言わざるを得ません。

A: それでは月額料金を1万9000ドルにして、加えて売上の19%ではいかがでしょうか。

B: 私どものような比較的若い会社には財政上の負担が大きすぎると思います。今後の設備投資ができなくなります。

4)

B: We'd like to have at least a five-year ▨▨▨▨▨▨▨▨▨▨▨▨▨. Would that be OK?

A: Our routine practice is to review arrangements every year.

B: If that's the case, I'd have to say that ▨▨▨▨▨▨▨▨▨▨ today would be difficult.

A: We'd be happy if you could take the contract away and study it.

B: せめて5年の固定契約としていただきたいのですが。それでよろしいですか。

A: 毎年の見直しが弊社のルーティンとなっております。

B: それでは、本日の契約交渉は難しいと言わざるを得ません。

A: では、契約を一旦持ち帰ってご検討いただければ幸いです。

正解

1 **A:** an intensely competitive sector
B: very gratifying to hear

2 **A:** in the international arena
B: a wide-ranging overseas sales network

3 **B:** that would be extremely tight for us
B: the financial burden would be too great

4 **B:** fixed term contract
B: any further contract negotiation

UNIT

2

—

DEFENCE
IN DEPTH

縦深防御

efence in Depth (1)

DEFENCE IN DEPTH 1

DEFENCE IN DEPTH 3

UNIT 2 Defense in Depth (1)

縦深防御(1)

DIALOGUE 1

Wanda Gerson's company has received a request from the city government to build a new children's playground in a public park. Wanda is meeting with Terry Kraft, the manager in charge of municipal recreation infrastructure.

Terry: 1. First of all, let me thank you for sending us such a detailed costing proposal for the new children's playground.

Wanda: Did you have time to go through it?

Terry: Yes, and naturally, there are a few points I'd like to discuss. 2. The main problem is that the overall cost is a little beyond our budget at this time, and I wondered if we could somehow get the price down to a more affordable level.

Wanda: Well, we did try to cut costs as much as possible, but we're very happy to review the estimate to see if there's any room for maneuver.

Terry: 3. Thanks, that would be great. Now your total is $92,000 not including ongoing maintenance expenses. That's perhaps a little on the high side.

Wanda: Well, as I'm sure you know, our company has won numerous awards for designing and building other playgrounds, so we're confident that, for that price, we can create something memorable.

Terry: 4. Yes, I appreciate that, but we need to operate as best we can within our budget constraints. For example, you've proposed completely replacing the previous equipment. Surely we could reduce costs by keeping some of it.

Wanda: Normally, I'd be reluctant to mix new and old equipment, but it's not out of the question.

Terry: Also, do we really need such elaborate landscaping? I think we should focus our resources on the play equipment.

Wanda: Well, with that in mind, I could certainly take this estimate back to our team to see if we can shave off some costs.

Terry: 5. It would be perfect if you could somehow reduce it by around 10%. I think in that case, we could get this project started.

Wanda: OK, I look forward to seeing you at the next meeting.

Terry: 6. Actually, I won't be there. Next time you'll be meeting with the Deputy Director of the Parks and Recreation Department.

CONTINUED P.64

ケース 市役所からの新施設建設の要請①

目的 | 市は交渉人を代える戦略で外注費を値下げしたい

TRANSLATION

> Wanda Gerson の会社は、公共の公園に新しい子どもの遊び場を建設する要請を市役所から受けました。Wanda は市のレクリエーションインフラの担当課長 Terry Kraft と会っています。

Terry: まずは、新しい子どもの遊び場に関する詳細な原価計算提案を送ってくださり、ありがとうございました。

Wanda: 目を通すお時間はありましたか。

Terry: はい、そして当然のことながら、議論したい点がいくつかあります。主な問題は、全体的なコストがこの時点で私たちの予算を少し超えているということで、何とかより手頃な価格に抑えられないかと考えています。

Wanda: そうですね、我々としては可能な限りコストを削減しましたが、見積もりをうまく調整する余地があるかどうか、喜んで見直したいと思います。

Terry: ありがとう、それはありがたいです。現在、合計は 9 万 2000 ドルで、継続的なメンテナンス費用は含まれていません。おそらく少し高いと思います。

Wanda: えー、ご存じの通り、当社は他の遊び場の設計や建設で数々の賞を受賞しています。その価格であれば思い出に残るものをつくり出せると確信しています。

Terry: はい、それはありがたいと思いますが、我々は予算の制約の範囲でできる限りベストを尽くさなければなりません。例えば、以前の器具を完全に取り換えることを提案していますよね。その一部を維持すれば確実にコストを削減できます。

Wanda: 通常、私としては新しい器具と古い器具を混在させるのは気が進まないですが、全く不可能なわけではありません。

Terry: それと、本当にこれほど精巧な造園が必要でしょうか。私は遊具にリソースを集中すべきだと思います。

Wanda: では、それを念頭に置いて、我が社のチームにこの見積もりを持ち帰り、いくらかでもコストを削ることができるかどうかを確認してみます。

Terry: 何とか 10% 程度減らすことができれば完璧です。その場合、このプロジェクトを始めることができると思います。

Wanda: わかりました。次回のミーティングでお会いできるのを楽しみにしています。

Terry: 実は、その日私は参加しない予定です。次回は公園・レクリエーション部の副部長とお会いいただくことになります。

交渉コラム

軍事におけるDefense in Depthとは？

元々 Defense in Depth（縦深防御）は軍事における戦略として知られています。

具体的には、防御側はリソース（要塞、各部隊など）を前線のみならず、後方にも分散して配置します。そうすると、攻撃側は前線を容易に突破できますが、その後、前進すればするほど後方のリソースから抵抗にあい、じわじわと戦力を失っていきます。あえてリソースを分散させて時間稼ぎをして、結果的には防御側が攻め込んでいくのです。

紀元前 216 年にハンニバルはこの戦法を使ってローマ軍を打ち負かしたとされ、これは共和制ローマの歴史に残る大敗として知られています。

ちなみにこの戦法の対極にあたるのが水際作戦です。海岸に砲列を敷き、敵軍が上陸したら砲撃します。現代では、コロナウイルスによる感染症などが国内で大流行する前に空港の検疫を強化する対策を水際作戦と呼ぶので知っている方も多いはずです。

KEY FUNCTION PHRASES

Function 1 > 謝辞から始め、交渉の地ならしをする

> First of all, let me thank you for sending us such a detailed costing proposal for the new children's playground.

まずは、新しい子どもの遊び場に関する詳細な原価計算提案を送ってくださり、ありがとうございました。

解説　「交渉の最初は謝辞」というのが定石で、ここでも Terry の最終目的は値引きですが、柔らかくお礼を言うことから始めています。こうすることで、いきなり値引きを打診するよりも、雰囲気を和らげることができます。

以下は、thank you / express my gratitude / really appreciate と、3 にいくにしたがって感謝の度合いが強くなります。

他の表現

1 | Before we go on, let me thank you for the hard work you've put into this costing proposal for the new...

2 | At the outset, I'd like to express my gratitude for such a detailed costing proposal for the new...

3 | First of all, I really appreciate your sending us such a thorough costing proposal for the new...

Function 2 > コストの見直しを求める①

> The main problem is that the overall cost is a little beyond our budget at this time, and I wondered if we could somehow get the price down to a more affordable level.

主な問題は、全体的なコストがこの時点で私たちの予算を少し超えているということで、何とかより手頃な価格に抑えられないかと考えています。

解説　謝辞の後は交渉の戦端を開きます。Terry が全体のコスト高を指摘して、値引き交渉が始まります。

最初は the overall cost is a little beyond と小出しに「全体的なコストが若干高い」ということを示唆します。

I wondered if we could somehow get the price down は、I wondered や could を使うことで婉曲で丁寧な印象になります。このようにして相手の出方を探るのです。

他の表現

1 | Our main concern is that the overall cost is a little over our budget at this point, so we're wondering if we can somehow make it more affordable.

2 | The main issue is that our current budget won't run to your total, and I wondered if we could somehow get the price down to an affordable level.

Function 3 › コストの見直しを求める②

Thanks, that would be great. Now your total is $92,000 not including ongoing maintenance expenses. That's perhaps a little on the high side.

ありがとう、それはありがたいです。現在、合計は9万2000ドルで、継続的なメンテナンス費用は含まれていません。おそらく少し高いと思います。

解説 まずは合計額を示すことで、相手に俯瞰的に考えさせ、削りやすいところをイメージしやすくさせています。続けてメンテナンス費用について言及し、相手からの具体的な譲歩を引き出しやすくします。

Function 4 › コストの見直しを求める③

Yes, I appreciate that, but we need to operate as best we can within our budget constraints. For example, you've proposed completely replacing the previous equipment. Surely, we could reduce costs by keeping some of it.

はい、それはありがたいと思いますが、我々は予算の制約の範囲でできる限りベストを尽くさなければなりません。例えば、以前の器具を完全に取り換えることを提案していますよね。その一部を維持すれば確実にコストを削減できます。

解説 Terry は、常に謝辞を伝えてから、値引きの交渉に入っています。予算の制約を盾に、次なる値引きのターゲットに進みます。

他の表現 1 | Yes, I appreciate it, but we have no choice but to work within our budget constraints. For example, your proposal calls for completely replacing previous equipment. Retaining some of it will definitely reduce costs.

2 | Yes, I appreciate that, but I'm afraid our budgetary constraints must dictate our decision. For instance, you're suggesting that we completely replace the previous equipment. Surely, we could bring down costs by holding on to some of it.

Function **5** 〉 コストの見直しを求める④

It would be perfect if you could somehow reduce it by around 10%. I think in that case, we could get this project started.

何とか10％程度減らすことができれば完璧です。その場合、このプロジェクトを始めることができると思います。

解説 さらに、Terry は希望する具体的な値引き率を提示。しかも、それを実現すれば初めてプロジェクトが始動するといった、やや威圧的ともとれるフレーズが続きます。Defense in Depth を仕掛けるつもりなので、ここまで攻めの姿勢を貫けているのです。ダイアログの終わりまで Terry の出方に注目してください。
以下は 3 にいくほど、あいまいな表現になります。

他の表現
1 | Reducing the cost by about 10% would be ideal. If that's possible, we can get this project started.

2 | It would be perfect if you could shave off about 10%. That would allow us to get moving on this project.

3 | The ideal outcome would be to get costs down by 10% or so. At that figure, we could get this project off the ground.

Function **6** 〉 Defense in Depthで交渉人を代える

Actually, I won't be there. Next time you'll be meeting with the Deputy Director of the Parks and Recreation Department.

実は、その日私は参加しない予定です。次回は公園・レクリエーション部の副部長とお会いいただくことになります。

解説 さんざん値引きを迫ったうえで、次の打ち合わせでは交渉相手を変える。この担当者を代える手法がビジネスにおける Defense in Depth の特徴です。Terry は強気な態度で値下げを求めてきました。それに対して Wanda はいい印象を持っていないはずです。このタイミングで交渉人を代えることで Terry のネガティブな印象を払拭して、新たに交渉を進める狙いがあります。
「実は」という表現には actually の他、as a matter of fact や in fact など様々あります。ここでは actually が一番適切な表現であると言えます。

EXERCISE DIALOGUE

付属音声を聞き、空所にあてはまる英語を埋めてください。　　　DL-08 ○

1 A: Thank you for getting us ████████████ so quickly.

B: Did you have a chance to ████████████?

A: Yes, I did. I'd like to discuss that.

B: Of course. That's why I'm here today.

A: すぐに詳細なお見積りをいただきありがとうございます。

B: 内容についてはご検討いただけましたでしょうか。

A: はい。そのことでお話ししたいと考えております。

B: もちろんです。今日はそのためにおうかがいした次第です。

2 A: It's extremely detailed, which makes it easy to grasp. Thank you very much for that. The first point I'd like to make is that ████████████.

B: By how much?

A: Only slightly. Would it be possible for you to ████████████?

B: We could possibly manage to take off 10% by using different materials.

A: 非常に詳細でわかりやすいです。どうもありがとうございます。最初に申し上げたいのは、当初の予算をオーバーしてしまっているということです。

B: どれくらいオーバーしているのでしょうか。

A: 若干ではあるのですが、10%ほどを削ることはできないでしょうか。

B: 10%であれば、部材の変更等で何とかなるかもしれません。

3 A: By the way, I notice that maintenance costs are ████████████. Would it be possible to include them in this estimate?

B: Basically, that would be rather difficult.

A: If maintenance costs were included, would it be possible to ████████████ ████████?

B: In that case, I would have to take this away and study it again.

A: ちなみに、計算に維持費が含まれていないようです。この見積もりに維持費を含めることはできませんか。

B: それは基本的に難しいかと思います。

A: 維持費が含まれていれば、毎年の更新も可能ではないでしょうか。

B: そういうことでしたら、一度持ち帰って再検討したいと思います。

62

4 B: As you requested, ▨▨▨▨▨▨▨▨▨▨▨▨▨▨, but it wasn't at all easy.

A: Thank you very much for doing that. So, next week, I'd like to discuss it in more detail.

B: Thank you. That would be great.

A: Actually, I won't be at that meeting. You'll be meeting with Bob, ▨▨▨▨▨▨.

B: ご要望通り、見積もりから10％を削減いたしました。かなり難しかったですが。

A: ご尽力どうもありがとうございました。それでは、さらに具体的な打ち合わせを来週にでも持ちたいと思います。

B: ありがとうございます。是非よろしくお願いいたします。

A: 実は、その打ち合わせには私は参加しない予定です。私の上司の Bob がお会いする予定です。

正解

1 A: a detailed estimate
　 B: go over the content

2 A: it exceeds our initial budget
　 A: shave off 10%

3 A: not part of the calculation
　 A: revise them every year

4 B: I shaved 10% off the estimate
　 A: my superior

Defense in Depth (2)

縦深防御(2)

DL-09 ◯

DIALOGUE 2

> Wanda is now meeting with Andrew Bach, the Deputy Director of Parks and Recreation.

Andrew: 1. Thanks for the new estimate. I'm very happy to see that you've been able to pare back the costs.

Wanda: It wasn't easy, but I think we can still deliver a world-class playground for you on the basis of this estimate.

Andrew: 2. However, I think we could still bring the costs down a bit. For instance, I notice that the cost of the surfacing material is pretty high.

Wanda: That's because we plan to use a rubber surfacing material that is poured in—it reduces the risk of injury if children fall and is by far the most durable option.

Andrew: 3. Yes, I can see that, but is there perhaps a lower-priced alternative?

Wanda: Well, we could consider using recycled rubber. It's not quite as effective, but it should do the job. The only problem is that it doesn't last as long and will need replacing after a few years.

Andrew: 4. I take your point, but could you please cost out that option for us?

Wanda: OK, I'll revise the estimate on that basis.

Andrew: Oh, and just one more thing. I see you've included cycle racks and benches.

Wanda: Yes, they're both usually standard features. The cycle racks encourage kids to cycle there, which promotes wellness, and the benches are for parents to sit while their kids play.

Andrew: But there are cycle racks elsewhere in the park, and I think that most parents wouldn't mind standing or sitting on the ground.

Wanda: OK, I'll see what we can do.

Andrew: 5. That's great. If you can cut just a little more, we should be all set to sign the contract when you meet with the Director of Parks and Recreation. 6. The next meeting should be just a formality.

CONTINUED P.72

VOCABULARY

☐ **pare back** 〜（助・句）〜を値下げする
☐ **on the basis of** 〜（前・句）〜に基づいて
☐ **durable**（形）耐久性のある、長持ちする
☐ **cycle racks**（名・句）自転車置き場、サイクルラック

目的 │ 市は新たな交渉人でさらなる値下げを要求したい

TRANSLATION

Wanda は今、公園・レクリエーション部の副部長 Andrew Bach と会っています。

Andrew: 新しい見積もりをありがとうございます。御社がコストを値下げしてくださり非常に嬉しく思います。

Wanda: 簡単ではありませんでしたが、この見積もりに基づいて世界クラスの遊び場を提供できると思います。

Andrew: ですが、私はまだコストを少し下げることができると思います。例えば、表面材料のコストがかなり高いと思います。

Wanda: それはゴム製の表面材を使用する予定だからです。それは子どもが落ちた場合のけがのリスクを軽減し、かつ最も耐久性のあるオプションです。

Andrew: はい、それは私もわかりますが、おそらくより低価格の代替手段があるのではないですか。

Wanda: そうですね、リサイクルゴムの使用を検討することができます。それはそれほど効果的ではありませんが、役目は果たすと思います。唯一の問題は、長くは持たないので数年後に交換する必要がある点です。

Andrew: 要点はわかりましたが、そのオプションの費用を算出していただけますか。

Wanda: わかりました、それに基づいて見積もりを修正します。

Andrew: ああ、もう1つだけ。サイクルラックとベンチが入っていますね。

Wanda: はい、どちらも通常は標準装備です。サイクルラックは子どもたちがそこでサイクリングすることを促し、健康を促進します。そしてベンチは子どもたちが遊んでいる間、親が座るためのものです。

Andrew: でも、公園の他の場所にもサイクルラックがあり、ほとんどの親は立っていようが、地面に座っていようが構わないと思います。

Wanda: わかりました、私たちに何ができるか見てみましょう。

Andrew: それは素晴らしい。もう少しカットできれば、公園・レクリエーション部長と会う際に契約書に署名する準備が整います。次の会議は単なる形式的なものになるはずです。

■ formality（名）形式的であること

交渉コラム

コンピューターセキュリティーもDefense in Depthで安心

軍事や交渉以外の生活のいたるところでも、Defense in Depth の手法が活用されています。

中でもよく応用されているのがセキュリティー分野。この分野では下の図のように様々な層で対策を施し、ある層での対策が破られた場合でも、次の層で攻撃を防いでいくようにしているのです。

具体的にいうと、ファイアウォールを設置し侵入の検知を行う、ウイルス対策を行う、メールで送られてきた怪しいリンクをクリックしないなどユーザーを教育する、強固なパスワードを設定する、定期的にバックアップをとるなどです。サイバー攻撃に遭ってしまっても多層で防御しているため、データを守ることができるのです。

ビジネスにおける Defense in Depth は、ネゴシエーターをミーティング毎に代えて相手に立ち向かうものです。1人が打ち負かされても、代役が挽回し攻め込めば交渉を有利に運べることを考えると、コンピューターセキュリティーとの共通点が見えてきます。

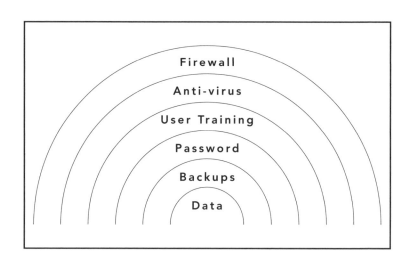

KEY FUNCTION PHRASES

Function 1 〉 新しい交渉人が謝辞を示す

Thanks for the new estimate. I'm very happy to see that you've been able to pare back the costs.

新しい見積もりをありがとうございます。御社がコストを値下げしてくださり非常に嬉しく思います。

解説 「多層で攻撃する」Defense in Depth の戦略通り、交渉人が代わり、Andrew が口火を切ります。この後さらに値引き交渉をする予定なので、このように、先方が応じてくれた値引き努力にしっかり感謝する必要があります。なお、「見積書」には、estimate / estimation / quotation / quote / approximation などの言い換えがあり、「コスト・価格を下げる」には、pare down the costs / get the cost down / lower the costs / trim the costs などがあります。pare は元々「ナイフで皮をむく」。したがって pare down は「少しずつ減らす、徐々に削減する」ニュアンスになります。trim は「余分なものを取り除く、削減する」です。

他の表現 1 | Thanks for revising the estimate. I'm delighted to see that you've been able to get the costs down.

2 | Thanks for your new quotation. I feel very happy that you've managed to lower the costs.

3 | I really appreciate the new quote. It's great that you've been able to trim the costs.

Function 2 〉 コストの見直しを求める①

However, I think we could still bring the costs down a bit. For instance, I notice that the cost of the surfacing material is pretty high.

ですが、私はまだコストを少し下げることができると思います。例えば、表面材料のコストがかなり高いと思います。

解説 ここでは however が値引き交渉の始まりを宣言するタームとなっています。そして、I think we could still bring the costs down a bit. というふうに、think、could、still、a bit と丁寧で婉曲な語を入れることで語調を弱める言い方をしています。英語でも厳しい内容ほど丁寧に言うのがビジネス交渉の鉄則です。

他の表現 1 | However, I think it's still possible to get the costs down even further. For instance, the cost of the surfacing material seems a little excessive.

2 | However, I think there's still a little room to go down on costs. For example, one thing that caught my eye was the high cost of the surfacing material.

Function **3** 〉 コストの見直しを求める②

Yes, I can see that, but is there perhaps a lower-priced alternative?

はい、それは私もわかりますが、おそらくより低価格の代替手段があるのではないですか。

解説 Wanda の説明に対して、Andrew はいったん理解を示すものの、より低価格になるオプションを提示するよう求めます。

部材の変更は日常的に起こることで、対応可能なはず。それを見越した上で質問を投げ、そのオプションを相手に考えさせ、答えを相手に言わせます。こういった質問の詰め方は、交渉する上で参考にしてください。

以下は 3 にいくほど、より直接的な表現になります。

他の表現 1 | Yes, understood, but could we perhaps investigate a lower-priced alternative?

2 | Yes, that's clear, but isn't there probably a more reasonable substitute?

3 | Yes, I understand that, but I think there must be a cheaper price option somehow.

Function **4** 〉 コスト計算を依頼する

I take your point, but could you please cost out that option for us?

要点はわかりましたが、そのオプションの費用を算出していただけますか。

解説 I take your point は、通常はニュートラルな表現として使われますが、この場面ではかなりきつい言い方と言えます。

つまり、Andrew は「その言い分はわかったけれど、考慮しない」という意味を言外に含ませているのです。「交換が必要などという話は重要ではない」と切って捨てています。続く could you please ~？は一転して丁寧な依頼です。could you でも十分丁寧ですが、please を入れることでより腰を低くしてお願いする印象になります。

以下は 3 にいくほど、より直接的で、きつい表現となります。

他の表現 1 | I get your point, but could you please calculate that option for us?

2 | I understand your point, but could you please look into that option for us?

3 | I see what you're getting at, so can you give me some idea of what that option would cost?

Function **5** › Defense in Depthで交渉人を代える

That's great. If you can cut just a little more, we should be all set to sign the contract when you meet with the Director of Parks and Recreation.

それは素晴らしい。もう少しカットできれば、公園・レクリエーション部長と会う際に契約書に署名する準備が整います。

解説 ▶ さらに Defense in Depth を仕掛けます。次は Andrew よりさらに上の立場の人間を登場させることで、Wanda が反論しにくい状況を作り出します。
ここで注目したいのは「次にいけば、より契約に近づく」という印象を与えることで、今回の値引きの譲歩が無駄でなかったという気持ちにさせ、溜飲を下げる効果があります。これは軍事における Defense in Depth の戦略と同じで、進めば進むほど、仕掛けられた側は体力・戦力を奪われます。
we should be all set は若干大げさな表現ですが、「いったんはこれで終了」と安心させて自分のペースに持ち込む狙いがあります。

他の表現 ▶ 1 | Wonderful! If you can cut a little more, we'll be all set to sign the contract when you meet with...

2 | Fantastic! If you can trim off just a little more, we should be in a position to sign the contract when you meet with...

Function **6** › 交渉を有利に締める

The next meeting should be just a formality.

次の会議は単なる形式的なものになるはずです。

解説 ▶ formality は「形式的行為、堅苦しさ」という意味で、この場合は契約を結ぶことを意味します。こうやって「すぐ契約ができる印象」を与えつつ、しっかり値下げを要求しているので、極めて狡猾で戦略的な表現といえます。

他の表現 ▶ 1 | The next meeting should be a mere formality.

2 | The next meeting will be purely ceremonial.

3 | The next meeting will be just for appearances' sake.

付属音声を聞き、空所にあてはまる英語を埋めてください。　　　DL-10 〇

1>
A: Thank you very much for making the new estimate.

B: Some parts of it were pretty difficult, so ▨▨▨▨▨▨▨▨▨▨▨▨▨▨.

A: Thank you very much. However, I think there's still ▨▨▨▨▨▨▨▨▨
▨▨▨▨▨▨▨.

B: Basically, I think it's impossible to get it any lower than that.

A: 新しい見積もりを作成いただき、ありがとうございます。

B: かなり難しい部分がありましたが、弊社チームで検討させていただきました。

A: どうもありがとうございました。ただ、あと少し、コストを下げられる余地があると
思いますが。

B: 基本的に、これ以上下げるのは無理かと。

2>
A: Isn't the overall cost for labor a little high?

B: In this project, the security personnel make up a large part of the cost. That's to
▨▨▨▨▨▨▨▨▨▨▨▨▨▨.

A: But rather than a personnel expense, isn't that just ▨▨▨▨▨▨▨▨▨▨▨▨
▨▨▨▨▨▨▨▨▨? Substituting a commercially available security application
would probably cut personnel costs.

B: Yes, I see. I'd like to try getting some app developers to give us some estimates.

A: 全体の人件費が少し高くないですか。

B: このプロジェクトでは、セキュリティーのための人員がコストの大部分を占めていま
す。情報流出を防ぐためです。

A: しかし人件費よりむしろ、セキュリティーを万全にすればいいだけでは？ 市販のセ
キュリティーアプリケーションで代用すれば、おそらく人件費は削減できるでしょう。

B: ええ、わかりました。いくつかの見積もりをアプリケーション会社に当たって出して
みたいと思います。

3>
A: I'm happy to see that you ▨▨▨▨▨▨▨▨▨▨▨▨▨▨▨▨▨▨▨▨ the
estimate we received.

B: There were some people in the company who thought ▨▨▨▨▨▨▨▨▨▨▨
▨▨▨▨▨▨▨▨, but I think the alternative plan nevertheless achieves that.

A: Yes, that's the most important thing. But shipping charges are quite high.

B: We'll use our specialist forwarding company because reliable delivery is essential.

A: いただいた見積書は前回のこちらの要望をしっかり入れてくれていますね。

B: 社内では品質保持を考えると難しいという声がありましたが、代替案であれば、質を保てるものになったと思います。

A: はい、それは何よりです。ただ輸送費がかなり高いですね。

B: 確実な配送が必須なので、弊社の専用の運送会社を使用するつもりなのです。

4 ❯ A: Certainly, if that company is ▓▓▓▓▓▓▓▓▓▓▓▓▓▓▓▓▓▓▓▓▓▓, we would possibly rely on it, but even if that's the case, it might be too expensive. I'd have to say that signing a contract next week may prove difficult.

B: Of course, we're not thinking solely of ▓▓▓▓▓▓▓▓▓▓▓▓▓. We could also reach out to companies with cheaper rates.

A: Could you do that? If you could also bring a new estimate with the discount, next time we can talk in detail about the contract. I won't be attending the meeting next week. Instead the person in charge of handling contracts will be there.

B: OK, I see. I'll draw up a new quotation and show it to that person at next week's meeting.

A: 確かに、御社の直属の会社であれば信頼は置けるかもしれませんが、それにしても高すぎないでしょうか。 これでは、来週契約を結ぶのは難しいと言わざるを得ません。

B: 無論、弊社の系列会社だけを考えているのではありません。他のより安い会社をあたることは可能です。

A: そうしていただけますか。さらに値引きした新たな見積もりを持ってきていただければ、次回は契約について具体的なお話ができるでしょう。来週の会議は、私は出席しませんが、その代わりに契約責任者が対応することになります。

B: 了解いたしました。新たな見積書を作成し、来週の会議でその方にお見せします。

正解

1. **B:** I had some of our team scrutinize it
   A: a little room to lower the cost
2. **B:** prevent information leakage
   A: to ensure that security can be implemented
3. **A:** incorporated my previous request into
   B: maintaining quality was difficult
4. **A:** under your direct supervision
   B: our affiliate company

Defense in Depth (3)

縦深防御(3)

DIALOGUE 3

Wanda is now meeting with Gloria Suarez, the Director of Parks and Recreation.

Gloria: Hi, thanks for coming in.

Wanda: Not at all. I'm glad we've finally agreed on a price.

Gloria: 1. Yes, thanks so much for your cooperation. I'm sorry the process has been so long and drawn out.

Wanda: That's fine. I know that there are several layers of bureaucracy to go through. I was wondering if we might be ready to sign the contract today.

Gloria: 2. Well, there is just one more thing. I had the budget office review the contract and it seems like there's another stumbling block.

Wanda: Really? What's that?

Gloria: Between the previous meeting and this one, a new Director of Finance was appointed, and in light of our falling revenues, he decided to review all pending contracts.

Wanda: So, what does that mean?

Gloria: 3. I'm sorry to say this, but we still need to take 5% or so off your revised estimate.

Wanda: But we've cut virtually everything that is possible to cut. I don't think we can go any lower.

Gloria: 4. That's unfortunate, but I'm not authorized to meet your figure.

Wanda: Normally, I would be tempted to cancel the contract, but we've already ordered a good part of the equipment and materials, so we're more or less committed to going ahead.

Gloria: 5. Well, I'm not sure how to go forward from here.

Wanda: Actually, I might have a solution, which would involve proceeding in phases. I mean to say, we could build a playground this year with the bare minimum of features and organize the second phase for the new fiscal year.

Gloria: 6. Yes, I think that could work. I'll run the idea past the Director of Finance.

Wanda: OK, and I'll reissue the estimate on a two-phase basis.

VOCABULARY

☐ **be drawn out**(動・句)引き延ばされた、長引く、長々とか
かる

☐ **bureaucracy**(名)官僚制度、煩雑な手続き

☐ **stumbling block**(名・句)つまずきの石、障害

ケース 市役所からの新施設建設の要請③

目的 市はさらに交渉人を代えて値引きのダメ押しをしたい

TRANSLATION

> Wanda は今、公園・レクリエーション部長 Gloria Suarez と会っています。

UNIT **2** Defense in Depth (3)

Gloria: こんにちは、来てくれてありがとう。

Wanda: こちらこそ。やっと値段で合意できてよかったです。

Gloria: はい、ご協力大変ありがとうございました。プロセスが長く、時間がかかって申し訳ありませんでした。

Wanda: 結構です。役所ではいくつか手続きを踏まなければならないですから。果たして今日契約書に署名する準備ができているかどうかと思っていました。

Gloria: そうですね、あと1つだけあります。私は予算事務所に契約を検討させましたが、別の障害があるようです。

Wanda: 本当ですか。それは何ですか。

Gloria: 前回の会議と今回の会議の間に、新しい財務部長が任命され、収益の減少を考慮して、彼はすべての保留中の契約を見直すことにしました。

Wanda: で、それはどういう意味ですか。

Gloria: 申し訳ありませんが、御社が修正された見積もりからあと5％ほど削減する必要があります。

Wanda: しかし、私たちは削減可能なところは事実上すべてをカットしています。これ以上下げることはできないと思います。

Gloria: 残念ですが、私にはあなたの数字を満たす権限はありません。

Wanda: 普通なら契約をキャンセルしたいところですが、すでに機器や材料のかなりの部分を注文しているので、私たちはいずれにせよ先に進まざるを得ません。

Gloria: ただ、私にはここからどう先に進むのか方法がわかりません。

Wanda: 実際、私は解決策を持っているかもしれません。それは段階的に進むやり方です。つまり、今年は最低限の機能を備えた遊び場を建設し、新会計年度で第2段階を調整するという方法です。

Gloria: はい、それならうまくいくと思います。私が財務部長に説明します。

Wanda: 承知しました。では見積もりを2段階ベースで再発行します。

■ in light of 〜（前・句）〜を踏まえて、〜を考慮して　　■ run past 〜（動・句）〜を知らせる、説明する
■ bare minimum（名・句）最小限度、最小限必要なもの

73

交渉コラム

フォーマルで紳士的なイギリス人

英語圏で一緒くたに語られがちですが、イギリス人とアメリカ人ではコミュニケーションの取り方や交渉アプローチが異なります。ここではイギリス人にどういう傾向があるかをご紹介します。

①アメリカ人よりもハイコンテクスト

アメリカ人は世界の他の国々と比べてもローコンテクストなコミュニケーションを取ります。一方で日本人は非言語的な要素を重んじるハイコンテクスト、つまり直接的な言葉ではなく文脈、ときには「空気」で自身の意図するところを理解してもらおうとします。ではイギリス人はどうかというと、アメリカ人と日本人の中間、もしくは少しローコンテクスト寄りと考えてください。

②フォーマル度が高い

カジュアルなアメリカ人とは異なり、イギリス人のフォーマル度は高めです。エチケットや礼儀を重視し、それが交渉時の態度や言葉遣いにも反映されます。会ってすぐ開けっ広げに個人的なことを話すことはせず、少しずつ距離を縮めていきます。

③極端な交渉よりも穏やかな話し合い

Chiken や Snow Job のように相手に圧をかけながら勝利を目指す「攻め」の交渉よりは、穏やかに交渉が進むことが多いようです。しかし、値切る必要のあるときなどは要望を冷静に伝えて相手の意向をうかがうなど、要所を押さえたメリハリのあるアプローチを好みます。

KEY FUNCTION PHRASES

Function 1 > 新しい交渉人として謝辞を示す

Yes, thanks so much for your cooperation. I'm sorry the process has been so long and drawn out.

はい、ご協力大変ありがとうございました。プロセスが長く、時間がかかって申し訳ありませんでした。

解説 ここでも「交渉は謝辞から入る」が実践されています。加えて、これまでのことについてのお詫びも述べます。交渉人を度々代えていますから、Defense in Depth では初対面で特に好印象を残せるよう努めてください。
Wanda は「値段で合意できた」と思っていますが、実際の交渉はまだ続きます。Gloria はこれからさらに値下げを要求することを踏まえ、低姿勢で会話をスタートさせています。

他の表現
1 | Yes, I'm really grateful for your cooperation. I regret that the process has gone on for such a long time.

2 | Yes, I appreciate your cooperation so far. I apologize that the process has been so complex and time consuming.

Function 2 > 追加で問題点を報告する

Well, there is just one more thing. I had the budget office review the contract and it seems like there's another stumbling block.

そうですね、あと1つだけあります。私は予算事務所に契約を検討させましたが、別の障害があるようです。

解説 直前で Wanda が、I was wondering if we might be ready to sign the contract today. と契約への懸念を示したところで、Gloria が次の問題を示唆しています。
there is just one more thing は、段階的に要求を上げていく Foot in the Door や、少しずつ「かじる」ように要求する Nibble でも頻出のフレーズです。
これに関して Gloria は最初から具体的な話をせず、単に stumbling block と「つまづきの石」と表現しています。あまりに直接的に伝えてしまうと心理的抵抗が大きくなってしまうからです。まずは緩衝材の役割を果たすフレーズで伝えていくのです。

> I'm sorry to say this, but we still need to take 5% or so off your revised estimate.

> 申し訳ありませんが、御社が修正された見積もりからあと5％ほど削減する必要があります。

解説 この発言の前に、Gloria は財務部長が代わって保留中の契約を見直すことになったと、事情が変わったことを伝えています。今交渉を持っている当人の責任ではないことになるので、Wanda は Gloria を責めようがありません。思惑通り、Defense in Depth の効果が出ています。「この期に及んで5％の値引きを申し出る」というのは常識的に考えるとかなり強引なやり方です。Defense in Depth で交渉人を代えたからこそできる技でしょう。なお、この戦術はビジネス交渉術の中でも押しが強いことで知られています。基本的には「敵対する相手」に仕掛ける交渉術です。

言いにくいことを伝える表現は I'm sorry to say this の他に、I feel awkward to say this / it's hard for me to say this / I hesitate to say this などがあります。

Function **4** ＞ Defense in Depthで交渉人を代える

> That's unfortunate, but I'm not authorized to meet your figure.

> 残念ですが、私にはあなたの数字を満たす権限はありません。

解説 be not authorized to meet your figure は「あなたの数字を満たす権限がない」、つまり、ここでは「合意ができない、応じることができない」ことを言っています。

では、誰に決定権があるのかというと、その前に Gloria が a new Director of Finance...decided to review all pending contracts と発言しているように、新任の財務部長が権限を持っています。これまでは Terry → Andrew → Gloria と会議に参加する交渉人を代えることで Defense in Depth を実行してきました。今回は単に財務部長のことに言及するのみですが、これも広義では Defense in Depth に入ります。

Function **5** 〉 相手を突き放す

Well, I'm not sure how to go forward from here.

ただ、私にはここからどう先に進むのか方法がわかりません。

解説 Gloria は Wanda に対して半ば突き放すような発言をしますが、これによって「こちらは譲歩できない」ことを婉曲に伝えています。別の意味では、「あと５％を引かなければ契約はしない」と相手にボールを投げる表現であり、買い手側のスタンスの強さを最大限に活用しています。

他の表現 1 | I'm at a loss as to how to proceed from here.

2 | It's a bit difficult to work out how to go forward from here.

3 | I don't know where we're supposed to go from here.

Function **6** 〉 Defense in Depth で新しい担当者につなぐ

Yes, I think that could work. I'll run the idea past the Director of Finance.

はい、それならうまくいくと思います。私が財務部長に説明します。

解説 ここでの work は「機能する、うまくいく」という意味で使われています。特にアメリカ人が好む用法です。
run past は複数の意味を持つイディオムで、「①越える、通り過ぎる　②説明する　③チェックしてもらう」の３つをおさえておきましょう。Thank you for running this past me. だと「説明してくれてありがとう」となります。

他の表現 1 | Yes, I think that might just work. I'll have the Director of Finance take a look at it.

2 | Yes, that could be one way forward. I'll explain it to the Director of Finance.

3 | Yes, I'm sure we can work with that. I'll see what the Director of Finance has to say about it.

EXERCISE DIALOGUE

付属音声を聞き、空所にあてはまる英語を埋めてください。 DL-12

1 A: Thank you very much for drawing up a new estimate. I'm very sorry it's ▓▓▓ ▓▓▓▓▓▓▓▓▓▓▓▓▓▓▓▓▓▓▓▓▓▓.

B: No, that's fine. We've finally reached the point of signing a contract, which is ▓▓▓▓▓▓▓▓▓▓▓▓▓▓▓▓▓▓. Things always take longer in a big company.

A: Actually, there is just one more thing. Before we get to the contract, another problem has come up.

B: What's that?

A: 新しい見積書を作成してくださり、どうもありがとうございます。大変なお時間とお手間を取らせまして誠に申し訳ありません。

B: いえ、大丈夫です。ようやく契約にまでこぎつけましたので、その苦労も報われるというものです。大きな会社ではそれなりの時間がかかりますから。

A: 実は、あと1つありましてね。契約に至るまでに別の問題が発生しました。

B: それは何ですか。

2 A: I think you know that we got a new CEO last month.

B: Yes, I heard from someone in accounting.

A: According to the new CEO's policy, an instruction was issued that ▓▓▓▓▓▓▓ ▓▓▓▓▓▓▓▓▓▓▓▓▓▓▓▓. That happened at the end of last week.

B: So, what's the best thing to do ▓▓▓▓▓▓▓▓▓▓▓▓▓▓?

A: 弊社の CEO が先月変わったのはご存知かと思います。

B: はい、経理畑の方とうかがっています。

A: この新 CEO の方針で、すべての未決契約書を見直すよう指示が出たんです。それもつい先週末のことでして。

B: それで、どうすればよいのですか。

3 A: Could you possibly take another 5% off the quotation for the contract?

B: ▓▓▓▓▓▓▓▓▓▓▓▓▓▓▓▓▓▓▓▓▓▓. You've asked for a discount on several occasions in the past and we've done as much as we could to take off 10%.

A: Yes, but even so, from our side, I have ▓▓▓▓▓▓▓▓▓▓▓▓▓▓▓ the CEO's policy.

B: Well, in that case, I'll just have to see what I can do.

A: 契約見積書からさらに5％を引いていただきたいのです。

B: それはとてもできかねます。これまで何度も値引きをお願いされて、こちらとしても できる限りのことをして、10％を削減したところです。

A: はい、ただそう言われましても、こちらとしては、CEO の方針を実行するしかない のです。

B: えー、そういうご事情でしたら、何とかするしかないでしょうね。

4 A: Thank you for revising the estimate. However, a short while ago, I got a message from a section chief, who is requesting another revision. Specifically, he says we need to cut 20% from the cost of materials.

B: Twenty percent! That's going to be a really tough figure. However, I'll see what I can do.

A: That would be a great help. If you could manage that, I think it will help the conversation when you next meet with the section chief to discuss the contract. However, I won't be able to attend that day, so you'll be ▓▓▓▓▓▓▓▓▓▓ ▓▓▓▓▓▓▓▓▓▓▓▓▓▓.

B: OK, I'll revise the estimate and bring it ▓▓▓▓▓▓▓▓▓▓▓▓▓▓.

A: 見積書を改訂してくれてありがとうございます。ただ先ほど、課長から連絡があっ て、再度の見直しを頼まれています。特に材料費から20％の削減が必要と言わ れています。

B: 20％ですか！それは非常に厳しい数字ですね。でも何とかやってみましょう。

A: 大変助かります。何とかそれが可能ならば、次回の課長とのミーティングで契約の 話を進めるのに役立つと思います。ただその日、私は同席できないので、課長が 直接会うことになると思います。

B: では、見積書をさらに改訂して当日お持ちいたします。

正解

1 A: taken so much time and effort
B: a reward for our hard work

2 A: all pending contracts should be reviewed
B: in the circumstances

3 B: I doubt very much if that's possible
A: no choice but to implement

4 A: meeting directly with the section chief
B: on the appointed day

UNIT

3

—

SNOW JOB

スノー・ジョブ

SNOW JOB 1

SNOW JOB 3

DIALOGUE 1

Jim Asher is at a car showroom talking to Jean Hollins, a salesperson, about buying a new car.

Jean: 1.Well, it's great that you've made the decision to purchase the car. That model is flying out of the door these days. I don't think you'll regret it.

Jim: I'm sure I won't. It has all the features I've been looking for. I love that it's a hybrid four-wheel drive and that it has a manual gear shift mode even though it's an automatic.

Jean: 2.Yes, it's a really versatile vehicle with great fuel economy.

Jim: Yes, I'm really happy with it. It's the first new car I've ever bought. All my previous cars were used.

Jean: Is that so? 3.Well, you've made a good choice. Anyway, I think we now need to discuss pricing and payment terms.

Jim: Yes, sure. Now the sticker price on the windshield is $32,750 dollars plus sales tax.

Jean: Right, but we have some add-ons that I can highly recommend. They'll help maintain the value of your car and provide you with a much greater feeling of security.

Jim: What are they?

Jean: 4.I think you would be well advised to consider an extended warranty. As I explained before, the car comes with a basic standard warranty of three years from date of purchase or for the first 50,000 kilometers, depending on which you reach first.

Jim: How much would that cost?

Jean: If we extend the warranty for further the two years, that will be $1,800.

Jim: That seems quite expensive. Do I really need it?

Jean: 5.If you're comfortable with the possibility of paying several thousand dollars for a new transmission if your insurance policy has expired, then no, you don't. 6.But if you really want peace of mind, then I'd strongly urge you to buy it.

Jim: Well, OK, then.

CONTINUED P.90

VOCABULARY

☐ fly out of the doors[windows] (動・句) 飛ぶように売れる	☐ versatile (形) 多目的の、万能の
	☐ fuel economy (名・句) 燃費

ケース 新車のセールス①

目的 | Jeanは車両にオプションを付けて販売したい

TRANSLATION

Jim Asher は、車のショールームで新車を買うことについて、販売員の Jean Hollins と話をしています。

Jean: まあ、車を購入する決断をされたのは素晴らしいことです。その型は最近飛ぶように売れているんです。買って後悔するとは思いません。

Jim: 私も後悔しないと確信しています。それは私が探していたすべての機能を持っています。オートマなのに、ハイブリッド四輪駆動でマニュアルギアシフトモードがついている点を気に入っています。

Jean: はい、燃費の良い、本当に多目的な車種ですよ。

Jim: ええ、本当に満足しています。これは私が初めて購入する新車です。以前の車はすべて中古車でしたから。

Jean: そうだったんですね。さて、お客様は良い選択をしました。それでは次に、価格と支払い条件を話し合う必要があると思います。

Jim: はい、もちろんです。今、フロントガラスに貼ってある価格は 3 万 2750 ドルプラス消費税ですね。

Jean: その通りです、ただ是非お勧めしたい付帯サービスがいくつかあります。お客様の車の価値を維持し、ずっと大きな安心感を提供してくれますよ。

Jim: それは何ですか。

Jean: 延長保証を検討するのが賢明であると思います。前にご説明したように、車は購入日から3年間、または最初の 5 万キロメートルの基本的な標準保証が付属しています。そのどちらかは先に到達するほうによりますが。

Jim: それはいくらかかりますか。

Jean: 保証期間を2年間延長すると、1800 ドルになります。

Jim: それはかなり高価に思えますね。本当に必要なんですか。

Jean: 保険契約の有効期限が切れたときに新しいトランスミッションに数千ドルを支払うのを良しとするなら、必要ありません。しかし、お客様が本当に心の安らぎを望むなら、加入が是非とも必要だと思いますが。

Jim: そうですね、ではオーケーです。

- sticker price（名・句）店頭表示価格
- windshield（名）フロントガラス
- add-ons（名）アドオン、追加物、拡張機能
- be well advised to ～（動・句）～するのが賢明である

交渉コラム

Snow Jobを仕掛けられたら

Snow Job を仕掛けられたときの対応策として、本書の冒頭の「重要交渉戦略15 パターン」で以下の2点をご紹介しました。(p.11 参照)

①何が重要なのか見抜く（大量の情報の中で何が重要なのかしつこく聞く。詳細まで把握することによって論点を明らかにする）。
②安易に同意しない（納得していないことには絶対に同意しない。同意してしまうと一気に手玉に取られてしまう）。

ここでは①とは違うアプローチもご説明します。これは①とは真逆で、あえて深く質問せずに次のように突っぱねる方法です。

I'm terribly sorry, but I don't understand. I can't answer this.
（大変申し訳ありませんが、わかりかねますので、この件については回答することができません）
I'm very sorry, but I'm not qualified to deciden that. I'll consult my manager and answer at a later date.
（誠に恐れ入りますが、私に決定権はないので上司に相談して後日ご返事いたします）

ここでのポイントは、突っぱねるといっても丁寧なフレーズで申し出ること。丁重なお断りによって、こちらが全く動じていないこともアピールできます。その後の対応策としては、専門家を手配して同席してもらうのも一案でしょう。

大量の情報やもっともらしい根拠は相手の作戦にすぎません。動揺せずに集中して、相手の発言を冷静に聞き、相手の反応を注視して矛盾を見抜く。この基本さえ押さえられたらSnow Job は突破できるはずです。

KEY FUNCTION PHRASES

Function **1** › Snow Jobの地ならしをする①

Well, it's great that you've made the decision to purchase the car. That model is flying out of the doors these days. I don't think you'll regret it.

まあ、車を購入する決断をされたのは素晴らしいことです。その型は最近飛ぶように売れているんです。買って後悔するとは思いません。

解説 一般的に Snow Job を仕掛ける前に地ならしとして相手に友好的な姿勢を示すものです。ここでも it's great や flying out of the doors、I don't think you'll regret it. といった表現により Jim を気分良くさせています。

特に、I don't think you'll regret it. という表現に注目しましょう。大きな買い物をした際は必ずと言っていいほど「これでよかったのか」という後悔の念が起こるもの。それを見越して先に「後悔はしない」と結論づけるのです。

「飛ぶように売れる」は fly out of the doors[windows] の他に、fly off / sell like hot cakes などの言い換えがあります。

Function **2** › Snow Jobの地ならしをする②

Yes, it's a really versatile vehicle with great fuel economy.

はい、燃費の良い、本当に多目的の車種ですよ。

解説 浮かれ気味の Jim に対して、Jean はさらに言葉を重ねます。

versatile は元々ラテン語で「色々な方向を向く」から「多目的の、万能の」という意味になりました。相手が喜んでいる内容に共感して、購入したことを完全に肯定しています。

「万能の」は all-around / can-do-everything などの言い換えが可能です。

「燃費が良い［悪い］」は、good[bad] fuel economy / good[bad] gas mileage / good[bad] fuel consumption などと言えます。

Function **3** › Snow Jobを始める

Well, you've made a good choice. Anyway, I think we now need to discuss pricing and payment terms.

さて、お客様は良い選択をしました。それでは次に、価格と支払い条件を話し合う必要があると思います。

ここからが Snow Job の本番です。相手の話を軽く受け止めた後、you've made a good choice と再度肯定します。Jim の気分を良くするための営業トークはここまで。anyway と、会話を切り換える語を皮切りに「価格と支払い条件」という営業実務的なテーマに一気に持っていきます。

他の表現 **1** | I think that's a great choice. So, all that remains is to discuss pricing and payment terms.

2 | I couldn't have chosen better myself. At this point, we need to look at overall pricing and your payment options.

3 | An excellent choice, if I may say so. So, if it's OK with you, we should look at pricing and payment conditions in more detail.

Function **4** › Snow Jobで営業する

I think you would be well advised to consider an extended warranty.

延長保証を検討するのが賢明であると思います。

解説 まず、Jean は延長保証の加入を勧めていきます。
would be well advised to ～は「～するのが賢明でしょう」という意味で、婉曲かつ丁寧に何かを「勧める」際に使われます。would を使い、さらに受動態にしていることから recommend ほど直接的ではない点も覚えておくとよいでしょう。「勧める」= recommend と暗記しがちですが、I recommend ～と多用しすぎると押しつけがましい印象を与えかねません。

他の表現 **1** | You really should give serious consideration to an extended warranty.

2 | I'm sure you wouldn't regret taking out an extended warranty.

Function **5** › Snow Jobで畳みかける営業をする①

If you're comfortable with the possibility of paying several thousand dollars for a new transmission if your insurance policy has expired, then no, you don't.

保険契約の有効期限が切れたときに新しいトランスミッションに数千ドルを支払うのを良しとするなら、必要ありません。

解説 高額な延長保証に Jim が、That seems quite expensive. Do I really need it? と反応した後の Jean の発言です。

ここでも Snow Job で言いくるめていきます。「加入しなかった場合のデメリット」を Jim にイメージさせるのです。このとき、数千ドルの負担という消費者の心証に良くない金額を伝え、Jim に心理的なダメージを与えます。

他の表現

1 | If you just don't care about the risk of paying several thousand dollars for a new transmission if your insurance policy has lapsed, then no, you don't.

2 | If your insurance contract is no longer valid and you're willing to pay thousands of dollars for a new transmission, I don't recommend you get insurance.

3 | If your insurance has expired, and you're prepared to spend thousands of dollars for a new transmission, then no, you don't.

Function **6** › Snow Jobで畳みかける営業をする②

But if you really want peace of mind, then I'd strongly urge you to buy it.

しかし、お客様が本当に心の安らぎを望むなら、加入が是非とも必要だと思いますが。

解説

ここでのキーワードは want と urge です。いずれも強い意味合いを持ち、名詞形の場合、want は「欠乏からくる欲求」、urge は「衝動」。動詞形の urge も「突き動かすように促す」といったニュアンスになります。Snow Job の手法であえてこのような強い動詞を使用しています。通常、部下や同僚にアドバイスするような場面では押しつけがましくなるので避けたほうがよいでしょう。

ここで話題になっているのは単なる延長保証の加入ですが、それが精神安定上、不可欠であるといった印象を与えています。このとき、先の数千ドルという数字が Jim の頭をよぎるはずです。

以下の 1 に用いた recommend は urge ほどの強さはありません。これは「具体的な行動を起こすことを勧める」といったニュアンスを含みます。2 の encourage も「行動を起こすことを期待する」語ですが、無理やりではなく柔らかく提案するイメージです。

他の表現

1 | But if peace of mind is important to you, I strongly recommend that you take out an insurance policy.

2 | But I strongly encourage you to get the insurance if peace of mind is a priority.

EXERCISE DIALOGUE

付属音声を聞き、空所にあてはまる英語を埋めてください。　DL-14 ◯

1　A: Buying a house is ▨▨▨▨▨▨▨▨▨▨▨▨▨▨▨▨▨▨▨. I think that's a wonderful decision.

B: To be honest, it feels like I'm jumping off a cliff. I wasn't happy with any of the other new houses I saw.

A: I thought this house would ▨▨▨▨▨▨▨▨▨▨. It's really popular.

B: Being able to decide the room layout myself is a really attractive feature.

A: 家を買うというのは人生の一大事。素晴らしい決断だったと思います。

B: 正直、清水の舞台から飛び降りる気分でしたが、これまで見てきた建売の住宅では満足できなかったので。

A: この家は飛ぶように売れると思っていました。大変に人気です。

B: 自分で部屋割りができるのが本当に魅力ですね。

2　A: In reality, ▨▨▨▨▨▨▨▨▨▨▨▨▨▨▨▨▨▨ in a house before.

B: You're absolutely correct. I really like the idea of being able to lay out a house in my own way.

A: That's why I think it will sell. Even though you can decide your own layout, we've ▨▨▨▨▨▨▨▨▨▨▨▨, so it's really good value.

B: Yes, right. I think I've made a good purchase.

A: 実際、そんな特徴のある家は今までなかったですよ。

B: 確かにそうですね。自分流に設計ができるところが本当に気に入っています。

A: まさにそこが売りなんです。自分流の設計ができるのに価格は押さえており、大変お得です。

B: ええ、そうですね。良い買い物をしたと思います。

3　A: The house you chose is the latest model of a new offering that came onto the market only this year ▨▨▨▨▨▨▨▨▨▨▨▨▨▨ for a little more freedom in deciding the layout yourself.

B: That's what I really like about it.

A: So, let's talk about ▨▨▨▨▨▨▨▨▨▨▨▨▨. There are actually certain special options that we like to recommend to customers. A security system, for example.

B: What's that? How much will it cost?

A: お客様が選ばれた家は、今年から新しく発売された最新型になります。「あともう少し設計の自由度が欲しい」というお客様のご要望に応えたものになっています。

B: 私もそこが大変気に入っています。

A: それでは、お値段と支払いの条件について話し合いたいと思います。実は、お客様方にお勧めしたいある特別なオプションがあるのですが。例えばセキュリティーシステムです。

B: それは何ですか。いくらぐらいかかるんですか。

4 A: On top of the basic price, it will cost 2 million yen to install it.

B: Two million yen is ▓▓▓▓▓▓▓▓▓▓▓▓▓. Do I really need it?

A: This security system doesn't only guard against someone breaking in, it also completely watches over the interior of your home. Even if there's no danger of a burglary, a fire could still break out, and you could lose everything. It's ▓▓▓▓▓▓▓▓▓▓▓▓ looking after a modern house.

B: Yes, I see what you mean. Let's do it.

A: 本体価格に加えて、200万円が導入費用となります。

B: 200万円は少し高いですね。本当に必要なんですか。

A: このセキュリティーシステムは、外からの侵入に備えるだけでなく、家の中全体を完全に見守ります。たとえ泥棒の危険がなくても、火災が起こって全てを失いかねませんからね。これは今の家を維持する点で欠かせません。

B: はい、確かにそうですね。そうしましょう。

正解

1 A: the most serious step someone can take
A: sell in a flash

2 A: I've never come across that feature
A: kept the price down

3 A: in response to customer requests
A: pricing and payment terms

4 B: a little on the high side
A: indispensable for

Snow Job (2)

スノー・ジョブ (2)

DL-15

DIALOGUE 2

The conversation between Jim and Jean continues.

Jean: 1. On the subject of insurance, I wondered if you had considered gap insurance.

Jim: I'm afraid I've never even heard of it. What is it?

Jean: Well, as I'm sure you're aware, the value of a new car depreciates rapidly, and I assume that you'll be choosing a monthly payment plan.

Jim: Yes, that's correct.

Jean: 2. Then, let's say that your car is wrecked in an accident soon after you buy it. The insurance company would reimburse you only for the current value of the car, not the purchase price. 3. In a worst-case scenario, your payout wouldn't even cover the balance of your loan.

Jim: So, what you're saying is, gap insurance covers the difference between the depreciated value and what I actually owe on my auto loan.

Jean: 4. Exactly, and we can offer you gap insurance for an extra $500.

Jim: Yes, I guess that's a good idea.

Jean: And then there's the question of security. Unfortunately, we live in the state with the highest number of car thefts—around 300 per 100,000 residents. 5. I certainly hope your car won't get stolen, but if it does happen, there are a couple of things we can do to help you get it back.

Jim: What are they?

Jean: One is what we call VIN etching.

Jim: What's that?

Jean: VIN stands for vehicle identification number. Each vehicle has its own. We record this at time of purchase, and we can etch the number into the windshield. This makes it harder for criminals to sell the car on, and boosts your chances of getting it back.

Jim: And what's the cost for that?

Jean: 6. We offer that service for $200. And for another $800 we can install a vehicle tracking system, which would give around a 90% chance of recovering a stolen vehicle

Jim: Um, OK. That sounds like a good idea.

CONTINUED P.98

VOCABULARY

☐ **on the subject of** 〜（前・句）〜に関して
☐ **gap insurance**（名・句）ギャップ保険
☐ **depreciate**（動）価値が下がる、減価する、償却する
☐ **wreck**（動）〜を破壊する

目的 | Jeanはできるだけ多くのサービスを売り込みたい

TRANSLATION

Jim と Jean の会話が続きます。

Jean: 保険に関しては、お客様はギャップ保険をお考えではないかと思いました。

Jim: すみません、聞いたことすらないのですが。それは何ですか。

Jean: ご存知の通り、新車の価値は急速に下がっていき、そしておそらくお客様は月々の支払いプランを選ばれると思います。

Jim: はい、その通りです。

Jean: では、買った直後に車が事故に遭って大破したとしましょう。保険会社は購入価格ではなく、車の現在の価値に対してのみお客様に払い戻しを行います。最悪の場合、支払いはローンの残高をカバーすることさえありません。

Jim: つまり、ギャップ保険は減価された時価と自動車ローンの借り入れ残高との差をカバーするのですね。

Jean: その通りです。私どもは 500 ドルの追加でギャップ保険を提供することができます。

Jim: はい、それは良い考えだと思います。

Jean: それから、セキュリティーの問題があります。残念ながら、私たちは車の盗難の数が最も多い州に住んでいます。それは 10 万人の住民あたり約 300 です。お客様の車が盗まれないことを願っていますが、もしそれが起こった場合、私たちがそれを取り戻すためにできることがいくつかあります。

Jim: それは何ですか。

Jean: 1つは VIN エッチングと呼ばれるものです。

Jim: それは何ですか。

Jean: VIN は車両認識番号の略です。各車両は独自の番号を持っています。私たちは購入時にこれを記録し、フロントガラスに番号をエッチングすることができます。こうすることで、犯罪者は車を売るのが難しくなり、車を取り戻せる可能性が高まるのです。

Jim: で、それにはいくらかかるのですか。

Jean: 200 ドルでそのサービスを提供しています。さらに 800 ドルで車両追跡システムを導入でき、盗難車を回収する可能性は約 90％ になります。

Jim: うーん、わかりました。良い考えかもしれませんね。

■ reimburse（動）〔払ったお金を〕払い戻す、返金する
■ VIN（名・略）車両認識番号（vehicle identification

number）
■ etch（動）〜をエッチングする、刻み込む

交渉コラム

専門用語で巧みに売り込む

「専門用語を使って難解な説明をして言いくるめる」というのが Snow Job の特徴です。ダイアログでは、販売員の Jean が顧客の Jim に対して、ギャップ保険（Guaranteed Auto Protection）、VIN（Vehicle Identification Number ＝車両認識番号）など、一般消費者にはなじみがないであろう専門用語をそのまま使っています。

こういった用語について Jean は一通り説明してはいるものの、消費者である Jim が深く理解できているかは定かではありません。それでも Jean はまくしたてるような営業トークで押し切って付帯サービスをつけさせていきます。

ちなみにギャップ保険とは、アメリカにおいて車両販売時にセールスされ、自動車の時価と顧客のローン負債額との差額を補償するものです。新車の時価は購入した瞬間から減価償却され、当然ながら保険会社は事故や盗難の発生時における時価しか補償しません。万が一のときに備えた付帯サービスです。

KEY FUNCTION PHRASES

Function 1 > 新たな商品の営業を始める

On the subject of insurance, I wondered if you had considered gap insurance.

保険に関しては、お客様はギャップ保険をお考えではないかと思いました。

解説 　保証期間を延長させることに成功した Jean は、次に保険を売り込むために新たなテーマを相手に提示します。そのために on the subject of ～で新しいトピックに切り替えます。

I wondered 以下は、Jim があたかもギャップ保険を検討していたかのような言い方をしています。実際は、Jim の次の発言からわかるように、これは Jean による強引な Snow Job の手法です。

「～に関して」と話題を提供する表現には as for ～ / speaking of ～ / with regard to ～などもあります。with regard to ～は堅めの表現で、書き言葉としてよく目にします。ビジネスでは会議などで使われることもあります。

他の表現 　1 | As for insurance, gap insurance is something you should definitely think about.

2 | Speaking of insurance, has the idea of gap insurance ever crossed your mind?

3 | With regard to insurance, you might want to take a look at purchasing gap insurance.

Function 2 > Snow Jobで畳みかける営業をする①

Then, let's say that your car is wrecked in an accident soon after you buy it.

では、買った直後に車が事故に遭って大破したとしましょう。

解説 　ギャップ保険に加入させるため、Jean はこの1つ前の発言で顧客の現在の状況を共有します。

①新車の減価は速い　②月々のローンで支払う

この2点を前提として車が大破という最悪の事態を仮定して、デメリットを大きくクローズアップしていくのです。

let's say that はカジュアルな会話では say that と言うこともありますが、例えば日時を決めるとき Let's say Monday. と言えば How about Monday? と同じような意味になります。

1 | Well, let's say that the car crashes immediately after you buy it, and it's wrecked.

2 | Then, say that you write your car off in an accident just after you buy it.

Function **3** › Ｓｎｏｗ Ｊｏｂで畳みかける営業をする②

In a worst-case scenario, your payout wouldn't even cover the balance of your loan.

最悪の場合、支払いはローンの残高をカバーすることさえありません。

解説 Function 2 で挙げた 2 つの前提、特に「②月々のローンで支払う」から、「このローンの残額がそのまま残る」という最悪のシナリオを提示します。
in a worst-case scenario は「最悪のことが起こった場合には」と、前置詞 in で仮定法を表現しています。if it comes down to it でも「最悪の場合は、いざとなれば」という意味になります。

他の表現 1 | In a worst-case situation, your payout wouldn't even cover your outstanding loan.

2 | If we were to take the worst-case scenario, your payout wouldn't even cover the amount you still owe.

Function **4** › 値段を提示する

Exactly, and we can offer you gap insurance for an extra $500.

その通りです。私どもは500ドルの追加でギャップ保険を提供することができます。

解説 Jean が巧みなのは、Jim 自身に、直前の発言でギャップ保険の利点を代弁させている点です。これを受けて、Jean はすかさず値段を提示しています。

他の表現 1 | Absolutely, and gap insurance will cost you just $500 more.

2 | That's right, so, for an extra $500, you'll get valuable gap insurance.

Function **5** › Ｓｎｏｗ Ｊｏｂで畳みかける営業をする③

I certainly hope your car won't get stolen, but if it does happen, there are a couple of things we can do to help you get it back.

お客様の車が盗まれないことを願っていますが、もしそれが起こった場合、私たちがそれを取り戻すためにできることがいくつかあります。

解説 Jean がさらに畳みかけていきます。この直前で、車の盗難率を数字で示して、お客様の車も「盗まれる可能性がある」と不安をあおります。単に「盗難が多い」と言うよりも具体的な数字を提示したほうが効果があります。このあたりは Jean の事前のリサーチ力が効いています。

他の表現 1 | I certainly hope your car won't ever get stolen, but if that were to happen, there are a few ways to help retrieve it.

2 | I certainly hope no one ever steals your car, but if that should occur, we have a couple of options to help you get it back.

Function 6 > さらなるSnow Jobでダメ押し

We offer that service for $200. And for another $800 we can install a vehicle tracking system, which would give around a 90% chance of recovering a stolen vehicle.

200ドルでそのサービスを提供しています。さらに800ドルで車両追跡システムを導入でき、盗難車を回収する可能性は約90%になります。

解説 締めとして「2つの防止策を導入すると、盗難車回収率は90％に上がる」と導入のメリットを強く印象づけています。あくまでも「2つ同時に」買わせようとする点も Snow Job らしい巧みな話術といえます。一度90％と言われたら、それ以下にはしたくない Jim の心理をうまくついているのです。

他の表現 1 | That service will cost $200. And for an extra $800, we can equip it with a vehicle tracking system, which puts the chance of recovering a stolen vehicle at around 90%.

2 | We charge $200 for that service. But for an additional $800, we can load it with a vehicle tracking system, and that gives you a roughly 90% chance of getting the car back.

3 | The price for that feature is $200. And for $800 on top of that, the car can incorporate a vehicle tracking system, giving you around a 90% chance of having the stolen vehicle recovered.

付属音声を聞き、空所にあてはまる英語を埋めてください。　　　　DL-16 ◯

1
A: Speaking of insurance, I think you should probably also consider special disaster insurance.

B: ░░░░░░░░░░░░░░░░░░░░░░░░░░░.

A: For example, do you know that ░░░░░░░░░░░░░░░░ add fire insurance?

B: Yes, I know that.

A: 保険についていえば、特別災害保険についてもおそらく考えるべきかと思いますが。

B: それは初めて聞きました。

A: 例えば、火災保険は、ほぼ強制的に付ける必要があるのはご存知ですか。

B: はい、知っています。

2
A: Now, there's earthquake insurance in addition to that.

B: Yes, of course. Japan is ░░░░░░░░░░░░░░░░░░░.

A: However, what if an earthquake causes ░░░░░░░░░░░░?

B: That would be really terrible. What should I do?

A: 今は、それに加えて地震保険もあります。

B: ええ、確かにそうです。日本は地震大国ですからね。

A: ただ、地震によって火災や洪水が発生したとしたらどうでしょうか。

B: それは非常に大変ですね。どうしたらよいでしょうか。

3
A: If your policy includes only earthquake insurance, ░░░░░░░░░░░░░░░░░░░░░░░░░░░░.

B: That would be a problem. What's the best thing to do in this situation? Is there a way of solving it?

A: Yes, that would ░░░░░░░░░░░░░░░░.

B: I see, that sounds good.

A: もしも加入している保険が地震保険だけであった場合、水害の被害は保証の対象外となる可能性があります。

B: それは困りますね。その場合どうしたらよいのですか。何か解決方法はありますか。

A: はい、それが特別災害保険です。

B: なるほど、それはよさそうですね。

A: With special disaster insurance, it doesn't matter what kind of disaster it is. It will cover everything that is ░░░░░░░░░░░░░░░░░░░░░ you already have.

B: Is that right? So, that means the insurance I already have is still useful, and I can get everything else covered.

A: That's correct. We can offer that ░░░░░░░░░░░░ 18,000 yen.

B: I'd like to take you up on that.

A: 特別災害保険では、災害の種別にかかわらず、すでに入っている保険の対象以外の全てをカバーする内容となっています。

B: そうなんですか。では、すでに入っている保険は有効なままで、他のすべての保証が得られるということですね。

A: その通りです。弊社では、これを月額 1 万 8000 円にてご提供できます。

B: 是非加入したいと思います。

UNIT 3 Snow Job (2)

正解

1 **B:** That's the first I've heard of it
   A: we're more or less obliged to

2 **B:** an earthquake-prone country
   A: fire and flooding

3 **A:** water damage and injury may not be covered
   A: be special disaster insurance

4 **A:** outside the terms of the insurance policy
   A: at a monthly fee of

Snow Job (3)

スノー・ジョブ (3)

DIALOGUE 3

The conversation between Jim and Jean continues.

Jean: 1.And this is such a stylish car that I'm sure you'd like to keep it looking good.

Jim: 2.Of course, but what are you referring to specifically?

Jean: 3.First of all, I really feel you should opt for paint protection. That's the most important thing.

Jim: What advantages will that give me?

Jean: We apply a special high-tech ceramic coating that will protect the paintwork from damage. It will maintain the appearance of the car as well as the value.

Jim: And how much is that going to cost?

Jean: We can do it for $1,200.

Jim: 4.That sounds a bit on the pricey side.

Jean: 5.Yes, but if you choose not to have it, you'll have to sign a waiver to say that we've explained the benefits to you, and you accept that your warranty doesn't cover paint faults.

Jim: Hmm, I see.

Jean: And for $800, we can rustproof the underside of the car.

Jim: OK, I'll think about it.

Jean: But it's not just the exterior of the car you should take care of, but the interior as well. It would be very advisable to protect the fabric of the seats, you know, in case you spilled coffee or something like that.

Jim: How much would that be?

Jean: That's $300. It's something that most buyers opt for. So, if you're happy with all of those features, we can start completing the paperwork.

Jim: Well, I don't know. I've been keeping a rough tally of the add-ons you mentioned, and I think we're already up to more than $5,000 in extras.

Jean: 6.Well, since we're spreading the monthly payments out over three years, I'm sure you'll hardly notice the extra cost.

VOCABULARY

☐ **opt for** 〜 (動・句) 〜を選ぶ、〜に決める
☐ **waiver** (名) 権利放棄の書面
☐ **rustproof** (動) さび止めをする
☐ **underside** (名) 底面、下面

ケース 新車のセールス③

目的 | Jeanはさらにオプションを薦めてSnow Jobの仕上げをしたい

TRANSLATION

JimとJeanの会話が続きます。

Jean: そして、これはとてもスタイリッシュな車なので、きっと見栄えを良くしておきたいと思われると思います。

Jim: もちろんですが、具体的に何についておっしゃっているのですか。

Jean: まず、私は塗装保護を選ぶべきだと思います。それが一番大事なことです。

Jim: それでどんな利点があるのでしょうか。

Jean: 塗装を損傷から守る特殊なハイテクセラミックコーティングを施しています。それは車の価値はもちろん外観をも維持します。

Jim: それで、それはいくらかかるんですか。

Jean: 1200ドルで行うことができます。

Jim: それは少し高価なように聞こえますが。

Jean: はい、ただし、もしそれをお選びにならない場合、私どもがお客様に利点を説明し、お客様の保証が塗装の欠陥をカバーしていないことを受け入れるという権利放棄に署名していただく必要があります。

Jim: うーん、なるほど。

Jean: また、800ドルで、私どもは車の下側に防錆することができます。

Jim: わかりました、それについては考えてみます。

Jean: しかし、お客様が手入れをする必要があるのは車の外観だけでなく、内装もです。コーヒーか何かをこぼした場合に備えて、座席の生地を保護することを強くお勧めします。

Jim: それはおいくらですか。

Jean: 300ドルです。これはほとんどのお客様が選んでいます。ですので、これらの機能すべてに満足していただいているならば、書類の作成を開始できます。

Jim: さて、どうでしょうか。私はあなたが言及した付帯サービスをざっと計算してきましたが、すでに追加分で5000ドル以上に達していると思います。

Jean: ただ、月々の支払いを3年間に延長しているので、追加のコストはきっとほとんど気にならないと思いますよ。

■ **it would be advisable to** ～（動・句）～したほうがいい
と思う

交渉コラム

相手国の常識＝日本の非常識 !?

外国の方とビジネスをしていると、日本では慣習的に行われていることが相手国にとっては一般的でないケースに出くわすことが多々あります。

ダイアログ中に Jean が waiver（権利放棄の書面）を求める場面が出てきますが、これは日本人にはあまりなじみがないはず。私たちにとっては、Snow Job が得意とする「専門用語」になりうるものなので注意してください。

対して、アメリカでは日常的に waiver に署名することが求められます。例えば、子どもが夏休みにサマーキャンプに行くとなったとき。主催団体は「事故の危険性を十分に説明した。何か起こったときは責任は負いかねる。本書面に同意した場合は訴訟を起こさないように」といった書面を作成して、親にサインを求めるのです。訴訟大国であるアメリカらしい慣習です。

世界を舞台に仕事をする方は「相手国の常識＝日本の非常識」と心して、こういった知識を頭に入れておくと交渉時に役立つはずです。

KEY FUNCTION PHRASES

Function 1 ＞ 新たな商品の営業を始める

> And this is such a stylish car that I'm sure you'd like to keep it looking good.

そして、これはとてもスタイリッシュな車なので、きっと見栄えを良くしておきたいと思われると思います。

解説 Jean は Snow Job らしい言葉巧みな営業トークを続けていきます。Jim が特に要望を出しているわけではないのに、I'm sure と強引に話を切り出します。冷静に考えると押しが強すぎますが、「お客様のためを思って」という姿勢で自信満々に迫られると、Jim はこの話題に入らざるを得なくなります。

他の表現
1 | And this is such a cool-looking car that I'm sure you'd be devastated if it got scratched or dented.
2 | And your car is so eye-catching that I'm sure you'd want to do all you can to keep it looking that way.
3 | If I had such a stylish car, I'd do all I could to keep it looking that way.

Function 2 ＞ 具体的な説明を求める

> Of course, but what are you referring to specifically?

もちろんですが、具体的に何についておっしゃっているのですか。

解説 Jean の強引な提案を受けて、Jim はさすがに何について話しているか、より具体的な内容について問いかけます。これにより、Jim は Jean が営業したい案件に足を踏み入れてしまうこととなります。
上記の表現以外に、Could you be more specific? などは具体的な情報を聞き出したいときに必須のフレーズ。Would you be more specific? でも文法的には問題ありません。ただし、would を使うと相手の意思（するか、しないのか）を直接的に問うので、可能性を聞く could のほうが丁寧です。Please be a little bit more specific. などと please で始めると苦情を言っているようなニュアンス。注意しましょう。

他の表現
1 | Of course, but what is your point specifically?
2 | Of course, but could you clarify precisely what you mean?
3 | Of course, but I'd prefer you to be a bit more specific.

Function **3** 〉 **Snow Jobで営業を始める**

First of all, I really feel you should opt for paint protection. That's the most important thing.

まず、私は塗装保護を選ぶべきだと思います。それが一番大事なことです。

解説 Function 2 の Jim からの質問により、具体的な営業テーマに移ることができた Jean は、First of all と塗装保護サービスの営業に入ります。
ここでは、I really feel you should 〜という表現を使い、強く購入を勧めています。
また、Jean は「〜を選ぶ」を意味する一般的な語である choose に代わって opt for 〜を使っています。opt for 〜は「自分の進むべき、とるべき行動を選ぶ」というニュアンスが含まれます。

Function **4** 〉 **価格交渉をする**

That sounds a bit on the pricey side.

それは少し高価なように聞こえますが。

解説 that sounds（it seems でも可）で一歩引いた印象になり、加えて a bit をつけることで Jim は控えめに主張しています。はっきりと It's too expensive. と言うよりも婉曲でビジネス英語らしくなります。pricey は expensive よりもカジュアルな表現です。

Function **5** 〉 **Snow Jobで畳みかける営業をする①**

Yes, but if you choose not to have it, you'll have to sign a waiver to say that we've explained the benefits to you, and you accept that your warranty doesn't cover paint faults.

はい、ただし、もしそれをお選びにならない場合、私どもがお客様に利点を説明し、お客様の保証が塗装の欠陥をカバーしていないことを受け入れるという権利放棄に署名していただく必要があります。

解説 この発言は半ば「脅し」といっても過言ではありません。「もし購入しない場合、権利放棄に署名する必要がある」と、正式で不可逆的な契約というニュアンスを匂わせています。Snow Job では「専門性の高い話を続けて相手を打ち負かす」ことがあります。これにより Jim が動揺するのを狙っているのです。
加えて、「塗装の欠陥への補償がないとなると、万が一のときの支出のほうが大きくなるのではないか」という印象操作がなされています。

102

1 | Yes, but if you decide against it, you'll have to sign a waiver saying that we've pointed out the benefits to you, and you acknowledge that your warranty doesn't cover paint faults.

2 | Yes, but if you don't opt for it, we need a signed waiver saying that you understand the benefits and accept that your warranty does not include paint defects.

3 | Yes, but if you prefer not to have it, you must sign a waiver to say that we've laid out the benefits to you, and you accept that paint faults are not covered.

Function **6** > Snow Jobで畳みかける営業をする②

Well, since we're spreading the monthly payments out over three years, I'm sure you'll hardly notice the extra cost.

ただ、月々の支払いを3年間に延長しているので、追加のコストはきっとほとんど気にならないと思いますよ。

解説 最後も Snow Job らしく言いくるめています。実際は、分割でも一括でも負担は同額です。そこを、I'm sure 〜と自信たっぷりに発言しています。
言葉巧みな Snow Job はある意味、その場で印象操作をしていくようなもの。相手の発言に応じて臨機応変にトークを展開する必要のある、難易度の高い交渉術です。

EXERCISE DIALOGUE

付属音声を聞き、空所にあてはまる英語を埋めてください。

DL-18 ○

1
A: This is your only home, so maintenance is important.

B: ▨▨▨▨▨▨▨▨▨▨▨▨▨▨▨▨▨▨▨▨ maintenance?

A: Regular maintenance ▨▨▨▨▨▨▨▨▨▨▨, for instance.

B: Why is that necessary?

A: 唯一のお宅ですからメンテナンスが大事になりますね。

B: メンテナンスとは具体的にどういったことでしょうか。

A: 例えば、外壁の定期メンテナンスのことです。

B: それがなぜ必要なのでしょうか。

2
A: Your house is made of wood, but new houses are built of synthetic material. Wood will ▨▨▨▨▨▨▨▨▨▨▨▨ as a result of wind, rain and snow. We can limit that damage to a minimum if you cover it with a special timber coating.

B: But I've heard that ▨▨▨▨▨▨▨▨▨▨▨▨▨▨ for a long time.

A: Yes, naturally. The quality is certainly high enough. But it's not only wood that degrades over time. This is the option I recommend to preserve the exterior and keep it looking good.

B: Yes, but I'm concerned about the cost.

A: お客様のお宅は木造ですが、新築物件は合成素材でできています。木は雨風雪などによって経年劣化をしていきます。特殊な木材コーティングを施すことによって、その劣化を最小限に抑えることが可能になります。

B: それによって耐久性が増すと聞いています。

A: はい、もちろんです。品質を向上させてくれますよ。ただし、木造に限らず、経年劣化は起きてきます。外観や美しさを保つためにお勧めできるオプションです。

B: はい、でも費用が気になりますね。

3
A: We can do it for 100,000 yen.

B: ▨▨▨▨▨▨▨▨ that's a little expensive.

A: But if you don't do it, you'll need ▨▨▨▨▨▨▨▨▨ saying that any damage from typhoons or cracks in the outer walls isn't covered.

B: Hmm, I see.

104

A: 10 万円で実施することが可能です。

B: それは少し高いと言わざるを得ないですね。

A: ただ、それをしない場合には、台風などの被害や外壁の傷は保証の対象外であるという権利放棄に署名していただく必要があります。

B: うーん、なるほど。

4
A: If you ▬▬▬▬▬▬▬▬▬▬▬▬▬, you'll also be covered for roof leakage.

B: I see, that could be necessary. But if I do take out that coverage, it will mean extra expense.

A: Yes, naturally, but almost ▬▬▬▬▬▬▬▬▬▬▬▬▬▬▬▬▬▬.

B: But I've already taken out a 10-year loan, and these costs will push it up to a level I didn't expect.

A: この保険にご加入いただければ、雨漏りなどの修理もカバーされます。

B: なるほど、それは必要かもしれませんね。でもこの保証を入れると追加費用が発生することになりますね。

A: はい、確かにそうですが、ほぼすべてのご購入者様がこの保険にご加入されています。

B: でも、すでに 10 年ローンを組んでいますし、この費用によって想定外の額にまで上がってしまいます。

UNIT **3** Snow Job (3)

1 B: What do you mean specifically by
A: for exterior walls

2 A: degrade over time
B: it will stay as it is

3 B: I have to say
A: to sign a waiver

4 A: sign up for this policy
A: all house buyers take out this insurance

UNIT

4

—

CHICKEN

チキン

Chicken 1

Chicken 3

Chicken (1)

チキン(1)

DL-19 ○

DIALOGUE 1

> Joanna Reardon, the CEO of a speakers' agency, has arranged for Robert Farley, an internationally renowned motivational speaker, to deliver the opening speech at an international convention. They are discussing the contract.

Joanna: I just wanted to talk through the details of your opening speech at the international convention next month to make sure everything is in order.

Robert: Of course.

Joanna: I assume you're fine with all the details of the contract. If so, we can get that signed today.

Robert: 1. Well, there is just one thing I wanted to bring up.

Joanna: Yes, what's that?

Robert: 2. Well, I know I agreed informally to the conditions, but having given the matter greater thought, I think my fee is too low.

Joanna: Too low? Really? In my opinion, it's actually a little above market rates for that kind of speech.

Robert: 3. Agreed, but when all is said and done, I am one of the leading figures in the field, and I'd like to think that means I can command a greater premium.

Joanna: I certainly wouldn't disagree with your self-assessment, but time is tight, and you really should have raised this matter earlier.

Robert: 4. Yes, my apologies for that, but my decision is final.

Joanna: I doubt very much whether I could negotiate a higher fee with the organizers at this late stage.

Robert: 5. That's regrettable. In that case, I'm afraid I'll have to decline the offer.

Joanna: You can't do that! The publicity has already gone out.

Robert: I'm sorry, but you should have waited till the contract was signed.

Joanna: But pulling out over money at this stage would be disastrous for your reputation.

Robert: Do you really think so? I believe my reputation is strong enough to withstand it.

Joanna: This is utterly unacceptable! I feel like I'm being blackmailed.

Robert: 6. I'm sorry if you feel that way, but please understand that my mind is made up.

Joanna: OK, well, look. Just give me a couple of days. I'll reach out to the organizers again to see if I can get them to meet your demand.

VOCABULARY

- renowned (形) 著名な、有名な
- deliver (動) 〔演説などを〕する
- in order (前・句) 調子よく
- when all is said and done (接・句) なんといっても、終

ケース1 国際大会での講演

目的 | Robertは講演料を上げたい

TRANSLATION

> 講演者代理店の最高経営責任者 Joanna Reardon は、国際的な大会で開会のスピーチを行うために、世界的に有名なモチベーションスピーカーである Robert Farley を手配しました。彼らは契約について話し合っています。

Joanna: すべてが順調であることを確認するために、来月の国際大会での開会スピーチの詳細をお話できればと思いました。

Robert: もちろんです。

Joanna: 契約の詳細についてはすべて大丈夫かと思いますが。もしそうなら、今日署名をいただきたいと考えております。

Robert: それが、私のほうで指摘したいことが1つだけあります。

Joanna: はい、何でしょうか。

Robert: 条件には非公式に同意したことは承知していますが、本件をよくよく考えてみた場合、報酬が低すぎると思います。

Joanna: 低すぎる?本当ですか。私の意見では、実際にはこの種のスピーチの市場レートを少し上回っているかと思います。

Robert: それは同意しますが、なんといっても、私はこの分野における第一人者であり、つまり私は割増しを要求できるということだと思います。

Joanna: 確かにあなたの自己評価には反対はいたしませんが、時間的にタイトですし、この問題をもっと早く提起していただきたかったです。

Robert: はい、その点は謝りますが、これは私の最終的な決断です。

Joanna: この期に及んで主催者により高い報酬額を交渉できるかどうか、はなはだ疑問ですが。

Robert: それは残念ですね。その場合には、残念ながら申し出をお断りするしかないと思います。

Joanna: それはできません! すでに宣伝を始めてしまっています。

Robert: 申し訳ありませんが、契約が締結されるまで待つべきでしたね。

Joanna: でも、この段階でお金を理由に辞退するとなると、あなたの評判は悲惨なものになるでしょう。

Robert: 本当にそう思いますか。私の評判はそれに十分耐えられるほど強いと思いますよ。

Joanna: これは全く受け入れられません! これでは私は脅迫されているようなものです。

Robert: そう感じられたとしたら申し訳ないですが、私の気持ちが決まっていることはご理解いただきたいのです。

Joanna: じゃあ、まあ、そうですね。数日間ください。あなたの要求を満たせるかどうか、もう一度主催者に掛け合ってみますので。

- 局的には
- **command**（動）〔高い値段に〕値する
- **pull out**（動・句）立ち去る、取りやめる

交渉コラム

ローコンテクストで変化を好むアメリカ人

アメリカ人のコミュニケーションはローコンテクストなので、通常、物事が起こった背景や理由などを細かく説明していきます。曖昧な部分を残しがちな日本人とは対極で、これが両者のコミュニケーションに誤解を生む原因となっています。

例えば、日本人が断るつもりで「これは難しいかもしれません」と発言したら、アメリカ人はその表現を「断り」ととらずに「難しいなら、その難しさを解決しましょうよ」とポジティブな反応を返すことがあります。もちろん日本特有のこの表現にぴたりとマッチする英訳はありません。

彼らにとって長期的で濃密な関係は必須ではなく、また短期的な契約や取引にも慣れています。従って、必要があれば Win-Lose 型のアプローチで相手を切り捨てることを厭いません。

もう1つ、日本との大きな違いを挙げると、アメリカの IT 企業で Fail fast.（早く失敗して、変化、改良を加えて良くなっていこう）と頻繁に言われるように、彼らは新しいことを受け入れ、変わっていくことをポジティブにとらえます。ベストな状態で契約を取り決めるために、会う度に違う提案をすることもあります。これには朝令暮改的な印象を受けるかもしれませんが、彼らの意図を理解すれば振り回されずに交渉ができるのではないでしょうか。

KEY FUNCTION PHRASES

Function 1 > 交渉すべきことがあると告げる

Well, there is just one thing I wanted to bring up.

それが、私のほうで指摘したいことが1つだけあります。

解説 there is just one thing は just one more thing と同義表現で、Unit 10 で紹介する交渉術 Nibble でも頻出です。

ここでは Robert が I wanted to で自身の要望を伝えていますが、I want を多用しすぎると一方的で幼稚なイメージを与えるので気をつけてください。ただし、オフィスで同僚に I just wanted to let you know that 〜（少しお知らせしたいことがあって）と言う分には問題ありません。just を入れることで語調が和らぎます。

他の表現

1 | Well, there's only one thing I want to draw your attention to.

2 | Well, there's just one thing I need you to tell me.

3 | Well, I have just one thing to point out before signing up.

Function 2 > 値上げを要求する

Well, I know I agreed informally to the conditions, but having given the matter greater thought, I think my fee is too low.

条件には非公式に同意したことは承知していますが、本件をよくよく考えてみた場合、報酬が低すぎると思います。

解説 Chicken のアプローチには色々あり、Robert は「相手の主張を認める＋自分の反論を展開する」という構成で攻めていきます。

having given the matter greater thought は分詞構文で、さらに give 〜 thought（〜について一考する）という言い回しも押さえておきましょう。

他の表現

1 | Well, I agreed unofficially to the terms, but if you think about this case carefully, you'll see that I've undercharged.

2 | Well, I agreed informally to the terms and conditions, but on further reflection, I think I've pitched my fee too low.

Agreed, but when all is said and done, I am one of the leading figures in the field, and I'd like to think that means I can command a greater premium.

それは同意しますが、なんといっても、私はこの分野における第一人者であり、つまり私は割増しを要求できるということだと思います。

解説 agreed は「同感、了解」といった意味ですが、ここでは「いったん相手を受け止めるものの、そこから反論するためのクッションワード」程度にとらえておきましょう。

Robert が主張するときに主語をすべて I で始めている点に注目してください。ここまで「私」主体の発言をすると、普通のビジネス会話では押しが強すぎる印象を与えます。

さらに、command に関して。ここでは「高評価に値する」という意味で使われています。元々の意味「命令する、指揮する」から想像できるように強い語で、ビジネスシーンで要望を伝える際には適切な表現とは言えません。

他の表現 1 | I agree, but after all, I am one of the most significant people in this field, and that should be reflected in a higher fee.

2 | Agreed, but no matter how you look at it, I am one of the most prominent figures in this field, and that should entitle me to a higher sum.

Function **4** > Chickenで主張を押し通す①

Yes, my apologies for that, but my decision is final.

はい、その点は謝りますが、これは私の最終的な決断です。

解説 Robert はいったんは謝りますが、その後には強い主張がきており、この謝罪は形式的なものととらえてください。

他の表現 1 | Please accept my apology, but my mind is firmly made up.

2 | I regret to say this, but that's my final word on the subject.

3 | My sincere apologies, but I now consider the matter closed.

Function **5** 〉 Chickenで主張を押し通す②

> That's regrettable. In that case, I'm afraid I'll have to decline the offer.
>
> それは残念ですね。その場合には、残念ながら申し出をお断りするしかないと思います。

解説 　「申し出をお断りするしか…」と決裂する可能性があると言及しており、この発言により Chicken が本格的に始まりました。

Chicken は、自身の主張を通した場合でも自分自身にもダメージが加わることが多いため、諸刃の剣といえます。この場合は Robert が講演をキャンセルしたら、Robert 自身に講演料が入らないのはもちろん、今後の業界内での評判が悪化することは免れないでしょう。

That's regrettable. や I'm afraid I'll have to と、丁寧な表現を重ねて使いつつも、decline the offer と断言し、これは最も強い脅しに値します。ビジネス英語では「きつい表現ほど丁寧に表現する」という鉄則に従ってください。

他の表現

1 | That's a shame. In that case, I'm afraid I have no choice but to decline the offer.

2 | I'm sorry to hear that. If that's the case, I regret to say that I will have to rescind my acceptance.

Function **6** 〉 Chickenで主張を押し通す③

> I'm sorry if you feel that way, but please understand that my mind is made up.
>
> そう感じられたとしたら申し訳ないですが、私の気持ちが決まっていることはご理解いただきたいのです。

解説 　強気の姿勢を崩さない Robert に対して、この発言の直前で This is utterly unacceptable! I feel like I'm being blackmailed. と感情をあらわにする Joanna。しかしそれに対しても、Robert は I'm sorry と形式的に謝りつつも my mind is made up と、Chicken のアクセルを踏み続けます。しかも please でお願いしており、上から目線とも取れます。please は Please let me know if you have any questions.（ご質問があればお知らせください）といった場合では問題ありませんが、お願いする文脈で使うのは避けたほうが賢明です。

最後は Joanna が主催者との交渉を約束することで、事態は収束に向かうことに。一貫した態度を取り続けた Robert に軍配が上がりました。これは Chicken はもちろん、「直前になって要望を伝える」という Time Pressure をも駆使した交渉術でした。

EXERCISE DIALOGUE

付属音声を聞き、空所にあてはまる英語を埋めてください。　　　　　　DL-20 ○

1

A: Thank you very much for asking me to do the TV interview.

B: I believe you've already   . If there are no particular problems, I'd like to get it signed today.

A: There's just   .

B: What's that?

A: 今回はテレビインタビューの依頼をいただき、誠にありがとうございます。

B: 契約条件についてはすでにご確認いただいていると思います。特に問題がなければ、本日契約書へのサインをいただきたいのですが。

A: 一点だけ、私から指摘したいことがあります。

B: それは何でしょうか。

2

A: I know I accepted your request to appear in the interview, but   , I can't help feeling that my appearance fee is too low.

B: Too low? Really? My understanding is that it's higher than usual.

A: I think you know that I'm the only true expert in this field. I'd therefore like to charge a bit extra.

B: But   . We've already discussed things with the TV station and the sponsors.

A: 今回のインタビュー出演は御社からの依頼でお引き受けをしましたが、どう考えても、私の出演料は低すぎるのではないかと感じております。

B: 低すぎる？　そうですか。 通常よりは高い値段だと認識しておりますが。

A: この分野においては、私が唯一の真の専門家であることはご承知のことと思います。従って、少し割増料金をいただきたいのです。

B: ただ、このタイミングで言われても困ります。すでにテレビ局とスポンサーには話を通しているのです。

3

A: I'm extremely sorry about that, but   .

B: But at this late stage, we don't have any more time.

A: Even so, I'm afraid   .

B: But that's impossible!

A: その点は極めて申し訳なく思いますが、私はすでに決断しているのです。

B: しかしこの期に及んで、もう間に合わないですよ。

114

A: であれば、大変残念ながらお断り申し上げます。

B: そんな無理ですよ!

4> A: Please understand that as a professional, ▨▨▨▨▨▨▨▨▨▨▨.

B: It's almost as if you're blackmailing us.

A: I'm very sorry you feel that way.

B: Please wait a little while. ▨▨▨▨▨▨▨▨▨▨▨ the TV station and the sponsors. However, I don't know if this will go down well.

A: この点はプロとして譲れないところですので、ご了承ください。

B: ほとんど脅しに近いですよ、これは。

A: そう感じられて大変遺憾です。

B: ちょっと待ってください。テレビ局とスポンサーに打診してみます。でも、うまくいくかどうかはわかりませんが。

正解

1 B: looked over the terms of the contract
  A: one thing that I'd like to point out

2 A: when all is said and done
  B: your timing is very awkward

3 A: I've already made up my mind
  A: I must respectfully decline

4 A: I can't concede this point
  B: Let me sound out

DIALOGUE 2

> Julia McCann is meeting with Tony Dreyfus, a real estate agent, to discuss finalizing the agreement for a house sale.

Tony: Thanks for agreeing to see me today.

Julia: No problem at all. I hope we're now close to signing the contract to purchase the house. The whole process has taken much longer than I expected.

Tony: Yes, it's such a desirable property that it attracted a lot of other interested buyers.

Julia: Yes, but eventually, I was happy to see that they all dropped out. So, is the owner prepared to accept my offer?

Tony: Well, that's why I wanted to speak to you today. 1. Mr. Krinsky has come to the conclusion that the market is not as weak as he initially thought and that his asking price was too low.

Julia: 2. Well, I disagree. I've done some thorough research, and my conclusion is that real estate values in this area aren't as strong as they were last year. I think that my offer of $750,000 is actually more than reasonable.

Tony: 3. Well, Mr. Krinsky says he won't go below $800,000. That's his final price—take it or leave it.

Julia: I'm sorry, but my offer is final. I'll leave it.

Tony: But you told me on several occasions that the house is your dream home. Do you really want to sacrifice it just for an extra $50,000?

Julia: 4. There are plenty of other properties. I don't mind waiting, so I'll take that risk. I'm not prepared to be intimidated by someone negotiating in bad faith.

Tony: 5. OK, if that's your decision, I'll pass it on to Mr. Krinsky. But are you sure you won't regret it?

Julia: My feeling is that Mr. Krinsky will be very lucky to find someone prepared to pay $800,000 in the current market. 6. If you can't find a buyer willing to meet that price, please feel free to call me again, and I'd be happy to make the same offer.

ケース2 住宅購入の契約

目的 | Juliaは75万ドルで物件を購入したい

TRANSLATION

Julia McCann は不動産業者の Tony Dreyfus と会い、住宅販売契約の締結について話し合っています。

Tony: 今日は会うことに同意してくださり、ありがとうございます。

Julia: 全く問題ありません。家の購入契約にそろそろ署名できればと思っています。ここまでで、想定していたよりもはるかに時間がかかりましたので。

Tony: はい、他にもご興味を持つ方が多数いらっしゃった魅力的な物件でして。

Julia: はい、でも最終的に皆さんが辞退されたとわかって嬉しいです。では、オーナーは私の申し出を受け入れる準備はできていますか。

Tony: 実は、そのことで今日はお話をしたかったんです。Krinsky 氏は、市場は当初考えていたほど弱くなく、希望価格は低すぎるという結論に達したとのことです。

Julia: まあ、それには反対ですね。私は徹底的に調べてみましたが、結論としては、この地域の不動産価値は昨年ほど高くはありません。75 万ドルの申し出は実際には至極妥当だと思います。

Tony: ですが、Krinsky 氏は 80 万ドル以下にはならないと言っています。それが彼の最終的な価格ですので、決心してくださいますか。

Julia: 申し訳ありませんが、こちらの申し出が最終的なものです。私は辞退します。

Tony: でも、何度かこの家は夢の家だと言っておられましたよね。それを5万ドル高いだけで本当に断念されるおつもりですか。

Julia: 他にもたくさんの物件がありますので、待つ分には構いませんので、そのリスクのほうを取ります。私は不誠実な形で交渉する誰かによっておじけづくつもりはありません。

Tony: わかりました、それがあなたの決断なら Krinsky 氏にそのように伝えます。でも本当に後悔しないといえますか。

Julia: Krinsky 氏が現在の市場で 80 万ドルを支払う準備ができている人を見つけられればとても幸運だと思いますよ。もしその価格に見合う買い手を見つけることができない場合は、もう一度私に電話してください。喜んで同じ申し出をさせていただきますから。

交渉コラム

Chickenの勢いを止める一言

Chickenがいったん始まってしまうと、両者が暴走したまま収拾がつかなくなり、長期的な消耗戦に突入して解決が見えないといったパターンに陥りがちです。そんなとき外交であれば第三者（国連や他の国）が介入することもありますが、ビジネスだとそうもいきません。

そんなときは「これってChickenですよね」と相手にはっきりと言い、互いにスローダウンするのも一案です。特に、元々争う交渉術を好まない人にとっては、以下のような言い方が役立つはずです。

This is getting to be a game of chicken. Can we discuss it another time, so that we can contribute some slightly more constructive ideas?
　（これではチキンレースになってしまいます。もう少し建設的な意見を出し合うために、機会を改めてお話できませんか）

I don't think it's wise for us to wear ourselves out playing chicken. Don't you think it would be better for us to set out the things we want most and the points that can't be changed?
　（チキンレースでお互いに消耗するのは賢明ではないと思います。お互いが一番求めているものや譲れない点について整理するのが得策ではありませんか）

ちなみに、Chickenに限らず、相手が何か交渉術を仕掛けてきて対応に困った場合は、「これってまるでGood Guy / Bad Guyのようですね」などと交渉を言い当てて応戦するのも有効な方法です。周到に準備して交渉を成功させようとしている相手を動揺させ、反転攻勢をかけられるかもしれません！

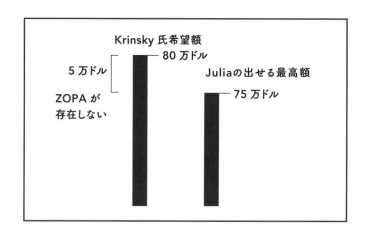

KEY FUNCTION PHRASES

Function 1 › Chickenを仕掛ける

Mr. Krinsky has come to the conclusion that the market is not as weak as he initially thought and that his asking price was too low.

Krinsky氏は、市場は当初考えていたほど弱くなく、希望価格は低すぎるという結論に達したとのことです。

解説 Tony が希望価格の変更を切り出すことで Chicken が始まります。これは、Julia からの提示額（75万ドル）を拒否することを意味します。

has come to the conclusion と現在完了形を使うことで、「つい最近考えにいたった印象」を与えています。

weak の他に「（市場や経済が）弱含みである、不安定な、値動きが激しい」という表現には vulnerable もあり、経済ニュースや新聞でもよく目にします。

Function 2 › Chickenで真っ向から反対する

Well, I disagree. I've done some thorough research, and my conclusion is that real estate values in this area aren't as strong as they were last year. I think that my offer of $750,000 is actually more than reasonable.

まあ、それには反対ですね。私は徹底的に調べてみましたが、結論としては、この地域の不動産価値は昨年ほど高くはありません。75万ドルの申し出は実際には至極妥当だと思います。

解説 Julia は強気の交渉者で、I disagree とすぐに相手の言い分を否定します。

ちなみに、通常のビジネスシーンでも「賛成か反対か」を示すことは常に求められます。とはいっても I disagree は直接的な否定表現となり、普通は避けるべき。I'm not sure that I agree.（同意できるかわかりかねます）などと柔らかく伝えた後に、反対の理由を述べるようにしましょう。

ここでも Julia はただ単に反対するだけではなく、調べてみたという根拠を伝えています。

more than reasonable は、直訳の「妥当なもの以上」から「至極当然だ」といった意味合いになります。

他の表現 1 | Well, I have a totally different view. I've done some thorough research, and what I found was that the real estate market in this area is a little soft these days. I think you should seriously consider my offer of $750,000.

2 | Well, that's not my take on it. On the basis of exhaustive research, I'm firmly convinced that property values in this part of the city are somewhat depressed compared to last year. In the circumstances, I believe my offer of $750,000 is more than fair.

Function **3** > Highballを投げる①

Well, Mr. Krinsky says he won't go below $800,000. That's his final price— take it or leave it.

ですが、Krinsky氏は80万ドル以下にはならないと言っています。それが彼の最終的な価格ですので、決心してくださいますか。

解説　ここからが本格的な Chicken の始まりです。Julia の言う 75 万ドルに対して、Tony は 80 万ドルから値下げしない方針です。これは典型的な Highball と Lowball のやり取りでもあります。両者の値段に ZOPA はなく、交渉の余地がない状態です（ZOPA に関しては p.40 「交渉コラム」参照）。

（You can）take it or leave it. は「無条件で受け入れるか、もしくはやめるかを決めてください」という意味で、Chicken らしい強気の表現です。

Function **4** > 皮肉交じりに交渉を決裂させる①

There are plenty of other properties. I don't mind waiting, so I'll take that risk. I'm not prepared to be intimidated by someone negotiating in bad faith.

他にもたくさんの物件がありますので。待つ分には構いませんので、そのリスクのほうを取ります。私は不誠実な形で交渉する誰かによっておじけづくつもりはありません。

解説　Julia が購入を辞退する理由を述べます。①他にもたくさん物件はある ②待つのは構わないのでリスクを取る ③不誠実な交渉にはおじけづかない、という3点を挙げ、説得力のある発言となっています。someone は他ならぬ Krinsky 氏であり、英語らしい皮肉な表現です。なお、intimidated は I was intimidated by his intelligence.（彼の知性に圧倒された）のように「美貌、才能」などポジティブなものに対しても使えます。

他の表現

1 | There are many other properties. I don't mind taking my time, so I'll take that risk. I'm not prepared to back down when someone is negotiating so unethically.

2 | There are several other properties. I'm prepared to bide my time and take the risk. I'm not going to be manipulated by someone who negotiates in such an underhanded way.

Function **5** › Highballを投げる②

OK, if that's your decision, I'll pass it on to Mr. Krinsky. But are you sure you won't regret it?

わかりました、それがあなたの決断ならKrinsky氏にそのように伝えます。でも本当に後悔しないといえますか。

解説 ▶ Tony は一貫した態度で主張して、「再び」最後通牒をつきつけます。脅しに近い表現です。

pass it on to ～ は「～にその旨を伝える」ですが、これには「そのまま伝える」というニュアンスが含まれています。

pass on to は、tell / tell the word / carry down などの言い換えがあります。

Function **6** › 皮肉交じりに交渉を決裂させる②

If you can't find a buyer willing to meet that price, please feel free to call me again, and I'd be happy to make the same offer.

もしその価格に見合う買い手を見つけることができない場合は、もう一度私に電話してください。喜んで同じ申し出をさせていただきますから。

解説 ▶ この発言の直前の My feeling is that ... in the current market. もあわせて押さえておきましょう。「どなたか見つかれば幸運ですね」と、英語らしい皮肉を使っています。これはもちろん「そんな人はいないのではないですか」という意味を言外に含みます。

結局、売り手の希望額 80 万ドルと買い手の 75 万ドルの溝は埋まらず、ZOPA が生まれないまま交渉決裂となりました。Highball と Lowball のやり取りは、互いにボールを放り投げたまま終わったとも言えます。5 万ドル上乗せしなかった Julia に軍配が上がりました。

他の表現 ▶

1 | If you can't find a buyer who's happy to pay that price, please don't hesitate to call me again, and I'll gladly make the same offer.

2 | If you can't find a buyer at that price, get in touch with me again, and my offer will remain unchanged.

3 | If there are no buyers willing to pay that much, come back to me. My current offer remains good.

付属音声を聞き、空所にあてはまる英語を埋めてください。　　　　DL-22 　〇

1
A: Thank you so much for ▨▨▨▨▨▨▨▨▨▨▨▨▨▨▨▨▨▨▨.

B: It took a long time, didn't it? I'm very happy that we can finally discuss the contract.

A: Anyhow, those products are really popular, so it took a long time for them to arrive.

B: ▨▨▨▨▨▨▨▨▨▨▨▨▨▨▨▨ the moment, and I was anxious about whether you would get them. I'm glad we finally settled on our price.

A: お忙しいところお時間をつくっていただき、大変ありがとうございます。

B: 長い時間がかかりましたね。ようやく契約の話ができて私も大変嬉しいです。

A: なにせ、大変人気のある商品でして、入荷に時間がかかりました。

B: 目下、競争がとても激しいので、本当に手に入るかどうかやきもきしていました。最終的に私たちの値段で落ち着いてよかったです。

2
A: Actually, I just heard from the vendor of the products, and they think they will ▨▨▨▨▨▨▨▨▨▨▨▨▨▨▨▨▨▨▨.

B: Really? That's the first time I've heard something like that. Is that true? I find it hard to believe.

A: They didn't have many initially and received more orders, so I think it cannot be helped.

B: They're certainly hard to come by, but there are similar products on the market. I think the 250,000 yen ▨▨▨▨▨▨▨▨▨▨▨▨▨▨▨▨▨.

A: 実は、今回の商品については出品者から申し出がありまして、ご提示いただいた値段ではお売りするのが難しいとのことです。

B: えっ？ そのようなことは初耳です。それは本当ですか。信じられませんね。

A: 先方でももともと数が少なく、その上さらに注文が入ったので、仕方ないと思います。

B: 確かに希少ではありますが、似たような商品は出回っています。私が提案した25万円は極めて妥当な額だと思いますよ。

3
A: Regarding the rent for the property, I'm afraid ▨▨▨▨▨▨▨▨▨▨▨▨ than 300,000 yen.

B: Three-hundred-thousand yen? Isn't that a little too expensive?

A: The other party said ▨▨▨▨▨▨▨▨▨▨▨▨▨.

B: My limit is 250,000 yen.

A: この物件の賃貸料については、30万円以下はあり得ないと申しております。

B: 30万円? それはいささか高いのではないでしょうか。

A: 先方はこれが最終の値段だと申しております。

B: 私は25万円が限界です。

4 A: Do you want to ░░░░░░░░░░░░░░░░░ by hesitating to pay just 50,000 yen? I think you'd regret it.

B: I did some solid market research, and I have to say ░░░░░░░░░░░░░░░.

A: OK, so is it all right with you if I tell the other party about it? This is the last time I'm going to ask.

B: Yes, that's fine. There are a lot of other similar properties around. Feel free to pass it on to him. But I don't think there are many who would be prepared to sign at that price.

A: たった5万円を払い渋って、この機会を逃されるのですか。もったいないと思いますよ。

B: 私はしっかりと市場調査をしており、このような額は法外と言わざるを得ません。

A: では、その旨を先方にお伝えしてもよろしいでしょうか。最終確認です。

B: はい、結構です。似たような物件は他にもたくさんありますから。是非その旨お伝えください。でもその値段で契約する人はほとんどいないと思いますよ。

正解

1 A: making time for me when you're so busy
   B: Things are very competitive at

2 A: have trouble selling at the price you presented
   B: price I proposed is extremely fair

3 A: I can't go any lower
   A: that was his final price

4 A: miss out on this opportunity
   B: that price is exorbitant

Chicken (3)

チキン(3)

DIALOGUE 3

Ryan Brown, the purchasing manager for a company that sells security and surveillance equipment, is discussing an order for lenses with Terry Shah, whose company manufactures high-end optical equipment.

Ryan: I wanted to discuss our order for those high-spec infra-red lenses.

Terry: Well, I'm happy to say all is proceeding as planned. All our lines have been retooled, and we have a detailed production schedule prepared if you'd like to take a look. The planning has taken a lot of work, but we're confident that we have the resources in place to deliver on schedule, even though it's a bigger production run than usual for us.

Ryan: 1. I'm not quite sure how to put this, so I'll just jump in with both feet. We've just found a supplier in China that can do the job for 30% less than your estimate.

Terry: 2. I'm sorry, I don't understand. What are you saying here?

Ryan: 3. To be blunt, we'd like you to reduce your price to match that offer. Otherwise, I'm afraid we'll cancel the order and go with the new supplier.

Terry: But we've already spent money on new equipment to comply with your specifications, and besides, are you forgetting that we've signed a contract? There will certainly be legal repercussions if you break it.

Ryan: 4. Yes, I quite understand that may be a problem. However, I know that your firm has been having cash flow problems in recent months, and I suspect that without our order, you'd be facing the very real threat of bankruptcy. And on top of that, the time and money required for a court case wouldn't help matters.

Terry: 5. Forgive me for saying this, but your whole approach seems quite unethical. Good business should be built on a relationship of trust.

Ryan: But on the other hand, business is fundamentally about making a profit. I need to report good results to my board, and I can't afford to pass up an opportunity to save 30% on this contract. Look, I would still like to do business with you if that's at all possible, so 6. why don't you take this new offer back to your team to see if they'll agree? But if I don't have a favorable answer by 2:00 tomorrow, I'm afraid I'll have to pull the plug on our deal.

VOCABULARY

- surveillance (名) 監視、見張り
- infra-red lenses (名・句) 赤外線レンズ
- retool (動) 〔設備を〕一新する
- in place (前・句) 環境が整って、準備が整って

ケース3 商品の受注契約

目的 | Ryanはレンズの価格を30%下げてほしい

TRANSLATION

> セキュリティーおよび監視機器を販売する会社の購買マネージャー Ryan Brown は、ハイエンドの光学機器を製造する会社の Terry Shah とレンズの注文について話し合っています。

Ryan: ハイスペックな赤外線レンズの注文について話し合いたいと思っていました。

Terry: ええ、すべてが計画通りに進んでいると言えて嬉しいです。ラインは全て一新されており、ご覧になりたい場合は、詳細な生産スケジュールも用意しています。計画には骨を折りましたが、通常よりも大口生産であるにもかかわらず、予定通りに提供できるリソースができたと確信しています。

Ryan: どうお伝えすればいいかわかりかねますが、思い切って申し上げます。実は中国で、御社の見積りより30%少ない額で仕事ができるサプライヤーを見つけたところなのです。

Terry: すみません、よく理解できません。この期に及んで何をおっしゃっているのですか。

Ryan: 率直に言って、そのオファーに合わせて価格を下げてもらいたいと思います。それができない場合は、注文をキャンセルして新しいサプライヤーのほうに行くと思います。

Terry: しかし、我が社はすでに御社の仕様に準拠するために、新しい機器にお金を費やしてきていますし、それに加えて、我々は契約を締結したということを忘れていませんか。御社がそれを破れば、間違いなく法的な影響があります。

Ryan: はい、それが問題かもしれないことは十分承知しています。しかし、私は御社がここ数か月キャッシュフローの問題を抱えていることを知っていますし、弊社の注文がなければ、破産というまさに本当の脅威に直面するのではないかと思います。それに加えて、裁判に必要な時間とお金は状況を悪化させるでしょう。

Terry: こう言っては申し訳ないですが、あなたのやり方全体は非常に非倫理的に思えます。良いビジネスは信頼関係の上に構築されるべきです。

Ryan: しかし、その一方で、ビジネスは基本的に利益を上げることでもあります。私は役員会に良い結果を報告する必要があり、この契約で30%を節約する機会を逃す余裕はありません。どうでしょう、もし可能なら、私はまだ御社とビジネスをしたいと思いますので、この新しいオファーをチームに持ち帰って、彼らが同意するかどうかを確認してみてはいかがですか。しかし、明日の2時までに前向きな回答がなければ、我々の取引を打ち切らなければならないと思います。

■ **jump in with both feet**（動・句）思い切って～する　■ **on top of** ～（前・句）～に加えて
■ **go with** ～（動・句）～のほうに行く、～を選ぶ　■ **pull the plug on** ～（動・句）～から手を引く

Chickenの典型—米中貿易戦争

Dialogue 1~3 の Chicken を読んでいかがでしたか。「こんなに激しいやり取りは現実にあるのか」と疑問を持たれた方も多いでしょう。そんな方は国際ニュースに目を向けてみてください。

ドナルド・トランプ米大統領は就任以降、各国に対して度々 Chicken で攻め込んでいるようです。例えば米中貿易戦争。2016 年の選挙活動中に、すでにトランプ大統領は中国との貿易不均等を問題視していましたが、2018 年に貿易戦争として問題が顕在化しました。

アメリカ側が追加関税をかけ始め、それに対して中国の習近平主席は報復関税で応じます。両者が自国の主張を譲らない典型的な Chicken ゲームは、第 2 関税措置、第 3 関税措置と長期戦に突入。世界各国の助けもあって休戦・和解したと思ったら、再び決裂。さらなる措置をトランプ大統領がツイッターでつぶやくなど、泥沼化した消耗戦で先は見えない事態に…。

Chicken は「諸刃の剣」でもあります。米中貿易戦争も例に漏れず、「アメリカが高い関税をかければ、アメリカ国内の製造業が潤う」と単純には機能していません。中国側は貿易額が落ち込み、GDP も下降。中国の景気が悪化すれば、日本にも影響が出るのは必至です。

私たちの生活にも影響を及ぼしうる Chicken の消耗戦の行方を、海外ニュースや英字新聞でチェックしてみると英語はもちろん、交渉の勉強にもなるかもしれません。

KEY FUNCTION PHRASES

Function 1 › Chickenを仕掛ける

I'm not quite sure how to put this, so I'll just jump in with both feet. We've just found a supplier in China that can do the job for 30% less than your estimate.

どうお伝えすればいいのかわかりかねますが、思い切って申し上げます。実は中国で、御社の見積りより30％少ない額で仕事ができるサプライヤーを見つけたところなのです。

解説 ▶ Ryan が Chicken を仕掛けることで初めの友好的な空気が一変します。
I'm not quite sure how to put this はためらいを表す表現で、もちろん Chicken 以外でも使える汎用性のあるフレーズです。put は say の意味で、put it の形でよく使われます。to put it simply（簡単に言えば）、to put it in other words（換言すれば）など活用しましょう。

Function 2 › Chickenで対抗する

I'm sorry, I don't understand. What are you saying here?

すみません、よく理解できません。この期に及んで何をおっしゃっているのですか。

解説 ▶ 突然の交渉スタートに、Terry は驚きを禁じ得ません。
here は、ここでは場所のみならず、「今ここに及んで」というニュアンスを含みます。
What are you saying? は驚きや困惑を表すカジュアルな言い方で、「何言ってるの?」「よく言うよ!」などと訳されます。「いったいここで何を言い出すんだ」という気持ちの表れです。ビジネスでは状況が切迫しているときに使われる、かなり粗い表現です。

他の表現 1 | I'm sorry, I'm not sure that I fully understand. What are you talking about here?
2 | Sorry, I couldn't quite catch what you said.

Function 3 › Chickenで値下げを要求する

To be blunt, we'd like you to reduce your price to match that offer. Otherwise, I'm afraid we'll cancel the order and go with the new supplier.

率直に言って、そのオファーに合わせて価格を下げてもらいたいと思います。それができない場合は、注文をキャンセルして新しいサプライヤーのほうに行くと思います。

UNIT **4** Chicken (3)

解説 Ryan による明確な要求と共に、Chicken ゲームが続きます。

go with 〜は多義語ですが、この場合は「〜を選ぶ、〜の線でいく」という意味。choose や pick よりもカジュアルな表現です。I have to go with A. だと「A さんに同意せざるを得ない」で、会議でも役立つフレーズになります。

would like you to 〜 は、would like の代わりに want を使うより丁寧ですが「私はあなたに〜してほしい」と自分を主体にしている点で一方的です。ビジネスシーンで多用しすぎないようにしましょう。

なお、to be blunt には「失礼かもしれないが」という言外のニュアンスがある点も押さえておきましょう。相手にとって悪いニュースを伝える際の前置きです。

その他の表現としては、to put it bluntly / to be honest / frankly speaking / not to mince words などがあります。

Function **4** › 形式的に自分の非を認める

Yes, I quite understand that may be a problem.

はい、それが問題かもしれないことは十分承知しています。

解説 Ryan は相手の言い分をいったん肯定してフラットな状態にしますが、反論は欠かしません。

事実、その直後では、倒産の可能性を指摘するという通常のビジネスでは考えられないタブーに言及して攻め込んでいます。

他の表現 1 | Yes, I totally understand that could cause trouble.

2 | Yes, I understand that could make things awkward.

Function **5** › Chickenで相手を否定する

Forgive me for saying this, but your whole approach seems quite unethical.

こう言っては申し訳ないですが、あなたのやり方全体は非常に非倫理的に思えます。

解説 seems quite unethical は「全く非倫理的に思える」と相手を強く非難する表現です。seems を入れることで客観的な立場からの発言といった印象になり、かろうじて語調を和らげています。

forgive me saying this(,but) は、I'm sorry to say this / if I may venture to say this / I hate to say it / that being said などの言い換えがあります。

1 | I'm sorry to say this, but you're acting in a completely unprincipled way.

2 | If I can venture to say this, the way you are treating us is scandalous.

3 | That being said, I never expected to encounter such a lack of basic business ethics.

Function 6 › Chickenで最後通牒する

Why don't you take this new offer back to your team to see if they'll agree? But if I don't have a favorable answer by 2:00 tomorrow, I'm afraid I'll have to pull the plug on our deal.

この新しいオファーをチームに持ち帰って、彼らが同意するかどうかを確認してみてはいかがですか。しかし、明日の2時までに前向きな回答がなければ、我々の取引を打ち切らなければならないと思います。

解説 Terry の「非倫理的」というもっともな指摘を、Ryan は全くものともしません。一方的に条件を決め最後通牒とします。同時に締め切りをこれまた一方的に設定して Deadlines の手法も使います。

pull the plug on ～は文字通り「～のプラグの栓を抜く、生命維持装置を外す」といった意味もあります。他に、get out of / back out on / move from / close the deal などがあります。

Why don't you ～? は通常、立場が上の人には使いません。ビジネスではCould you ～? と「相手ができるか可能性を問う疑問文」にしたほうが印象がよくなります。

他の表現 1 | Why don't you take this new offer back to the team and see if they can live with it? But if you don't have a positive response for me by 2:00 tomorrow, we'll have to forget our deal.

2 | Could you take this new offer back to your team to see if they'll agree? But if I don't have a favorable response by 2:00 tomorrow, I'm afraid I'll have to renege on our deal.

3 | Would it be possible for you to take this new offer back to your team to see their reaction? But if I don't get a positive answer by 2:00 tomorrow, I'm afraid the deal is off.

EXERCISE DIALOGUE

付属音声を聞き、空所にあてはまる英語を埋めてください。　　　DL-24 ○

1 A: Today I'd like to talk about the order of the new-style AI chip, which we discussed the other day.

B: I have some good news. The construction of the production line is going well, and it will soon ▨▨▨▨▨▨▨▨▨▨▨▨.

A: Actually, I'm not sure you'll understand what I have to say, but I have to let you know. ▨▨▨▨▨▨▨▨, we just received a proposal from another supplier, who quoted half the price that your company did.

B: What are you saying? I don't understand.

A: 今日は、先日お話しした新型 AI チップの注文について話し合いたいと思っています。

B: 嬉しいご報告があります。生産ラインの構築が順調に進んでおり、まもなく稼働できそうです。

A: 実は、何とお伝えすればよいかわかりかねますが、申し上げなければいけないので。実は、別のサプライヤーから提案があり、御社のご提示の半分の値段でできると言ってきているんです。

B: 何をおっしゃっているのですか。理解できかねます。

2 A: You have to understand that, from our point of view, paying half the price is ▨▨▨▨▨▨▨▨▨▨▨▨▨▨▨▨▨▨▨, so I was wondering if it's possible for your company to offer us the same deal.

B: ▨▨▨▨▨▨▨▨▨▨▨▨▨▨▨▨▨▨, that's totally unacceptable, wouldn't you agree? At your request, we've revised our production line, which required a substantial investment.

A: If it's impossible, we have no choice but to go with the other supplier.

B: But we've already signed the contract, right? We would be forced to take legal action.

A: ご理解いただきたいのですが、弊社からすれば半額というのは非常に魅力的な内容ですので、できれば御社にも同じ値段でやっていただきたいと思っています。

B: 御社の言い分がどうであれ、それはいくら何でもひどいじゃないですか。御社の要望で生産ラインを見直し、かなりの投資をしてしまっています。

A: もしご無理ということであれば、弊社としては別のサプライヤーを選ばざるを得ないと考えています。

B: でも、すでに契約しているじゃないですか。法的措置を取らざるを得ませんよ。

3 A: _____, I think that would be difficult.

B: I have to say that _____ to have checked up on that.

A: But at the end of the day, business is all about profit.

B: I didn't think you were that kind of company.

A: 御社の財政状況から鑑みて、それは難しいでしょう。

B: そんなことまで調べて、非倫理的と言わざるを得ませんね。

A: しかし、ビジネスはあくまでも利益追求ですから。

B: 御社がそのような会社だとは思いませんでした。

4 A: We'd like _____.

B: But we'll need an answer very quickly.

A: I'll have to report this at our board meeting, which is scheduled for the afternoon of the day after tomorrow. _____. If that's not the case, then we will have to break the contract.

B: Please take it back to them.

A: 弊社としても、御社との取引は続けたいと考えています。

B: しかし、弊社もお返事を早急にいただかなければなりません。

A: 私は明後日の午後に予定の役員会で報告する必要があります。良いお返事をお待ちしています。そうでない場合は契約を打ち切らせていただきます。

B: まずは持ち帰らせてください。

正解

1 B: be up and running
　A: The thing is

2 A: a very attractive proposition
　B: No matter how you look at it

3 A: Given the financial state of your company
　B: it's unethical of you

4 A: to continue doing business with you
　A: I'm expecting a favorable answer

UNIT

5

—

BRINKMANSHIP

瀬戸際戦術

BRINKMANSHIP 1

BRINKMANSHIP 2

UNIT 5

Brinkmanship (1)

瀬戸際戦術(1)

DL-25

DIALOGUE 1

> John Ryan, a scriptwriter, and Helen Price, a composer, are talking to Denis Fenway, a novelist. They are discussing the future of a stage production on which they collaborated.

John: I have some really exciting news! I just heard from our U.S. agent that a big movie studio is interested in buying the rights to our stage production with a view to turning it into a movie.

Helen: That's wonderful!

John: Yes, I know. But we have to move very quickly.

Helen: Why's that?

John: Well, according to the agent, it's incredibly difficult to pin down the producer because he's so busy, but she's managed to arrange a meeting with him on July 31st.

Helen: That's just a couple of weeks away.

John: Yes, exactly. And by that time, we have to come up with a movie treatment. So, we're really pushed for time here. We need to get started right away.

Denis: 1. I agree that it sounds like a great opportunity, but there's something I'd like to straighten out first.

John: What's that?

Denis: 2. Well, if a movie studio decides to buy the rights to our story, I think that, as the original writer, I should get more than just one third of the payment.

Helen: What? That wasn't our original agreement. You agreed to share all the proceeds equally with John and me.

Denis: 3. Well, sorry, but I've changed my mind. Unless I get 40%, I'll withhold permission for the use of my story.

John: But you can't do that!

Denis: 4. Actually, I can. Our contract applies only to the stage production in this country. I haven't granted you the intellectual property rights for any other use.

John: But this opportunity is one that we've all been waiting for.

Denis: 5. That may be so, but I'd rather pass up the opportunity than have my contribution devalued. Either I get 40%, or I retain all the rights to my story.

Helen: In which case, we all get nothing.

Denis: 6. That's a risk I'm prepared to take.

VOCABULARY

- **pin down** ～（動・句）～の時間を押さえる
- **movie treatment**（名・句）映画用の脚本の本書き
- **be pushed for time**（動・句）時間が足りない、時間がなくて困る

134

目的 | Denisは取り分を多く確保したい

TRANSLATION

> 脚本家の John Ryan と作曲家の Helen Price は、小説家の Denis Fenway と話をしています。彼らは共同制作した舞台作品の今後について議論しています。

John: 本当にすごいニュースがあるんです！ある大きな映画スタジオが映画化を視野に入れて私たちの舞台作品の権利を購入することに興味を持っていると、アメリカのエージェントから聞いたんですよ。

Helen: 素晴らしいですね！

John: そう、すごいでしょ。ただ、すぐにでも動かなきゃいけません。

Helen: どうしてです？

John: つまりエージェントによると、プロデューサーは多忙のため時間を押さえるのが非常に難しいのですが、7月31日に彼とのミーティングを手配できたというんです。

Helen: ほんの数週間先ですね。

John: はい、まさにその通り。で、その時までに、私たちは映画用の脚本の本書き、トリートメントを考え出す必要があります。ですから本当に時間がありません。すぐに始める必要があります。

Denis: 素晴らしい機会のようであることには同意しますが、最初に解決したいことがあります。

John: それは何ですか。

Denis: そうですね、映画スタジオが私たちの物語の権利を買うと決めた場合、原作者として私は3分の1以上の支払いを受けるべきだと思います。

Helen: 何ですって。それは最初の合意通りではありません。あなたはすべての収益をジョンと私と平等に分けることに同意したはずです。

Denis: ああ、すみませんが、私は考えを変えました。40% を取得しない限り、私の物語を使用する許可を差し控えます。

John: しかし、そんなことはできませんよ！

Denis: 実はできるんです。我々の契約はこの国の舞台作品にのみ適用されます。私はあなた方に他の使用のための知的財産権を与えていません。

John: しかし、この機会は私たち皆が待ち望んでいたものです。

Denis: そうかもしれませんが、私の貢献が低く評価されるよりも、この機会を逃したほうがましです。私が 40％ を得るか、さもなければ、私は物語に対するすべての権利を保有します。

Helen: その場合、私たちは皆何も得られません。

Denis: そのリスクを取る準備はできています。

- **straighten out**(動・句) 問題・困難などを取り除く
- **proceeds**(名) 収益金
- **pass up** 〜(動・句)〔取引などの〕機会を逃す
- **devalue**(動)〜を低く評価する

交渉コラム

Brinkmanshipが第二次世界大戦の誘因に

Brinkmanship は冷戦時代、当時の J・F・ダレス国務長官が提唱したのが始まりといわれています。元々外交上の言葉なので、歴史を振り返ると様々な Brinkmanship の例があります。

代表的な例は、1938 年のミュンヘン会談におけるヒトラーです。この年、ヒトラーは戦争を辞さない構えでチェコスロバキアのズデーテン地方の割譲を求めました。そしてミュンヘン会談においてイギリス・フランスがその要求を受け入れ、ヒトラーは両国の譲歩を引き出すことに成功。このとき両国はヒトラーから「これ以上領土の要求はしない」という約束を取りつけました。しかしながら翌年、ドイツはポーランド侵攻に踏み切ります。ここに至ってイギリスとフランスは全面対決を選択しヒトラーによる Brinkmanship が第二次世界大戦を引き起こしたのです。

ちなみに、ミュンヘン会談におけるイギリス・フランスの姿勢は典型的な宥和政策と呼ばれています。これは戦争を恐れるなどして、ある程度相手の要望を受け入れつつ問題解決に至ろうとする交渉術で、抑止の反対概念として批判を浴びることが多いものです。

ヒトラーの例からもわかりますが、Brinkmanship は独裁主義者が好む交渉術として知られています。この例を通じて、Brinkmanship の裏側には大きなリスクが潜んでいることが十分に伝わったのではないでしょうか。実際に使う際にも、最悪の場合には壊滅的な結果につながりうることをお忘れなく！

KEY FUNCTION PHRASES

Function **1** › Brinkmanshipの交渉を始める

> I agree that it sounds like a great opportunity, but there's something I'd like to straighten out first.
>
> 素晴らしい機会のようであることには同意しますが、最初に解決したいことがあります。

解説 作家の Denis が Brinkmanship の交渉を始めます。
John が積極的で、しかも時間的に急いでいることを Denis はわかった上で冷淡に切り出し、これによって John は心理的に追いつめられるはずです。
straighten out は、直訳の「まっすぐにする」から転じて「問題などを正す」「整理する」「好転する」などの意味を持つ多義語です。

他の表現
1 | I quite understand that this is a wonderful opportunity, but there's something I'd like to deal with first.

2 | There's no doubt that this is a great opportunity, but would you mind if we addressed another matter first?

3 | There's no denying that it's a great opportunity, but I have something I'd like to clear up first.

Function **2** › 質問へ対応する

> Well, if a movie studio decides to buy the rights to our story, I think that, as the original writer, I should get more than just one third of the payment.
>
> そうですね、映画スタジオが私たちの物語の権利を買うと決めた場合、原作者として私は3分の1以上の支払いを受けるべきだと思います。

解説 What's that? と動揺を隠せない John を尻目に、Denis は「3 分の 1『以上』」と Brinkmanship らしい強気な要求をしています。注意したいのは、ただまくしたてるのではなく、しっかりと論拠（勝てる見込みのある根拠）を示すこと。ここでは「物語は自分が創ったこと」を論拠として要求を突きつけます。
just が入ることで、「機械的に等分した 3 分の 1 ではなく、それ以上の額を」というニュアンスが加わります。

他の表現
1 | Well, if we manage to sell the rights to our story to a movie studio, I think that, as the original writer, I deserve to get more than just one third of the payment.

2 | Well, If the movie studio acquires the rights to our story, as the original author, I can't help thinking that a one-third share is just too low.

Function **3** 〉 Brinkmanshipで強気な条件を突きつける①

Well, sorry, but I've changed my mind. Unless I get 40%, I'll withhold permission for the use of my story.

ああ、すみませんが、私は考えを変えました。40% を取得しない限り、私の物語を使用する許可を差し控えます。

解説 Denis がさらに Brinkmanship のアクセルを踏み続け、相手に強いダメージを与える条件を提示していきます。しかも sorry（すみませんが、悪いけど）は不躾で冷たく突き放すようで、ビジネスにふさわしい表現ではありません。当然、I regret to say / I hate to say this / I'm really sorry などと丁寧な前置きにしたほうがビジネス英語らしくなります。

他の表現
1 | Well, I regret to say that I've had a change of heart. Unless I get 40%, I won't give permission to use my story.

2 | Well, I hate to say this, but I've changed my mind. I won't allow my story to be used unless I get 40%.

3 | Well, I'm really sorry, but I've had second thoughts on this issue. Unless I get 40%, I'll withdraw my permission to use the story.

Function **4** 〉「反論＋論拠」で攻める

Actually, I can. Our contract applies only to the stage production in this country. I haven't granted you the intellectual property rights for any other use.

実はできるんです。我々の契約はこの国の舞台作品にのみ適用されます。私はあなた方に他の使用のための知的財産権を与えていません。

解説 John の you can't do that「そんなことはできない」という主張に対して、Denis は Actually, I can. と反論します。
ここで彼は「（当初の）契約は国内の舞台作品にのみ適用される」ということを「論拠」にし、その他の使用は適用外であると主張します。
intellectual property rights（知的財産権）は IPR と略され、具体的には patent（特許権）、copyrights（著作権）、trademarks（商標権）、designs（意匠権）、trade secret（トレードシークレット）などを指します。

Function 5 〉 Brinkmanshipで強気な条件を突きつける②

That may be so, but I'd rather pass up the opportunity than have my contribution devalued. Either I get 40%, or I retain all the rights to my story.

そうかもしれませんが、私の貢献が低く評価されるよりも、この機会を逃したほうがましです。私が40%を得るか、さもなければ、私は物語に対するすべての権利を保有します。

解説 Brinkmanship が最終段階に入ります。こちら側の要求を受け入れない場合、大きな損失が出ることを相手に示し、相手側の妥協を促す戦術です。ここでは、「40％を認めなければ、すべての物語の権利を保持する」と脅します。まさに崖っぷちの「瀬戸際」戦術です。
either 〜 or... は二者択一を迫る表現。either-or で「二者択一の」という形容詞になります。

Function 6 〉 take it or leave itアプローチで突き放す

That's a risk I'm prepared to take.

そのリスクを取る準備はできています。

解説 この発言は典型的な take it or leave it のアプローチで、この部分において Brinkmanship は Chicken に似ています。
take it or leave it は「承諾するかどうかはあなた次第で、それ以外に選択肢はありません。これが嫌ならやめておいて」という意味合いで、take-it-or-leave-it offer（最終条件）という名詞複合語もあります。ここでは、「40％を自分に配分するか、決裂するかのどちらかだ」と突き放しています。

他の表現
1 | I know it's risky, but I'm prepared to go ahead.

2 | I'm quite aware of the risks involved, but I'm happy to proceed.

3 | The situation is not without its risks, yet I'm quite willing to move forward.

1)

A: Our ▨▨▨▨▨▨▨▨▨▨▨▨▨▨▨▨ has finally come!

B: What do you mean?

A: Our startup pitch the other day attracted the interest of an angel investor who saw it, and the company is now ▨▨▨▨▨▨▨▨▨▨▨▨▨▨.

B: That's amazing!

A: ついに、我々の待ちに待ったビッグチャンスがやってきたよ!

B: それはどんなチャンス?

A: 先日のスタートアップピッチを見たエンジェル投資家が興味を持って、投資対象として検討したいっていうんだ。

B: それはすごいことだね!

2)

A: It's one of the world's top investment houses, and it has a reputation for ▨▨▨▨ ▨▨▨▨▨▨▨▨▨▨.

B: Yes, I know. I don't think there are any entrepreneurs who don't know the name.

A: Exactly. I think this is ▨▨▨▨▨▨▨▨▨▨▨▨▨ get a massive investment from them.

B: I wonder why it happened so suddenly.

A: その企業は業界でもトップレベルの投資会社で、これまでもたくさんのスタートアップを上場させてきたことで有名だ。

B: ああ、知っているよ。起業家でその名前を知らない人はいないと思うよ。

A: そうなんだよ。その会社から多額の投資が得られるまたとないチャンスだ。

B: どうしてこんなにトントン拍子に?

3)

A: The end of the fiscal year will be here soon, and they said they'd like to have the ▨▨▨▨▨▨▨▨▨▨▨▨ by then.

B: I understand that, but before that, there are a few issues I'd like to clear up.

A: What are they?

B: Naturally, there's the problem ▨▨▨▨▨▨▨▨▨▨▨▨. I'm responsible for creating this business model, so I think it's only fair that it should be properly valued.

A: もうすぐ会計年度末が来るので、それまでに出資したいというんだ。

B: それはわかったけれど、その前に解決したい問題があるんだ。

A: それは何?

B: もちろん配当の問題だよ。今回のビジネスモデルは私の発案だし、これに対しては、それなりの対価を得るのが当然だと思うんだよね。

4

A: But when we started, we decided that ＿＿＿＿＿＿＿＿＿＿＿＿＿＿＿.

B: Well, ＿＿＿＿＿＿＿＿＿＿＿. If I don't get at least 70%, it's not worth it for me. The ideas were always my ideas. It wouldn't be fair if we didn't monetize them properly.

A: That's unacceptable. If we miss this opportunity, I don't see when we're likely to come across this type of investor again.

B: With my ideas, we can find investment any time, and the current interest is proof of that. Unless I get 70%, I'll look for a different partner to share my ideas with.

A: でも、スタートしたときから何事も半々でやるという取り決めだったよ。

B: いや、気が変わったんだ。少なくとも70％をもらわないと割に合わない。いつもアイデアはこっち持ちだったからね。きちんとマネタイズしないと不公平だと思うんだ。

A: それはあり得ない。この機会を逃したら、次はいつこれほどの投資家に出会えるかわからないよ。

B: このアイデアならいつでも投資してもらえるし、今回がその証明だよ。70％もらえない限り、このアイデアをシェアできる別のパートナーを探すよ。

正解

1 A: long-awaited big opportunity
A: looking into investing in us

2 A: taking a lot of startups public
A: an unequalled opportunity to

3 A: investment wrapped up
B: of allotment of funds

4 A: everything would be split fifty-fifty
B: I've had a change of heart

Brinkmanship (2)

瀬戸際戦術(2)

DIALOGUE 2

> Joe Hoffman is leader of a union representing pilots and flight engineers. He is engaged in contract negotiations with Margaret Dumble and Drew Carlton, two members of the airline's upper management team.

Margaret: 1. We've now reached agreement on almost all of your demands, including overtime work, paid vacation, and health insurance.

Joe: Yes, and broadly speaking, the members of our union are happy with the outcomes we've achieved. 2. But management still hasn't addressed our primary demand for a 5% pay rise for pilots and flight engineers.

Drew: As we've said before, the company is currently not in a strong enough financial position to meet those demands. The only way for the company to grow and increase revenue is to extend our operations from a regional to a national level.

Margaret: As you're no doubt aware, our negotiations with national transportation authorities are at a critical stage right now—that is to say, we're very close to being granted official permission to extend our operations to a national level.

Drew: 3. But if we can't resolve this salary dispute soon, those negotiations are likely to break down, and it could take years for us to have the same opportunity again.

Joe: 4. I realize how important that deal is to the company's future, but it's also important to acknowledge that if it wasn't for the hard work and dedication of our flight crews, the company would never have reached that position in the first place. 5. To put it bluntly, if we can't come to an agreement, we're prepared to strike until our demands are met.

Margaret: Please think hard about what you're proposing. This company has huge potential for growth provided that we can start to operate on a national rather than a regional level.

Drew: We realize that flight crew salaries are a little below those of our main competitors, but that will change over the next year or two if we hit our growth targets.

Joe: 6. I'm sorry, but if we don't see any indication of a pay rise, I will be forced to discuss strike action with my members.

VOCABULARY

- upper management（名・句）上級経営陣
- broadly speaking（副・句）大まかに言って
- pay rise（名・句）賃上げ
- transportation authorities（名・句）運輸当局

ケース2 賃金の値上げ交渉

目的 | Joeは5％の賃上げを勝ち取りたい

TRANSLATION

> Joe Hoffman はパイロットとフライトエンジニアを代表する組合のリーダーです。彼は航空会社の上級経営陣の2人、Margaret Dumble と Drew Carlton との契約交渉を担当しています。

Margaret: さて我々は残業、有給休暇、健康保険など、ほぼすべてのあなた方の要求について合意に達しました。

Joe: はい、おおむね、組合のメンバーは私たちが達成した結果に満足しています。しかし経営陣は、パイロットとフライトエンジニアの賃金を5％上げるという根本的な要求には、いまだ対応していません。

Drew: 以前お伝えした通り、会社は現在、そういった要求を満たすに足る財政状態にありません。会社が成長し収益を増やすための唯一の方法は、地域から全国規模に事業を拡張することです。

Margaret: ご承知のはずですが、国家運輸当局との交渉は今重要な段階にあり、つまり、当社の事業を全国規模にまで拡張する正式な許可を得られるところに非常に近づいているのです。

Drew: しかし、この賃金闘争をすぐに解決できなければ、交渉は決裂する可能性が高く、そして我々が再び同じ機会を得るのには何年もかかりうるのです。

Joe: 会社の将来にとってその取引がいかに重要であるかは認識していますが、フライトクルーの努力と献身がなければ、会社がそもそもここまでの地位を手に入れることは決してなかったと認識するのも大切です。率直に言って、合意できないなら、我々の要求が満たされるまでストライキを打つ準備はできています。

Margaret: ご自身が何を提案しているのかよく考えてください。この会社は、地域規模ではなく全国規模で事業を開始できれば、成長する大きな可能性を秘めています。

Drew: フライトクルーの給与が主な競合他社の給与を少し下回っていることはわかっていますが、成長目標を達成すれば今後1、2年で変化する可能性はあります。

Joe: 申し訳ありませんが、賃上げの兆しが見られない場合は、メンバーとストライキ行動について話し合わざるを得ません。

■ **to put it bluntly**（副・句）率直に言えば、はっきり言って　件で
■ **provided that** ～（動・句）ただし～ならば、～という条

143

交渉コラム

Win-Lose思考でも個人攻撃は禁じ手

本書では Brinkmanship のように Win-Lose を狙う交渉術を多く紹介していますが、いくら激しく攻め立てるアプローチを取るといっても、個人的な秘密をばらして相手の顔に泥を塗る、相手の容姿やジェンダーをネタに相手を打ち負かすといったことは、当然ルール違反です。

交渉術を紹介するネット記事の中には、「個人的に攻撃することで相手を動揺させて優位に立つ」といったアプローチを紹介しているものもあります。もしこういった手法を意図的に使って攻め込む相手がいたら、感情的になってしまっては相手の思うツボ。以下のように、毅然とした態度で立ち向かいましょう。

I don't think remarks like that are appropriate in business. Depending on the situation, I can talk to your human resources department after I've consulted with my manager.
（このような発言はビジネスにおいて適切ではないと思います。場合によっては、私の上司に相談した上で御社の人事部窓口に相談することも可能です）

Don't you think that your remarks just now constitute a personal attack? If we can't discuss the measures with mutual respect, how would you like to discuss them another day with my manager in attendance?
（今の発言は個人的な攻撃にあたるのではないでしょうか。お互いを尊重した話し合いができない場合は、日を改めて上司を同席させますが、いかがでしょうか）

KEY FUNCTION PHRASES

Function **1** 〉 状況を確認する

We've now reached agreement on almost all of your demands, including overtime work, paid vacation, and health insurance.

さて我々は残業、有給休暇、健康保険など、ほぼすべてのあなた方の要求について合意に達しました。

解説 まずは、賃上げを求める Joe と、上級管理職の Margaret と Drew の対立構造を頭に描いた上でダイアログを読み解きましょう。

Margaret は交渉はおおよそまとまりつつあると、交渉の妥結を図っています。We've now reached と現在完了形の完了用法を使うことで、「今まさに」というニュアンスを表現しています。

「有給休暇」は現場では paid time off と表現されることもあります。I'm on PTO from May 15 to 20.（5月15日から20日まで有給休暇を取っている）と省略した表記を使う例も目にします。

「合意に達する」は reach an agreement / come to an agreement / achieve a consensus ともいえます。

Function **2** 〉 未解決の問題を提示する

But management still hasn't addressed our primary demand for a 5% pay rise for pilots and flight engineers.

しかし経営陣は、パイロットとフライトエンジニアの賃金を5％上げるという根本的な要求には、いまだ対応していません。

解説 Joe が交渉の口火を切ります。still hasn't addressed と、現在完了形を使うことで相手に訴えかけるような臨場感が出ています。

「賃上げ」はイギリスで pay rise、アメリカで pay raise が使われる傾向があります。

他の表現

1 | But our primary demand for a 5% pay rise for pilots and flight engineers remains unaddressed by management.

2 | But the company is still ignoring our main demand, which is a 5% pay rise for pilots and flight engineers.

3 | But our most important demand for a 5% pay rise for pilots and flight engineers is something that the management side has still not even considered.

Function **3** › Bad Guy が割り込む

> But if we can't resolve this salary dispute soon, those negotiations are likely to break down, and it could take years for us to have the same opportunity again.

> しかし、この賃金闘争をすぐに解決できなければ、交渉は決裂する可能性が高く、そして我々が再び同じ機会を得るのには何年もかかりうるのです。

解説 このタイミングで Drew が Brinkmanship を仕掛けます。「賃金闘争の長期化が、会社の収益改善がかかっている交渉に悪影響を及ぼす」と最悪のシナリオを提示して「瀬戸際」を演出しています。

他の表現 1 | But without a prompt resolution to this salary dispute, those negotiations will almost certainly break down, and it could take years for the same opportunity to come around again.

2 | But if we can't bring this salary dispute to a satisfactory conclusion soon, those negotiations have no future, and it could be years before we have another similar opportunity.

Function **4** › Brinkmanshipに応戦する

> I realize how important that deal is to the company's future, but it's also important to acknowledge that if it wasn't for the hard work and dedication of our flight crews, the company would never have reached that position in the first place.

> 会社の将来にとってその取引がいかに重要であるかは認識していますが、フライトクルーの努力と献身がなければ、会社がそもそもここまでの地位を手に入れることは決してなかったと認識するのも大切です。

解説 Joe は会社と運輸当局の交渉が重要であることを認めつつ、そもそも従業員なしではここまで来られなかったのだから、彼らの働きに報いるべきと主張します。

他の表現 1 | I realize how important that deal is to the company's future, but you have to realize that if our flight crews weren't so hard-working and dedicated, the company would never have been so successful.

2 | I realize how important that deal is to the company's future, but we'd like an acknowledgment that it was the hard work and dedication of our flight crews that played a large part in the company reaching that position in the first place.

Function **5** › take it or leave it アプローチをほのめかす

To put it bluntly, if we can't come to an agreement, we're prepared to strike until our demands are met.

率直に言って、合意できないなら、我々の要求が満たされるまでストライキを打つ準備はできています。

解説 相手の揺さぶりに対して、Joe も Brinkmanship らしく最悪の状況を示唆します。ストライキは、労使関係での最大の Brinkmanship であると言えるでしょう。これは「賃上げに合意するか、合意しないならスト」という take it or leave it アプローチともいえますが、この段階では「準備ができている」とやや遠回しに攻めています。

他の表現
1 │ To be quite frank, without an agreement, we're prepared to strike until our demands are met.

2 │ Not to put too fine a point on it, we have to reach an agreement, or we're prepared to strike until we get what we want.

Function **6** › Brinkmanshipのダメ押し

I'm sorry, but if we don't see any indication of a pay rise, I will be forced to discuss strike action with my members.

申し訳ありませんが、賃上げの兆しが見られない場合は、メンバーとストライキ行動について話し合わざるを得ません。

解説 I'm sorry と形式上は丁寧に前置きしたものの、「兆しが見られなければ」と、相手の結論を待たずにストライキに入りうることを伝えています。

他の表現
1 │ I regret to say this, but without any indication of a pay rise, I will have no choice but to discuss strike action with my members.

2 │ Regrettably, absent any sign of a pay rise, I will have to discuss strike action with my members.

EXERCISE DIALOGUE

付属音声を聞き、空所にあてはまる英語を埋めてください。

1
A: We've finally responded to all of your demands, and so I think negotiations are now at an end.

B: You've certainly responded to all the demands we've made up to this point with regard to ░░░░░░░░░░░░░░░░░░░, such as measures against various kinds of harassment, the abolition of compulsory transfers, and setting up a remote working environment.

A: I'm convinced that good ░░░░░░░░░░░░░░░░░░░ have now been restored.

B: That would be wonderful. But we've had no response to our most important point, which is full payment for overtime work.

A: ようやくすべての要求に対して回答が出せたと思います。これで交渉は妥結したと思いますが。

B: 確かに、こちらからの要望である、各種ハラスメントへの対策、強制的な転勤の解消、リモートワーク環境の整備といった働き方改革についてはすべて回答をいただききました。

A: これで労使関係は良好になったと確信しています。

B: そうなるとよいと思います。ただ、我々として一番大事と考えている、残業代の全額支給については一切回答がなされていない状態です。

2
A: That's certainly true, but I'd like you to consider ░░░░░░░░░░░░░░░░░░░░░░░░░░░░░░░░░. We originally brought in overtime as a result of low productivity. It wasn't entirely by order of the company.

B: However, the truth is that overtime was undoubtedly necessary for the company to complete its work. Isn't it illogical not ░░░░░░░░░░░░░░░░░░░ that?

A: In that regard, don't you think that a bonus based on the company's performance is payment enough?

B: Bonuses and overtime are completely separate issues.

A: 確かにそうですが、現在当社が置かれている状況を考えてみていただきたいです。残業はそもそも生産性の不足から生じたもので、すべてが会社の命令で行われたわけではありません。

B: しかしながら、会社の業務遂行のために残業が必要だったのは紛れもない事実です。それに対価を支払わないというのは不合理ではないですか。

A: その分、賞与は会社の業績に応じて十分支払われていると思いませんか。

B: 賞与と残業代は全く別問題です。

148

3 A: At any rate, why don't we leave the discussion of this problem till next time?

B: We can't help thinking that if unpaid overtime continues like this, we can't achieve ███████████████████.

A: But if the burden on the company increases, workers will also suffer the consequences.

B: I think that statement shows you're not really ███████████████████ ███████████████████.

───────────────────────────

A: いずれにせよ、この問題は次回に申し送りしたいと思いますが、どうですか。

B: このままサービス残業が続くようでは、我々としては適切なワークライフバランスが取られていないと考えざるを得ません。

A: でも、これ以上会社の負担が増えるのは、従業員にとってもマイナスだと思いますけどね。

B: 労働条件改善への意志が感じられない発言ですね。

4 A: I think the solution to each problem is separate.

B: Well, as far as we're concerned, until you acknowledge our primary problem, which is full pay for overtime work, we ███████████████████.

A: That seems like an extreme reaction.

B: Not at all. From the point of view of ███████████████████, the demand is absolutely non-negotiable. If we see no indication of improvement, we will have to consider holding an indefinite strike.

───────────────────────────

A: それはそれぞれ解釈が分かれる問題だと思います。

B: では、我々としては、一番の核心の問題である残業代の全額支給が認められるまで、無期限のストライキに入らせていただきます。

A: それはあまりにも極端な反応だと思いますが。

B: いえ、全く。仕事と家庭の両立という点で、この要求は絶対に譲れません。改善の兆しが見られない場合には、無期限ストライキの決行を検討せざるを得ないと考えます。

正解

1 B: reform of working practices
A: labor-management relations

2 A: the way the company is currently set up
B: to compensate workers for

3 B: a suitable work-life balance
B: committed to improving working conditions

4 B: will take indefinite strike action
B: reconciling work and family life

6

—

DOOR IN THE FACE

ドア・イン・ザ・フェイス

Door in the Face 1

Door in the Face 3

Door in the Face (1)

ドア・イン・ザ・フェイス(1)

DIALOGUE 1

> Jackie Lamont works for a company that provides IT consultation and solutions. She is trying to sign up a new client and discussing her proposal with the company's CEO, Art Kowalski.

Jackie: We took a look at your IT setup and we're ready to make some recommendations.

Art: 1. That's great. Can you give me an overall assessment?

Jackie: 2. Well, please forgive me for being blunt, but I believe your entire IT system needs to be rebuilt from the ground up.

Art: Why do you say that?

Jackie: Well, first of all, you've got a lot of software incompatibility in your communications network. In addition, the way you log client information is extremely inefficient, and that's affecting your sales pipeline and your ability to close deals promptly and effectively.

Art: I agree that's been a problem.

Jackie: But that's easily fixed with up-to-date CRM software and some staff training. There are plenty of good options on the market.

Art: OK.

Jackie: 3. And then, there's the problem of cybersecurity. Your system lacks even basic protection and is vulnerable to hackers and viruses.

Art: Well, what do you propose as a solution?

Jackie: We can perform a comprehensive overhaul, but it won't be cheap. 4. I won't have precise details until we do an accurate costing, but I figure it would be somewhere in the region of $35,000 with monthly maintenance fees of around $750.

Art: $35,000! 5. Are you serious? There's no way we can afford that right now.

Jackie: Well, perhaps we can implement a piecemeal solution. What do you currently see as your overriding priority?

Art: The first thing I'd like to focus on is an efficient CRM system to organize our client data and drive sales.

Jackie: Yes, I think that's a wise first step. 6. We should be able to get that up and running in about a month for around $5,000. Let me send you an official quote sometime tomorrow.

Art: Yes, wonderful. Please do.

VOCABULARY

- overall assessment（名・句）総合的な評価
- from the ground up（前・句）ゼロから
- incompatibility（名）非互換性
- CRM（名）顧客関係管理（＝customer relations

ケース1 ITソリューションの契約

目的 | Jackieは返報性を活用して本命受注を目指したい

TRANSLATION

> Jackie Lamont は IT コンサル＆ソリューションを提供する会社で働いています。彼女は新しい顧客と契約を結ぼうとしており、その会社の CEO である Art Kowalski と彼女の提案について話し合っています。

Jackie: 御社の IT 設定全体を拝見し、いくつかご提案をしたいと考えております。

Art: それは素晴らしいですね。総合的な評価をもらえますか。

Jackie: はい、歯に衣着せずに申し上げますと、IT システム全体をゼロから再構築する必要があると考えております。

Art: どうしてそのようにお考えなのですか。

Jackie: はい、そもそも御社の伝達ネットワークには、ソフトウェア間での非互換性が多く見られます。加えて、顧客情報の記録方法が非常に非効率的であり、これは御社の販売経路や商談成立の際の迅速性・効率性に影響を及ぼしています。

Art: その問題については私も同意見です。

Jackie: しかし、それは最新式の CRM ソフトウェアと社員教育で簡単に解決可能です。市場には多くの良い解決手段があります。

Art: なるほど。

Jackie: そしてさらに、サイバーセキュリティーの問題もあります。御社のシステムは基礎的な防御にすら欠けており、ハッカーやウイルスに対しての耐性がありません。

Art: では、解決策としてどのようなものをご提案くださいますか。

Jackie: 弊社は包括的な見直しをすることが可能ですが、安くはありません。正確な原価計算を行うまでは詳細についてはっきりと申し上げられませんが、毎月のメンテナンス料約 750 ドルを入れて 3 万 5000 ドルあたりだと概算しております。

Art: 3 万 5000 ドル! それは驚きました。その額をすぐにお支払いすることはとてもできません。

Jackie: ええ、おそらく弊社は段階的に解決策を実行することとなるでしょう。現在喫緊の課題としては何をお考えですか。

Art: 顧客データをまとめて売上を伸ばすために、効率的な CRM システムにまず注力したいと考えています。

Jackie: そうですね、それは賢明な第一歩だと思います。弊社はそのシステムの立ち上げと運営を、約 1 か月で 5000 ドルほどの価格で行えると思います。明日中には正式な見積もりをお送りできます。

Art: それは素晴らしい。是非お願いします。

- management）
- **vulnerable**（形）弱い、脆弱な
- **overhaul**（名）全面的な見直し、総点検
- **piecemeal**（形）少しずつの、段階的な

交渉コラム

価格交渉で希望額を先に言わされそうなときに

価格交渉や給与交渉では、先に相手に希望額を言わせる。これは交渉の基本として必ず押さえてください。希望額を先に相手に知らせてしまうと、それを元に値下げ交渉をされ、相手に有利な展開になる可能性が高いので「後出し」するべきなのです。

しかし、どうしても先に希望額を明かさなければならないときは Door in the Face を使ってください。給与交渉であれば、本来の希望が 800 万円だったら大きく 1000 万円と言い切ってしまいます。すると相手側は 1000 万円から値下げしようとするので、最終的には 800 万円前後に落ち着くでしょう。

このように価格交渉における Door in the Face は、高いボールを悪びれる様子もなく投げつける Highball / Lowball と同じといえます（p.202 参照）。さらに、交渉用語であるアンカリングも、高い値段設定でフレーミングしてしまう（相手の行動を制限する）手法なので同様のアプローチです（p.214 参照）。

Function 1 › 評価を聞く

> That's great. Can you give me an overall assessment?
>
> それは素晴らしいですね。総合的な評価をもらえますか。

解説 Art が IT コンサルである Jackie からのフィードバックを得ようとしています。Can you 〜 ? で依頼していますが、この表現は Could[Would] you 〜 ? よりもカジュアルなのでビジネス現場で使わない人もいます。

他の表現 1 | Could you give me a comprehensive assessment?
2 | Would you give us your all-around evaluation?
3 | Would you tell us your overall appraisal?

Function 2 › 厳しい評価を与える

> Well, please forgive me for being blunt, but I believe your entire IT system needs to be rebuilt from the ground up.
>
> はい、歯に衣着せずに申し上げますと、ITシステム全体をゼロから再構築する必要があると考えております。

解説 Jackie が Door in the Face の前段階として、取引先に厳しい評価を伝えます。forgive me for being blunt の blunt は、刃物の刃が鈍くなっている状態から「鈍い、無遠慮な、率直な、単刀直入な」という意味になり、「歯に衣着せぬ」となります。「率直に申し上げれば」は他に、to be honest with you / frankly / frankly speaking / being frank with you / talk with frankness about 〜などがあります。

他の表現 1 | I'm sorry to be so direct, but you need to overhaul your whole IT system.
2 | I won't beat about the bush—I recommend you replace your entire IT system.
3 | Just so there is no fear of misunderstanding, I should tell you that your system needs a complete overhaul.

And then, there's the problem of cybersecurity. Your system lacks even basic protection and is vulnerable to hackers and viruses.

そしてさらに、サイバーセキュリティーの問題もあります。御社のシステムは基礎的な防御にすら欠けており、ハッカーやウイルスに対しての耐性がありません。

解説 And then によって、先に挙げた問題点に加えてさらに畳みかけます。
vulnerable は「脆弱な、弱い」という意味で、vulnerable economy「弱含みの経済」というふうにも使われます。

他の表現 1 | In addition, we need to look at the whole issue of cybersecurity.

2 | Furthermore, cybersecurity is going to require close scrutiny.

3 | Might I also add, the problem of cybersecurity has come up.

3 の Might I 〜は「〜して差しつかえなければ」と、遠回しに何かを申し出るニュアンスになります。

Function **4** > Door in the Face で難度の高い要求をする

I won't have precise details until we do an accurate costing, but I figure it would be somewhere in the region of $35,000 with monthly maintenance fees of around $750.

正確な原価計算を行うまでは詳細についてはっきりと申し上げられませんが、毎月のメンテナンス料約750ドルを入れて3万5000ドルあたりだと概算しております。

解説 ここでのポイントは、これは Jackie の本当の要求ではない点。これを目くらましに、自分の都合のいい流れに持っていこうとしているのです。
precise は「（主にものやことが）詳細な、正確な」で、accurate は「（情報・計算結果などが）正確・精密である」という意味です。
somewhere in the region of 〜は「〜のあたり」と曖昧に伝える場合の表現で、around や about 1 語でも言い換えられます。
以下は上記文の要点のみを伝える言い換えです。

他の表現 1 | I won't have exact details until we carry out a detailed costing.

2 | I estimate a ballpark figure of around $35,000.

3 | My best guess is that it would be around $35,000 or thereabouts.

Function **5** 〉 Door in the Faceを仕掛けられ、門前払いする

> Are you serious? There's no way we can afford that right now.
>
> それは驚きました。その額をすぐにお支払いすることはとてもできません。

解説 法外な値段をつきつけられた Art は、当然ながら拒否反応を示します。このとき彼は「先方の要求を拒絶したこと」に多少なりとも後ろめたさを感じているはずです。これが Jackie の狙いです。

他の表現
1 | You can't be serious? We couldn't possibly afford that right now.
2 | Seriously? Paying for that right now is out of the question.
3 | You must be kidding! That's totally beyond our means right now.

Function **6** 〉 本来の要求を提示する

> We should be able to get that up and running in about a month for around $5,000. Let me send you an official quote sometime tomorrow.
>
> 弊社はそのシステムの立ち上げと運営を、約1か月で5000ドルほどの価格で行えると思います。明日中には正式な見積もりをお送りできます。

解説 Jackie が本来の要求を提示します。つまり、Jackie は最初から 3 万 5000 ドルの契約を取りつけるつもりはなかったのです。Art から見ると、Jackie が譲歩してくれたように見えます。その譲歩に応えるように、Art は 5000 ドルの契約に前向きになります。

get up には「立ち上げる、設立する、組織する、創立する」などの意味があり、同じような表現には start-up (SU) / boot / launch などがあります。「見積もり」は quotation / quote / estimate / reckoning / approximation などと言えます。ただし quotation は「額などを確定した見積もり」。それに対して estimate はどのくらいかかるか、という「概算の見積もり」です。
以下は 1 文目の言い換えです。

他の表現
1 | I think we'll be able to make that happen in about a month or so for $5,000.
2 | We can put that in place in about a month for $5,000.

EXERCISE DIALOGUE

付属音声を聞き、空所にあてはまる英語を埋めてください。

DL-30

1

A: The system you run is an old mainframe one, so it's not ▓▓▓▓▓▓▓▓▓▓▓▓ ▓▓▓▓▓▓▓▓▓▓▓▓▓▓▓▓▓▓▓▓▓▓▓▓▓ needed to run IoT and suchlike. It will cost around $9.5 million to replace it.

B: Yes, I think you've ▓▓▓▓▓▓▓▓▓▓▓▓▓▓▓▓▓▓▓▓▓▓▓▓▓▓▓▓▓▓. That's the major problem with our system. But that's a lot of money, and in the circumstances, it's more than we can pay.

A: In that case, would you consider jointly using a new type of cloud? That would bring the cost down to $2.85 million.

B: If that's possible, I'm sure we can work something out.

A: 御社が運用しているシステムは古いメインフレームのため、今後の IoT などの運用に必要なクラウドシステムに合わなくなっています。入れ替えには、およそ 950 万ドルかかります。

B: はい、問題点はまさにご指摘の通りと思います。それが弊社のシステム上の最大の課題です。ただ、その額は大変大きく、現状ではお支払いできかねます。

A: それでは、新規クラウドを併用する形ではどうでしょうか。そうすれば、285 万ドルにコストダウンできるでしょう。

B: それが可能なら、何とかできると思います。

2

A: According to our estimate, it will cost $100,000 to newly install a settlement system.

B: ▓▓▓▓▓▓▓▓▓▓▓▓▓▓▓▓▓▓▓▓▓▓▓▓▓▓▓▓▓, that's too expensive. I think other companies are offering a lower price.

A: We also have a simplified settlement system. If that would suit you, we can offer it at half the price. ▓▓▓▓▓▓▓▓▓▓▓▓▓▓▓▓▓▓▓ that make it far superior to what other companies can do for you.

B: If that's the case, then we'd be happy to go with the simplified system.

A: 弊社の見積もりでは、決済システムの新規導入には 10 万ドルかかります。

B: それはいくら何でも高すぎます。他の会社ではもっと安く提供しているところがあると思いますが。

A: 弊社では簡易版の決済システムもご用意しております。それでよろしければ、半額で提供が可能です。他社システムよりもはるかに優れた機能を備えていますよ。

B: ならば、その簡易版のシステムでお願いできれば幸いです。

3

A: Did you have a chance to look at our estimate?

B: Yes, I did, but the price ████████████████████████████, so I think that would be a bit difficult.

A: So, ████████████████████████ a system?

B: $190,000. Would you be able to work with that?

A: 弊社の見積もりはご覧いただけたでしょうか。

B: はい、拝見いたしましたが、この値段は弊社の予算を大幅に超過しており、ちょっと難しいと思います。

A: では、システムへのご予算はどれくらいでいらっしゃいますか。

B: 19万ドルです。それで対応できますでしょうか。

4

A: There are a lot of problems with your personnel system. It doesn't share appraisal data. We can develop a system that will largely replace it. As for the final total, I think it may ████████████████████████.

B: That's a problem. Is there no other way of doing it?

A: We also have software that does only employee evaluation. I think that may be ████████████████████████.

B: That sounds good. Even if it allowed us only to share appraisal data, that would be a great help.

A: 御社の人事システムには多くの問題がありますね。評価基準データが共有されていません。弊社では、これを大幅に入れ替えるシステムを開発できます。総額に関しては、ご予算をかなり超えるものになると思います。

B: それは困ります。他に何か方法はないのでしょうか。

A: 弊社には人事考課のみを扱うソフトウェアもあり、これであれば、ご予算により合致するかと思います。

B: それはありがたいです。評価基準の共有だけでもできれば、大変助かりますので。

正 解

1 A: compatible with future cloud-based systems
B: got a precise grasp of what's wrong

2 B: Whichever way you look at it
A: It comes with functions

3 B: is way over our budget
A: how much have you budgeted for

4 A: considerably exceed your budget
A: more in line with your budget

Door in the Face (2)

ドア・イン・ザ・フェイス(2)

DIALOGUE 2

> Roxanne Eliot, the CEO of an office furniture company, is in a meeting with Ed French, her head of sales.

Roxanne: 1. About the quarterly sales report…I just took a look at it, and I was shocked to see that it's just as disappointing as the report for the previous quarter.

Ed: Yes, there's no doubt about that. We've had a particularly bad six months. The market is in a bit of slump right now.

Roxanne: 2. I know, but we have to be proactive about finding a solution. We can't just sit around waiting for things to get better. If this trend continues, not only will we have to cut bonuses, we'll also have to think about retrenching.

Ed: You mean staff cuts?

Roxanne: Exactly.

Ed: Do you have any ideas?

Roxanne: When was the last time we did a thorough review of our previous clients? It must have been at least three years ago or so.

Ed: Yes, that's about right. Do you want to try again?

Roxanne: 3. Yes. What I'd like you and the sales team to do is to go back through our client list for the past five years, identify any who spent more than, say, $20,000 with us, and then reach out directly to them…you know, see if you can set up some meetings.

Ed: Five years! 4. That would be an awfully long list. Given that my team has its current client roster to support, I doubt we would have the resources to do it.

Roxanne: 5. OK, I see your point. How about this—why don't you try reviewing clients for the last two years?

Ed: 6. Well, I guess that wouldn't be impossible.

Roxanne: OK, can you have your team start on that without delay? I'd like a list of which clients we need to contact and a detailed schedule.

Ed: Sure. I'll have it done by the end of the week.

Roxanne: Yes, let's discuss our strategy on Friday afternoon.

VOCABULARY

- quarterly sales report（名・句）四半期営業報告書
- retrench（動）〜を削減する、節約する、切り詰める
- thorough（形）徹底的な、完全な、完璧な
- given that 〜（動・句）もし〜ならば、〜を考えれば

目的 | Roxanne は Ed に 2 年分の顧客リストを振り返り、顧客にアプローチしてほしい

TRANSLATION

> オフィス家具会社の CEO である Roxanne Eliot は営業責任者の Ed French と打ち合わせをしています。

Roxanne: 四半期営業報告についてですが…先ほど目を通して、前四半期と同様不本意な内容にショックを受けました。

Ed: ええ、それは疑いようもありません。この6か月は特に良くない状況でした。現在、市場は少々下降傾向にあります。

Roxanne: それはわかりますが、我々は前向きに解決策を見出していかねばなりません。ただぼんやりと座って事態が改善するのを待っていてはいけないのです。この傾向が継続した場合、ボーナスのカットのみならず、削減についても考えねばなりません。

Ed: それは人員削減ということですか。

Roxanne: その通りです。

Ed: 何か考えはおありですか。

Roxanne: 我々が以前の顧客についての徹底的な見直しを最後に行ったのはいつでしょうか。少なくとも3年前かそこらだったはずです。

Ed: はい、大体その通りだと思います。もう一度実施されるおつもりですか。

Roxanne: ええ。あなたと営業チームには過去5年間の顧客リストを振り返り、例えば2万ドル以上を支払った顧客を特定し、彼らに対して直接連絡を取ってもらいたいのですが…。いくつか会議を設定してもらえますか。

Ed: 5年間！とてつもなく長いリストになりそうです。我々営業チームが直近の支援している顧客名簿を持っていたとしても、その仕事をする労力があるかは疑問です。

Roxanne: ええ、おっしゃりたいことはわかります。それではこれはどうでしょう。過去2年間分の顧客について見直すというのは。

Ed: そうですね、それなら不可能ではないかもしれません。

Roxanne: わかりました。遅滞なくチームでその仕事を始めさせることはできそうですか。連絡する必要のある顧客についてのリストと、詳細なスケジュールをいただきたいのですが。

Ed: もちろんです。週末までには終わらせます。

Roxanne: 了解です、金曜日の午後に我々の戦略について話し合いましょう。

■ roster（名）名簿、登録名簿

交渉コラム

様々なDoor in the Face

Door in the Face はアメリカでは一般的な交渉術で、本書で取り上げたシチュエーション以外にも多くの活用例が考えられます。ダイアログで紹介しきれなかった例をいくつか挙げていきましょう。どちらの例も最初に極端な要望を出して、あえて相手の拒否反応を引き出しています。

［スケジューリングで］

A: Could you get back to me with the proposal by tomorrow?

B: I'm sorry, but it will take a month to develop a proposal like this.

A: I see. How about the end of this week?

A: 明日までに企画書を提出していただけますか。

B: 申し訳ないですが、このような企画書を仕上げるには1か月かかります。

A: わかりました。今週末ではどうでしょうか。

［資金集めで］

A: Would you like to join us in a half-marathon run to raise money for suffering refugees?

B: I'm sorry, but I'm not a runner.

A: Would you be willing to sponsor a runner?

A: 苦しんでいる難民のための資金を集めるハーフマラソンに参加しませんか。

B: ごめんなさい、走ることができないので。

A: ランナーのスポンサーになっていただくのはどうでしょうか。

KEY FUNCTION PHRASES

Function 1 > 良くない状況を共有する

About the quarterly sales report…I just took a look at it, and I was shocked to see that it's just as disappointing as the report for the previous quarter.

四半期営業報告についてですが…先ほど目を通して、前四半期と同様不本意な内容にショックを受けました。

解説 CEO の Roxanne が業績悪化についての話題を Ed に振ります。
I was shocked to see that ～で、「～ということがわかってショックを受けた」という意味。shock 以外を使った表現には get a jolt などがあります。jolt は「衝撃・動揺」という意味です。

他の表現 1 | I wanted to mention the quarterly sales report… it was quite a surprise to see that it's worse than the previous quarter.

2 | Now, turning to the quarterly sales report… I could scarcely believe that it's just as disappointing as the previous year's report.

Function 2 > 状況の打開を迫る

I know, but we have to be proactive about finding a solution. We can't just sit around waiting for things to get better.

それはわかりますが、我々は前向きに解決策を見出していかねばなりません。ただぼんやりと座って事態が改善するのを待っていてはいけないのです。

解説 Roxanne は I know と Ed の発言を受けつつも強めに迫ります。このようにして Door in the Face を仕掛ける地ならしをしているのです。
just sit around waiting for ～で「～を単に座して待つ」という意味。
以下は1文目の言い換えです。

他の表現 1 | I know, but we have to be proactive about addressing a future crisis.

2 | I know, but we need to take proactive moves to deal with contingencies.

3 | I know, but sitting here and doing nothing is not an option.

UNIT 6 Door in the Face (2)

Yes. What I'd like you and the sales team to do is to go back through our client list for the past five years, identify any who spent more than, say, $20,000 with us, and then reach out directly to them...you know, see if you can set up some meetings.

ええ。あなたと営業チームには過去5年間の顧客リストを振り返り、例えば2万ドル以上を支払った顧客を特定し、彼らに対して直接連絡を取ってもらいたいのですが…。いくつか会議を設定してもらえますか。

解説 ▶ この発言はもちろん目くらましのために用意した難題で、Roxanne の真の要求ではありません。

go back through 〜は「〜を遡る」。文の中ほどに挿入されている say は、この場合副詞で「例えば」という意味。reach out は「接触する、連絡を取ろうとする」という意味です。以下にここでの2文目のような、英語らしい長い主語の文を挙げます。

他の表現 ▶

1 | **What I'd like you and your staff to do is to thoroughly check our entire client list.**
（君と君のスタッフにやってもらいたいことは、すべての顧客リストの徹底的なチェックです）

2 | **What I expect from you is to find potential customers from the list.**
（私が君に期待していることは、リストから潜在顧客を見つけることです）

3 | **What we would like you and your team to do is to contact customers directly.**
（我々が君とチームにしてもらいたいことは、顧客に直接連絡を取ることです）

Function **4** › Door in the Face を仕掛けられ、門前払いする

That would be an awfully long list. Given that my team has its current client roster to support, I doubt we would have the resources to do it.

とてつもなく長いリストになりそうです。我々営業チームが直近の支援している顧客名簿を持っていたとしても、その仕事をする労力があるかは疑問です。

解説 ▶ Ed の反応は Roxanne の作戦通りです。CEO に対して門前払いをしたという大きな借りを作ったことになります。

given that 〜は「①もし〜ならば ②たとえ〜でも」と仮定を表し、2通りの意味があります。分詞構文の慣用表現で、that 以下は S + V が続きます。以下は2文目の言い換えです。

他の表現 1 | Since we're also dealing with our current client roster, I doubt we would have enough resources to do it.

2 | Given that we already have a substantial client list to deal with, I suspect we won't be able to finish that task.

Function 5 › 本来の要求を提示する

OK, I see your point. How about this—why don't you try reviewing clients for the last two years?

ええ、おっしゃりたいことはわかります。それではこれはどうでしょう。過去2年間分の顧客について見直すというのは。

解説 ここで Roxanne は真の要求を提示します。CEO が譲歩してくれている展開に Ed はノーとは言えないでしょう。

review は、外資系企業では「(資料などを)再検討する」といった意味でよく使います。quick review とすると「簡単な報告、説明」です。

以下は How about this のニュアンスを表す言い換えです。

他の表現 1 | Let's see if we can come up with an alternative strategy.

2 | Why don't you see if this approach is feasible?

Function 6 › 控えめに同意する

Well, I guess that wouldn't be impossible.

そうですね、それなら不可能ではないかもしれません。

解説 wouldn't be impossible という "二重否定" を使うことで「できないわけではない」と婉曲かつ慎重な表現になっています。

他の表現 1 | I think it might be possible.

2 | I suppose it wouldn't be out of the question.

3 | I presume it wouldn't be beyond our capabilities.

EXERCISE DIALOGUE

付属音声を聞き、空所にあてはまる英語を埋めてください。

DL-32

1)
A: I just took a look at the financial statements for this quarter, and they're worse than for ▓▓▓▓▓▓▓▓▓▓▓▓▓▓▓▓▓▓▓▓▓▓▓▓. I think we need to call a meeting of all staff so that we can try to clarify the cause.

B: Yes, they look very bad. However, I think it would be physically impossible to get everyone together.

A: In that case, let's set up a task force to take care of emergency measures. So can you please set up a project team with some ▓▓▓▓▓▓▓▓▓▓▓▓▓▓▓▓▓▓▓▓?

B: Yes, of course. I'll get onto that right away.

A: 今期の決算書を見ましたが、昨年同期を下回る結果ですね。原因究明のためスタッフ全員の会議を招集する必要があると思いますが。

B: はい、非常に悪い状態です。ただ、全員を招集するのは物理的に難しいと思います。

A: ならば、緊急の対策室を設置し、選りすぐりの人間によるプロジェクトチームを編成してください。

B: 了解しました。すぐに対応します。

2)
A: The fall in current quarter revenue is unacceptable. Who is going to take responsibility for this? In the circumstances, the only thing we can do is to make all the staff in the sales section take a pay cut.

B: Yes, we're now trying to work out the cause. However, if we cut everyone's pay, ▓▓▓▓▓▓▓▓▓▓▓▓▓▓▓▓▓▓▓▓▓▓▓▓▓, and performance will get even worse.

A: OK, then, please tell everyone that their bonus may be cut, and we quickly need to look into what is behind this and ▓▓▓▓▓▓▓▓▓▓▓▓▓▓▓▓▓▓▓▓ by next week.

B: Understood.

A: 今期売上の減少には目に余るものがある。この責任は誰が取るつもりかね。このままでは営業部全員の減給で対応せざるを得ないと思うが。

B: はい、現在原因を究明中です。ただ、全員の減給となると営業部全体の士気が低下し、かえって業績を落とすことになりかねません。

A: であれば、ボーナスの減額がありうることを全員に伝え、早急に原因を究明し、対応策を来週までに提出するんだ。

B: わかりました。

3

A: I've looked at the current business report, and without a doubt, I have to say that we're falling short. I'd like to look over all the daily reports for the last ten years. If we do that, I think we'll be able to pinpoint which department or which individuals are responsible for our current dismal performance.

B: We _____ to look over ten years' worth of daily reports. Some of the staff who made them have already left the company. In addition to daily reports for the past year, I think we should draw up and present a plan that will _____ reliably improve future results.

A: Understood. Can you make a start on that?

A: 今期の営業報告書を見たが、どう考えても不十分と言わざるを得ない。過去10年間の日報をすべて洗い出してもらいたい。それにより今回の業績不振の責任がどの部署で、誰にあるかを特定できると思う。

B: 10年分の日報調査は、時間的にも人数的にも無理だと思います。すでに退職した者もおりますので。過去1年の日報に加えて、今後の確実な業績アップの見通しの計画書を作成して提出しようと思いますが。

A: わかった。それに取りかかってくれ。

4

A: In the circumstances, we have to _____. Can you have the sales department draw up a list of candidates for retirement?

B: I think that may be a bit premature.

A: Well, in that case, please present a plan as soon as you can that will improve our future results. If we don't have that, then restructuring is the only option.

B: _____. I think I can make a presentation at the beginning of next week.

A: このままでは大規模なリストラをしなければならない。退職候補者リストを営業部で作成してくれないか。

B: それはまだ時期尚早かと思います。

A: それでは、今後の業績アップのための計画書を早急に提出してくれたまえ。それなくしてはリストラしかなくなってしまうよ。

B: それはすでに準備を進めているところです。来週頭には提出することが可能です。

正解

1 **A:** the corresponding quarter last year
A: carefully selected people

2 **B:** the morale of the whole sales team will drop
A: come up with some countermeasures

3 **B:** have neither the time nor the human resources
B: give an overview of what we can do to

4 **A:** engage in large-scale restructuring
B: Preparations are already underway

Door in the Face (3)

ドア・イン・ザ・フェイス(3)

DIALOGUE 3

> Walter McPhee, the CEO of a New York-based engineering company, is trying to persuade Keith Pietro, an IT specialist, to accept an assignment in Atlanta.

Walter: Hi, Keith. Have seat. 1. Look, I won't beat about the bush here. The reason I asked to see you today is that I have a possible new assignment for you. As you know, there are problems with our R&D facility in Atlanta.

Keith: Right, I know that there have been several glitches in developing the prototype of the new motor.

Walter: 2. If things carry on like this, we're not going to be able to roll it out on time, which will spook our investors. We certainly don't want them running for the hills.

Keith: So where do I come in?

Walter: The problems are mainly on the IT side, and seeing as you're our leading IT specialist, we'd like you to step in and take control.

Keith: Sure. What do you need me to do?

Walter: 3. We'd like you to go down to the Atlanta facility for six months to get things back on track.

Keith: Wow! Six months? 4. That would be pretty tough for me right now, especially at such short notice. My wife is still recovering from her automobile accident, and I don't know if she could look after the kids on her own.

Walter: Yes, I realize it's a lot to ask, but we really need you down there.

Keith: I'd really like to help, but six months away—that's a tough call.

Walter: 5. Yes, I can see that. Here's another idea. How would you feel about going down there for one week a month?

Keith: 6. Yes, I could consider that. And would you mind if I brought my deputy, Blair, on board? She's super-smart, and I'm confident I could get her up to speed pretty quickly.

Walter: Yes, by all means. It would be good to have a second pair of hands.

VOCABULARY

☐ **beat about[around] the bush**(動・句)遠回しに言う
☐ **glitches**(名)突然の故障、異常、誤作動
☐ **roll out**(動・句)公開する、本格展開する
☐ **spook**(動)〜をびっくりさせる、動揺させる、驚かせる

目的 | WalterはKeithにアトランタでの業務を担当してほしい

TRANSLATION

ニューヨークに拠点を置く技術系企業のCEOであるWalter McPheeは、ITの専門家のKeith Pietroにアトランタでの職務を請け負ってもらえるように説得しようとしています。

Walter: やあ、Keith。座って。さて、率直に言おう。今日君を呼んだ理由は、新しい仕事を頼みたいからだ。君も知っているように、アトランタの我が社のR&D部門には問題がある。

Keith: そうですね。新しいモーターの試作品開発の際にも、いくつか誤作動がありましたね。

Walter: もしこの状態が続けば、予定通りの公表ができないだろうし、ひいては我が社の投資家に動揺を与えてしまうだろう。投資家に手を引いてもらいたくはない。

Keith: それで、どこに加われればいいのでしょうか。

Walter: 問題があるのは主にITの部分だ。そこで君を優れたIT専門家と見込んで、実際に介入して指揮を執ってほしい。

Keith: 了解です。具体的には何をすればよいですか。

Walter: 6か月間アトランタの施設に赴いて、再び軌道に乗せてほしい。

Keith: なんと! 6か月ですか。すぐにというのはかなり厳しいかと思います。特にこのような急なお知らせでは。妻がまだ自動車事故から回復中で、彼女だけで子どもの面倒を見られるかどうかもわからないのです。

Walter: そうだな。厳しいことを頼んでいるのは承知しているが、君には本当にそこへ赴いてほしいんだ。

Keith: 私も力になりたいのは山々なのですが、6か月ともなると…難しい選択です。

Walter: ああ、わかるよ。ではこのようにするのはどうかな。1か月のうち1週間、現地へ行くというのは。

Keith: ええ、それについては考えられます。それと、私の補佐のBlairを一緒に連れて行ってもよいでしょうか。彼女は大変優秀で、事情についてもすぐに理解してくれると考えています。

Walter: うん、是非ともそうしてくれ。人手が増えるのは何よりだからね。

■ run for the hills（動・句）安全な場所に逃げ込む　　■ deputy（名）代理
■ tough call（名・句）難しい選択・判断　　　　　　　■ by all means（名・句）もちろん、是非とも

交渉コラム

ゲームのごとく交渉を制覇する中国人

中国人はゲームのように交渉を楽しむと言われ、勝利を得るために交渉を行います。日本人は、お互いが協調して話をまとめるための交渉に終始しがちなので、ここに根本的な違いがあります。さらに、交渉のアプローチも日本人とは異なり、打ち合わせの序盤に、主張や譲れない点を明確に示していきます。しかもその主張が極端であるケースが多いようです。

他にも、会議の途中で長々と関係のない雑談に入り、相手の緊張が緩んでいる間に完全に彼らのペースに持っていく、まとまりかけた契約内容を土壇場で一方的に変更し、相手が拒否しても聞く耳を持たないなど、様々なアプローチを耳にします。

「彼らが操る『兵法』は数知れず」ですので、戦略にひるまずに、こちらもゲームを攻略するような感覚で「意見を言う、YES ／ NO を伝える、証拠・論拠を示す」などを意識して応戦していきましょう。

なお、よく知られていることですが、中国では人間関係を重視します。人脈やコネがものをいい、新規の付き合いをする場合は仲介者を立てることも。親交を深めるためのお酒の付き合いも必須です。

KEY FUNCTION PHRASES

Function 1 › 要件を伝える

Look, I won't beat about the bush here. The reason I asked to see you today is that I have a possible new assignment for you.

さて、率直に言おう。今日君を呼んだ理由は、新しい仕事を頼みたいからだ。

解説　beat about[around] the bush は「茂みの周りを叩く」、つまり「肝心のところをはずす」から「遠回しに言う」という意味になります。逆に、「率直に言う」は come to the point といえます。
以下は 1 文目の言い換えです。

他の表現　1 │ Look, I won't waste your time.

2 │ Look, I'd like to come straight to the point.

3 │ Look, let's cut straight to the chase.

Function 2 › Door in the Faceの地ならしをする

If things carry on like this, we're not going to be able to roll it out on time, which will spook our investors.

もしこの状態が続けば、予定通りの公表ができないだろうし、ひいては我が社の投資家に動揺を与えてしまうだろう。

解説　Walter が Door in the Face を仕掛ける前に地ならしをします。
roll out は「（新製品などを）公開・公表する」という意味。spook は元々名詞で「お化け、スパイ」の意味ですが、動詞では「〜をびっくりさせる、動揺させる、驚かせる」。

他の表現　1 │ If things go on in the same way, we won't be able to release our new product, which will make our investors uneasy.

2 │ If nothing changes, we won't be able to roll it out, and that may rattle our investors.

3 │ It's going to be difficult to get our product to market if the current situation continues, and our investors might start to rethink.

Function **3** > Door in the Faceで難度の高い要求をする

We'd like you to go down to the Atlanta facility for six months to get things back on track.

6か月間アトランタの施設に赴いて、再び軌道に乗せてほしい。

解説 ▶ Walter が 6 か月という非現実的な期間を打診します。Door in the Face の手法であえて無理難題を要求しているのです。「物事を軌道に乗せる」という表現には、get things back on track / get things off the ground / get the ball rolling などがあります。

他の表現 ▶
1 | We'd like you to get things moving at the Atlanta facility for six months.
2 | We'd like you to go to the Atlanta facility for six months and get things off the ground.

Function **4** > Door in the Faceを仕掛けられ、門前払いする

That would be pretty tough for me right now, especially at such short notice.

すぐにというのはかなり厳しいかと思います。特にこのような急なお知らせでは。

解説 ▶ Keith はすぐに要求を拒否します、これは Walter の想定内の展開です。無茶な要求とはいえ、CEO のお願いを拒否したことで Keith には心理的負担がかかることになります。「かなり」と程度を強めるには pretty、very、rather などがありますが、pretty は very より弱いニュアンスです。

Function **5** > 本来の要求を提示する

Yes, I can see that. Here's another idea. How would you feel about going down there for one week a month?

ああ、わかるよ。ではこのようにするのはどうかな。1か月のうち1週間、現地へ行くというのは。

解説 ▶ Walter が本来の要求を出します。Keith にとっては Walter が譲歩してくれたようなもの。Keith の中の返報性をうまく使っています。Here's another idea. は How about this way? という言い換えも可能です。How would you feel about 〜ing? で、「〜することはどうお感じになられるでしょうか」と相手の気

持ちを丁寧に聞く表現になります。「相手のことを理解できる」という表現には、I can see that. / I can understand how you feel. / I know how you feel. / I can easily see that. などがあります。

Function 6 > 要求を受け入れる

Yes, I could consider that.

ええ、それについては考えられます。

解説 Walter のもくろみ通り、Keith が条件を受け入れます。I could consider that. は、I could take that into consideration. / I could take that into account. とも言えます。以下はここでの発言同様、すべて即応ではないけれども考慮する余地があるときの返事に使われる表現です。I think I can manage that. という場合もあります。

他の表現 1 | Yes, I can take that into consideration.

2 | Yes, I can take that into account.

3 | Yes, I can factor that in.

EXERCISE DIALOGUE

付属音声を聞き、空所にあてはまる英語を埋めてください。　　　　　DL-34 ○

1 〉　**A:** Thank you for coming at such a busy time. [_____] we're planning to transfer you overseas.

B: What? Overseas? That's not what I expected. I was hoping for a local posting because I have to look after my parents. I have to say that [_____].

A: If that's the case, you could request a position in sales support in the Kansai region. For instance, you could visit Kansai every other week. How does that sound?

B: Yes, if that's possible, I could certainly make it work.

A: 忙しい中、よく来てくれたね。話は他でもない、君の海外転勤が決まったよ。

B: えっ。海外ですか。 考えたこともありません。親の世話がありますから、ローカルで希望を出していました。とても難しい立場になると言わざるを得ません。

A: そういう事情であれば、関西エリアの営業サポートの職もある。例えば、隔週で関西に出張をしてもらうというのではどうかね。

B: はい、それが可能なら、なんとかできると思います。

2 〉　**A:** By the way, [_____]—there's been talk of transferring you to a regional office.

B: That's the first I've heard of it. I think that could be difficult as [_____] and I have clients to look after here.

A: How about after the project is finished?

B: Yes, that should be possible.

A: ところで単刀直入な話から始めるが、君の地方への転勤の話が来ているんだ。

B: それは初耳です。今は抱えているプロジェクトがあって、ここにはクライアントもいることですし、難しいと思います。

A: そのプロジェクト終了後ではどうかね。

B: はい、それであれば可能だと思います。

3 〉　**A:** We're planning to develop a new medicine, and I think we need to include you because of your [_____].

B: I'm very honored, but as you know, I'm already involved in five similar projects that are running at the same time. Taking on another would be completely out of the question, [_____] leading it.

A: You're certainly one of the few specialists in that field in the company, so you're in great demand. For instance, however, could you serve as an adviser for the time being?

174

B: An adviser? In that case, I could probably manage it.

A: 新薬の開発を計画しているんだが、そこに専門知識の深い君に加わってもらう必要があると考えている。

B: それはとても光栄ではありますが、ご存知のように、すでに同様の5つのプロジェクトに関わっていて、同時に走らせている状態です。これ以上は到底無理ですし、ましてやリーダーなど考えられません。

A: 確かに君は我が社でも数少ないこの分野の専門家だ。引く手あまただと思う。ただ、例えば、アドバイザーとして当面加わってもらうことは可能だろうか。

B: アドバイザーですか。それであれば、多分何とかできると思います。

4 **A:** The reason I asked you here today is to ▓▓▓▓▓▓▓▓▓▓▓▓▓▓▓▓▓▓▓. It's a new urban development project starting in London next May, and we'd like you to be part of it.

B: ▓▓▓▓▓▓▓▓▓▓▓▓▓▓▓▓▓▓▓▓▓▓▓▓▓▓▓▓▓▓▓▓▓▓. My kid will be starting elementary school, and so I can't be out of Japan.

A: I can see that would make an overseas posting difficult. How about going to London once a month for a project meeting? And you could also join via teleconferences.

B: As long as we base it on business trips, I think that should be possible.

A: 今日来てもらったのは、君に海外プロジェクトに携わってもらいたいためだ。来年の5月からロンドンで新しい都市開発のプロジェクトが始まるので、君にも参加してもらいたいと思っている。

B: それは急に言われても無理かと思います。子どもが小学校に入学するので、私が日本を離れるわけにはいかないのです。

A: なるほど、そういう事情では海外赴任は難しいね。月1回ロンドンに行ってプロジェクト会議に参加する、というのならどうだろうか。電話会議での参加も可能だが。

B: 海外出張ベースということであれば、可能性はあると思います。

正解

1 **A:** The fact of the matter is that
　　 B: it would put me in a very difficult position

2 **A:** I'll come straight to the point
　　 B: I'm currently wrapped up in a project

3 **A:** extensive specialist knowledge
　　 B: to say nothing of

4 **A:** assign you to an overseas project
　　 B: I don't think that's possible at such short notice

UNIT

7

—

FOOT IN THE DOOR

フット・イン・ザ・ドア

FOOT IN THE DOOR 1

FOOT IN THE DOOR 3

Foot in the Door (1)

フット・イン・ザ・ドア(1)

DL-35

DIALOGUE 1

> Ken Chang, the general manager of an office supplies company, needs Maria Delgado, one of his managers, to work over the weekend so that the company can get an order out in time.

Ken: 1. Maria, I wonder if I could have a quick word with you.

Maria: That's fine. What was it you wanted?

Ken: 2. Well, we're in a bit of a fix at the moment, and I thought that maybe you could help out. We just got a huge order from SuperSeller.

Maria: That sounds great. Why's that a problem?

Ken: 3. The delivery deadline is really tight. If we can't get the order to them by the middle of next week, they'll look for another supplier.

Maria: Oh, no! We certainly can't afford to lose their business. How can I help?

Ken: 4. Could you possibly work for a couple of hours on Saturday morning? We need someone reliable who can coordinate the packing and shipping operations. I'd come in myself, but I have a hospital appointment.

Maria: Sure, I could do 10 till 12, if that's helpful.

Ken: Fantastic! You're a real-life saver!

Maria: I'm always happy to help out.

Ken: I knew I could count on you. You're always prepared to step up in a crisis.

Maria: I know how important this deal is to the company.

Ken: 5. Actually, there is one more thing, but I'm a bit hesitant to ask.

Maria: No, go ahead. What is it?

Ken: Well, I think that we'll actually have to work over the whole weekend if we're going to get this order out in time. Do you think you might be able to work all day Saturday and Sunday?

Maria: Wow, that's a big ask! I'd have to get my husband to look after the kids.

Ken: 6. I realize it's an imposition, but it would really help.

Maria: Well, OK, I think it's doable, but would it be possible to get two weekdays off sometime this month in compensation?

Ken: Absolutely. Thanks so much for agreeing!

VOCABULARY

☐ **general manager**（名・句）部長、本部長　　　　　る
☐ **have a quick word with** ～（動・句）～と手短に話をす　　**in a fix**（前・句）まずいことになって、苦境に立って

ケース1　週末出勤の依頼

目的 | KenはMariaに週末出勤をしてほしい

TRANSLATION

> 事務用品会社の本部長 Ken Chang は、会社が期限内に注文品を納品できるよう、部長の1人である Maria Delgado に週末も働いてほしいと思っています。

Ken: Maria、手短に話してもいいですか。

Maria: 大丈夫ですよ。どうされたんですか。

Ken: ええ、私たちは今ちょっとまずいことになっているんです。そこであなたならもしかすると力になってもらえるかと思って。ちょうど今 SuperSeller 社から大量の注文が届いたんです。

Maria: それは素晴らしいことじゃないですか。どうして問題なんですか。

Ken: 納期が非常に厳しいのです。もしも来週の半ばまでに納品できなければ、彼らは別の業者を探すでしょう。

Maria: それは大変ですね！彼らとの取引をなくすわけにはいきません。何かお手伝いできることはありますか。

Ken: 土曜日の午前中、2、3 時間働いてもらうことは可能ですか。梱包と出荷業務の調整を任せられる人が必要なんです。私自身が来られればいいのですが、病院の予約が入っていて。

Maria: ええ、10 時から 12 時まででもよろしければ作業可能です。

Ken: 素晴らしい！本当に助かります！

Maria: いつでも喜んでお手伝いしますよ。

Ken: やはりあなたは頼りになりますね。常に危機に対応する準備ができています。

Maria: この取引が会社にとってどれほど重要かはわかっておりますので。

Ken: 実はもう1点あるのですが、ちょっとお願いしていいものか。

Maria: いえいえ、どうぞ。何ですか。

Ken: えーと、この注文を納期に間に合わせるとすると、実を言うと週末一杯は仕事をしなければならないことになると思います。土曜日と日曜日にも終日働くことはできそうですか。

Maria: まあ、それは厳しい質問ですね！夫に子どもたちの面倒を見てもらわなくてはならなくなりますね。

Ken: 大変なお願いだとは承知しているのですが、引き受けていただければ本当に助かります。

Maria: そうですね、わかりました。それについては可能だとは思いますが、代わりに今月のどこかで2日間平日の休みを取ることは可能ですか。

Ken: もちろんです。応じてくださってありがとうございます！

■ **imposition**（名）負担、税

■ **doable**（形）実行可能な、行うことができる

■ **compensation**（名）償い、補償

交渉コラム

家庭から職場まで、様々なFoot in the Door

Foot in the Door は家庭からビジネスでのセールス、条件交渉に至るまで、幅広い範囲で使われています。ここではいくつかの例をご紹介します。あなたが使ったことがあるパターンが見つかるかもしれません。

［家庭で］

Can I go to Tim's house?

（Tim のお家に行ってもいい？）

Can I stay over night at Tim's house?

（Tim のお家に泊まってもいい？）

→「Tim のお家に行ってもいい？」から「Tim のお家に泊まってもいい？」と、段階的に要求を増やしています。カジュアルな Can I ～ ? は、特にアメリカ英語では家庭内や友人同士はもちろん、お店の店員さんにも頻繁に使われます。

［スーパーマーケットで］

Would you like to sample some free decaf coffee?

（デカフェコーヒーの試飲はいかがですか）

Would you like to buy some decaf coffee?

（デカフェコーヒーを購入されませんか）

→最初で好条件を提示して気分を良くさせ、次に本来の目的を打診する典型的な例です。

［資金集めで］

Could you sign this petition for more funding for diabetes research?

（糖尿病研究の資金を募る懇願書に署名していただけますか）

Could you possibly make a small donation to diabetes research?

（糖尿病の研究のために少しばかり寄付していただくことは可能でしょうか）

→懇願書に署名した人の立場からすると、寄付を迫られると断り切れないはず。2文目のほうが当然負担のかかるお願いで、より丁寧な英語になっています。

KEY FUNCTION PHRASES

Function 1 ＞ 交渉の地ならしをする

Maria, I wonder if I could have a quick word with you.

Maria、手短に話してもいいですか。

> **解説**　have a quick word with 〜は「〜と手短に話す」という意味で、ここではまず a quick word と言って「手短に」「ちょっとだけ」話ができるかと、誰もが同意できる呼びかけからスタートしています。
> I wonder は「〜かなと思って」と相手に遠慮がちに話しかける際の表現です。まさに「最初にドアに足を入れて交渉の入り口を開く表現」であるといえます。以下は 3 にいくほど、よりカジュアルな表現になります。

> **他の表現**
> 1 | Maria, I wonder if you have a couple of minutes to spare.
> 2 | Maria, is it possible to talk briefly?
> 3 | Maria, do you have a moment to spare for a chat?

Function 2 ＞ Foot in the Door で段階的に仕掛ける①

Well, we're in a bit of a fix at the moment, and I thought that maybe you could help out. We just got a huge order from SuperSeller.

ええ、私たちは今ちょっとまずいことになっているんです。そこであなたならもしかすると力になってもらえるかと思って。ちょうど今SuperSeller社から大量の注文が届いたんです。

> **解説**　be in a fix で「まずいことになっている」という意味ですが、ここでも a bit of 「少しだけ」と小出しにアプローチしています。
> しかも、その後で We just got a huge order from SuperSeller. とビジネス的には良い話題を持ってくることで、面倒なことというより、むしろ好機という印象を与え、依頼しやすくしています。
> help out は「人が困ったときに助ける」という意味合いが含まれます。
> 以下は 1 文目の前半の言い換えで、3 にいくほど直接的で強くなります。

> **他の表現**
> 1 | We're in a bit of trouble at the moment.
> 2 | We've hit a snag.
> 3 | We've come up against a sudden problem.

UNIT 7 Foot in the Door (1)

Function **3** > Foot in the Door で段階的に仕掛ける②

The delivery deadline is really tight. If we can't get the order to them by the middle of next week, they'll look for another supplier.

納期が非常に厳しいのです。もしも来週の半ばまでに納品できなければ、彼らは別の業者を探すでしょう。

解説 Ken は切迫した事情を伝えた上で、「間に合わないと顧客を失う」という半ば脅しも入れて、やらざるを得ない心理的状況を作り出しています。

以下は 1 文目の言い換えですが、3 には 1、2 ほどの切迫感はありません。特に tight という言葉が切迫感を表します。

他の表現
1 | The due date for delivery is really tight.
2 | The delivery timeline doesn't give us much room for maneuver.
3 | The delivery date is looming.

Function **4** > Foot in the Door で段階的に仕掛ける③

Could you possibly work for a couple of hours on Saturday morning? We need someone reliable who can coordinate the packing and shipping operations. I'd come in myself, but I have a hospital appointment.

土曜日の午前中、2、3時間働いてもらうことは可能ですか。梱包と出荷業務の調整を任せられる人が必要なんです。私自身が来られればいいのですが、病院の予約が入っていて。

解説 Ken は切迫した状況を説明して、その状況への「同意」(Foot in the Door) を得た状態で、依頼の内容を持ち出します。

1 文目では、could と possibly を使うことで「できれば、可能であれば」というニュアンスを入れています。

以下はこの文の言い換えで、どれも丁寧ですが 3 にいくほどより丁寧な依頼の表現となります。would it be possible は最も丁寧な依頼表現の1つです。

他の表現
1 | Are you in a position to work a few hours on Saturday morning?
2 | Would you possibly help out for a couple of hours on Saturday morning?
3 | Would it be possible for you to come in for half a day on Saturday?

Function **5** › Foot in the Doorで段階的に仕掛ける④

Actually, there is one more thing, but I'm a bit hesitant to ask.

実はもう1点あるのですが、ちょっとお願いしていいものか。

解説 土曜出勤をオーケーしてもらったところで、次の段階の依頼に進みます。
そのためには Actually, there is one more thing. と小出しに、かつ遠慮がち
に依頼してよいかどうか打診する表現から入っています。
すでにひっ迫した状況に同意し、かつ直前で大げさなくらいに謝辞を受けてい
るため、Maria は無碍には断れない心理状態になっています。
以下は 3 が最も丁寧な依頼です。

他の表現 1 | Actually, there's one more request, but it's difficult for me to ask.

2 | Actually, I have one more request, but I'm a bit reluctant to ask you.

3 | I'm wondering if I could ask you one more thing, but I'm not exactly sure how to broach the subject.

Function **6** › Foot in the Doorで最終的な懇願をする

I realize it's an imposition, but it would really help.

大変なお願いだとは承知しているのですが、引き受けていただければ本当に助かります。

解説 ここで Ken は最終の目的達成に入ります。そのためには相手への「懇願」がポ
イントとなります。
ここでの imposition は「（義務・仕事・負担などの）強制、押しつけ、過大
な要求」という意味ですが、懇願の1つのポイントは相手の心の声を代弁する
clearing（クリアリング）という手法です。これは相手が「押し付けられた」と
感じる内容の場合、「これは『押し付け』だけれども」と先にこちらから言って
しまう心理戦術です。これにより相手はそれを自ら言えない心理状態になります。
もしくは「わかってもらえている」という思考から、押し付けられ感が頭から消え
る可能性があります。
さらに it would really help と付け加えることで、断れないようにダメ押しをします。

他の表現 1 | I realize I'm probably asking too much, but it would really help.

2 | I realize it's a big ask, but it would help immensely.

3 | It must seem like an imposition, but it would be a huge help.

1)

A: Do you have a moment?

B: Yes, as long as it's quick. What is it?

A: The thing is, I just had a sudden complaint from a customer, and I have to respond. ▓▓▓▓▓▓▓▓▓▓▓▓▓▓▓▓▓▓▓▓▓▓ at the meeting this afternoon?

B: Sure, I'm free this afternoon, so no problem.

A: Actually, I've got one more request.

B: ▓▓▓▓▓▓▓▓▓▓▓▓▓▓▓▓▓▓, but please go ahead.

A: I might have to be based with a client for a week starting tomorrow. Would it be possible for you to ▓▓▓▓▓▓▓▓▓▓▓▓▓▓▓▓▓▓▓▓▓▓▓?

B: Provided you can give me ▓▓▓▓▓▓▓▓▓▓▓▓▓▓▓▓▓▓ in advance, it should be no problem.

A: 今、ちょっといいですか。

B: はい、少しの時間であれば大丈夫です。何ですか。

A: 実は急なお客様からのクレームがあって、対応しなければならなくなりました。今日の午後の会議に私の代わりに出ていただけませんか。

B: はい、今日の午後は空いているので大丈夫ですよ。

A: 実は、もう1つお願いがあるのですが。

B: 内容にもよりますが、言ってみてください。

A: 明日から1週間、おそらく客先に常駐する必要がありそうなのです。私の代理としてプロジェクト会議に出てもらえないでしょうか。

B: プロジェクト内容についての詳細を事前に知らせてくれれば構いませんよ。

2)

A: David, could you possibly give me a moment?

B: Yes, ▓▓▓▓▓▓▓▓▓▓▓▓▓▓▓▓▓▓▓▓. It's just that after this, I need to start getting ready for my business trip to New York.

A: OK, that's perfect. I have something that I need to be delivered to the New York office.

B: Sure, I'm planning to go to the New York office anyway, so as long as it's not too big, that's no problem.

A: ▓▓▓▓▓▓▓▓▓▓▓▓▓▓▓▓▓▓. It's just documents, so they won't be bulky.

B: Yes, that will be fine.

A: Actually, could I ask you just one more thing? While you're at the New York office, I'd like you to ▓▓▓▓▓▓▓▓▓▓▓▓▓▓▓▓▓▓▓ that I can give you later.

B: I can definitely do that if I have time. But ▓▓▓▓▓▓▓▓▓▓▓▓▓▓▓▓▓▓▓▓▓▓▓▓▓, so can you email me the client list later?

A: デービッド、少しだけお時間をいただけますか。

B: ええ、長くかからなければ。ただこの後、ニューヨーク出張の準備を始めなければならないので。

A: オーケー、ちょうどよかった。ニューヨーク支社に届けてもらいたいものがあるんです。

B: はい、ニューヨーク支社にはいずれにせよ寄る予定があるので、あまり大きなものでなければいいですよ。

A: 大変助かります。書類なので全く荷物にはならないと思います。

B: はい、それならばお安い御用ですよ。

A: あと、もう1つだけ頼んでもいいでしょうか。ニューヨーク支社にいる間に、あとで渡す顧客リストの会社に挨拶をしておいてもらいたいんですが。

B: 時間があれば必ずできますよ。でも今はちょっと急いでいるので、あとで顧客リストをメールで送ってくれます？

UNIT **7** Foot in the Door (1)

1 A: Could you possibly stand in for me
   B: It depends what it is
   A: take my place at the project meetings
   B: a rundown of the project details

2 B: provided it won't take too long
   A: That will be a huge help
   A: get in touch with the companies on a client list
   B: I'm in a bit of a hurry right now

Foot in the Door (2)

フット・イン・ザ・ドア(2)

DIALOGUE 2

> Denis Baum is walking through a shopping mall in his lunch break when he is approached by Sally Dunne, who is trying to find potential customers for her company's solar panels.

Sally: Good morning, sir. 1. Do you have time to help me with a few short survey questions?

Denis: Survey questions? What kind of survey?

Sally: It's about the use of solar energy in the home. It will only take a couple of minutes.

Denis: Um…OK, what would you like to know?

Sally: 2. First of all, what's your attitude toward alternative ways of producing energy?

Denis: I'm all for it on the whole. At some point, we have to reduce our reliance on fossil fuels, and the sooner we do it the better.

Sally: 3. Thank you. Secondly, do you currently use solar energy…that is to say, do you have solar panels installed at home?

Denis: No, not right now.

Sally: 4. And my final question…would you ever consider installing them?

Denis: Well, my wife and I have talked about it, but we can't justify the cost right now. Maybe one day.

Sally: Thank you very much, sir. You've been very helpful.

Denis: Sure, my pleasure.

Sally: 5. By the way, do you know that solar panels are coming down in price and increasing in efficiency every year? I think you might be surprised at how reasonable a home setup is.

Denis: Yes, I think I read something about that.

Sally: Well, if you're interested in learning more, my company offers free consultations. We could have a representative visit your home to show you and your wife some options…naturally, with absolutely no obligation on your part.

Denis: Well, I don't know. We both have full-time jobs, so we're not at home that much.

Sally: No problem at all—we could send someone on the weekend.

Denis: Well, I guess discussing it couldn't do any harm.

Sally: 6. Awesome! We'd be delighted to have the opportunity. So, if you wouldn't mind giving me your name and contact details…

VOCABULARY

- **potential customer**(名・句)潜在顧客
- **survey questions**(名・句)調査質問、アンケート
- **all for it**(形・句)それに全面的に賛成で
- **reliance**(名)依存

目的 | Sallyは営業目的で訪問を取りつけたい

TRANSLATION

Denis Baum が昼休みにショッピングモールを歩いていると、自社のソーラーパネルの潜在顧客を見つけようとしている Sally Dunne に話しかけられます。

Sally: どうも、おはようございます。短いアンケートの回答に少々ご協力いただけますか。

Denis: アンケート? どのような調査ですか。

Sally: 家庭での太陽光エネルギーの利用についてです。ほんの数分で済みます。

Denis: うーん…わかりました。何を知りたいのですか。

Sally: まず、エネルギー生産の代替手段に対してはどうお考えですか。

Denis: 全面的に賛成です。ある時点で、我々は化石燃料への依存度を軽減しなければなりませんし、それは早いほうがいいですから。

Sally: ありがとうございます。次に、あなたは現在、太陽光エネルギーを使用していますか…つまり、自宅にソーラーパネルを設置していますか。

Denis: いいえ、今は設置していません。

Sally: では最後の質問を…今まで設置を検討したことはありますか。

Denis: えーと、妻とそれについて話したことはあるのですが、コストに見合うとは思えなかったんです。いつかは設置するかもしれませんが。

Sally: どうもありがとうございました。大変助かりました。

Denis: ええ、どういたしまして。

Sally: ところで、太陽光パネルは価格が下がっていて、効率性が年々上がっていることをご存知ですか。自宅へのパネル設置がどれほどお得にできるかということには驚かれると思います。

Denis: ええ、それについては何かで読んだことがあると思います。

Sally: そうなんですね、もしさらにお知りになりたければ、弊社は無料相談を提供しております。販売員がご自宅を訪問してご夫婦にいくつかプランをご案内することも可能ですし…当然のことながら、購入義務などは全く発生いたしません。

Denis: そうですね、どうでしょうか。妻も私も常勤の仕事についているので、それほど多く家にいないんですよね。

Sally: 全く問題ございません。週末に人を送ることも可能です。

Denis: そうですか、話してみる分には損はなさそうですね。

Sally: それはよかったです! 機会をいただき光栄です。では、お名前とご連絡先を教えていただけますか…。

■ **fossil fuels** (名・句) 化石燃料
■ **obligation** (名) 義務、負担、拘束
■ **contact details** (名・句) 連絡先詳細

交渉コラム

Foot in the Doorと似ているLow Ballアプローチ

あたかもドアの隙間に足を挟んで、それを糸口としてお願いをしていくような手法が Foot in the Door です。これに少し似ている交渉戦術として Low Ball というものがあります。

これは次の Unit で紹介している Highball / Lowball とは関係がないもので、最初に相手が受け入れやすい魅力的なボールを投げてイエスと言わせ、この段階で初めてネガティブな情報を開示する手法です。

極端な例を挙げると、販売員が「ラグジュアリーブランドのピアスを 60 ドルで提供できます」と伝え、定価が 300 ドルであることを知っている客が飛びついたところで「実はお客様はもう 1 つピアスを、今度は定価で買わなくてはなりません」と加えます。客は文句を言いつつも、一度乗り気になって買う意思を示した手前、断れずに 2 つ購入してしまうという寸法です。

ただ、さすがにこれでは固定客を失いかねないでしょう。以下にビジネスの分野で応用しやすい例を挙げます。

ある会社で社員に社外教育を奨励しているとします。
［普通の募集方法］

人気コーチによるモチベーション講座
9月1日（土）開講　午前8時30分〜

［Low Ball の募集方法］

人気コーチによるモチベーション講座
9月1日（土）開講　午前中

後者の方法では、募集者が集まってから、「開講時間は午前8時30分〜」という参加者に早起きを強いるネガティブな情報を伝えるのです。こうすることで普通に募集するよりも告知に対する反応はよくなるはずです。

KEY FUNCTION PHRASES

Function 1 〉 交渉のきっかけとなる質問をする

Do you have time to help me with a few short survey questions?

短いアンケートの回答に少々ご協力いただけますか。

解説 道行く Denis に Sally が声掛けをします。この場合のアンケートというのは、実は名目で、これから最終目的に向かって「段階的に」質問していきます。
Do you have time? は「お時間ありますか」と聞く表現。Do you have the time? とすると「何時ですか」となるので注意が必要です。
「アンケート」には他に、survey questions / survey responses / questionnaire / survey questionnaire などがあります。
以下は 3 にいくほど丁寧な聞き方になり、これらの表現は相手の様子や状況によって使い分けをすると効果的です。Do you have time... と直接的に聞くほうがイエスを得られやすくなる場合もあります。

他の表現 1 | Can you help me by answering a short survey?

2 | Would you help us by giving a few short survey responses?

3 | Would you kindly help me with a questionnaire?

Function 2 〉 Foot in the Door で段階的に仕掛ける①

First of all, what's your attitude toward alternative ways of producing energy?

まず、エネルギー生産の代替手段に対してはどうお考えですか。

解説 アンケート調査は普通、当たり障りがなくて誰でも答えやすい質問から始めていきます。これは典型的な Foot in the Door の手法です。attitude toward 〜 は、直訳では「〜に対する態度」ですが、そこから「意見、考え方」を問う表現になります。

他の表現 1 | First of all, what's your opinion on alternative ways of producing energy?

2 | My first question is what are your ideas on renewable energy?

3 | First, what are your thoughts on alternative energy technologies?

Function **3** › Foot in the Doorで段階的に仕掛ける②

Thank you. Secondly, do you currently use solar energy...that is to say, do you have solar panels installed at home?

ありがとうございます。次に、あなたは現在、太陽光エネルギーを使用していますか…つまり、自宅にソーラーパネルを設置していますか。

解説 2番目の質問はより具体的な内容で、最終的な目的（自宅訪問）につなげる布石となっています。この場合、Yes/No で答えられる簡単な質問が有効です。do you currently use solar energy、do you have solar panels installed at home? と、段階的な質問構成になっています。
in other words → that is → I mean の順でカジュアルな表現となります。

Function **4** › Foot in the Doorで段階的に仕掛ける③

And my final question...would you ever consider installing them?

では最後の質問を…今まで設置を検討したことはありますか。

解説 最後の質問も Yes/No で答えられる質問ですが、これにより最終的な目的（自宅訪問）へとつなげることができます。ここで Denis が Yes と答えても No と答えても、Sally は目的につなげられるわけです。
Would you ever 〜 ? は「これまでに〜したことはありますか」。

他の表現 1 │ And my final question...have you ever considered installing them?

2 │ And to conclude...have you considered installing them?

3 │ And to wrap up...did you have chance to consider installing them before?

Function **5** › Foot in the Doorで段階的に仕掛ける④

By the way, do you know that solar panels are coming down in price and increasing in efficiency every year? I think you might be surprised at how reasonable a home setup is.

ところで、太陽光パネルは価格が下がっていて、効率性が年々上がっていることをご存知ですか。自宅へのパネル設置がどれほどお得にできるかということには驚かれると思います。

解説 この直前で Sally は「（パネル設置は）コストに見合うとは思えなかったので今は保留」という答えを得ました。これを知ることができたのが、Sally にとっての大きな収穫です。

そこで、by the way から始めて、コストについての新しい情報を提供します。これは交渉の最終段階へ向かう上での最後の布石です。

by the way は and now / say / you know という順にカジュアルな表現になります。you know は「あのね、ねえ、ところで」と主に友人間で使われる表現で、ビジネスでは必ずしもふさわしいとはいえません。

Function **6** › Foot in the Doorが成功した後に対応する

Awesome! We'd be delighted to have the opportunity. So, if you wouldn't mind giving me your name and contact details...

それはよかったです！機会をいただき光栄です。では、お名前とご連絡先を教えていただけますか…。

解説 無料相談の機会を設けることにより、自宅への訪問を許可されました。これにより顧客の個人情報と営業機会の両方を得られたわけです。

Sally は段階的に相手の考えやソーラーパネルを設置していない「理由」を聞き出すことで、最終的な目的を達することができました。

他の表現

1 | Wonderful! We'd be delighted to have the opportunity. So, would you kindly give me your name and contact details...?

2 | Oh, that's great! We're so grateful to have the opportunity. So, could you give me your name and contact details...?

3 | Great! We're so happy to have the opportunity. So, would it be OK with you if I took your name and contact details?

EXERCISE DIALOGUE

付属音声を聞き、空所にあてはまる英語を埋めてください。

1 A: Excuse me. ▨▨▨▨▨▨▨▨▨▨▨▨▨ with a simple survey?

B: Sure. ▨▨▨▨▨▨▨▨▨▨▨?

A: There are only three questions, so three minutes should be ample.

B: OK, that should be fine, then. What's it about?

A: Thanks so much for your cooperation! It was a great help. By the way, you seem extremely well informed about the issue. Is that ▨▨▨▨▨▨▨▨▨▨?

B: No, far from it, but I've been interested in it for a long time.

A: Really? Actually, my company is planning ▨▨▨▨▨▨▨▨▨▨ the subject, so would it be OK if I sent you details? I could send them either by email or regular mail.

B: It's free, you say? OK, that's fine. Could you send the details by email, please?

A: すみません。簡単なアンケートにご協力いただきたいのですが。

B: はい。時間はどれくらいかかるんでしょうか。

A: 質問は3つだけですので、3分もあれば十分かと。

B: わかりました、それならいいですよ。何についてですか。

A: ご協力ありがとうございました！ 大変助かりました。ところで、この問題には非常にお詳しいようですね。その分野がご専門で？

B: いえ、専門というほどではありませんが、以前から関心がありまして。

A: そうでしたか。実は、この問題についての無料シンポジウムを弊社で企画しているのですが、ご案内などを差し上げてもよろしいでしょうか。メールか郵便でお送りできますが。

B: 無料ですか。はい、いいですよ。メールでご案内をお願いできますか。

2 A: Excuse me. I'm very sorry to bother you. ▨▨▨▨▨▨▨▨▨▨▨▨▨▨▨▨?

B: OK, what's it about?

A: I'm currently conducting a survey on the topic of AI. Are you interested in the subject?

B: Yes, I am. It's always in the news, so naturally it's ▨▨▨▨▨▨▨▨▨▨▨▨▨▨.

A: Do you know that you can now get AI medical examinations and health care at home?

B: I have a feeling I read that somewhere.

A: AI medical examinations are now available free. Would you be interested?

B: If they're free, I think ███████████████ .

A: すみません。突然で失礼ですが、3分ほどお時間をいただけないでしょうか。

B: はい、ご用向きは何でしょうか。

A: 今、AIについてのアンケートを実施しています。AIにはご興味がおありですか。

B: ええ、そうですね。いつも話題になっているので、むろん興味はありますが。

A: 今AIで自宅にいながら健康診断と健康管理ができることをご存知ですか。

B: それはどこかで読んだような気がします。

A: 今、無料でAI健康診断を受けられるのですが、ご関心はおありでしょうか。

B: 無料なら、一度試してみたいとは思いますね。

正解

1　A: Would you mind helping me
　　B: How long is it likely to take?
　　A: your area of specialization
　　A: to hold a free symposium on

2　A: Could I possibly take three minutes of your time?
　　B: something that has caught my attention
　　B: I'd like to give it a try

Foot in the Door (3)

フット・イン・ザ・ドア(3)

DIALOGUE 3

> Helen Harrison is talking to Nick Lee, the principal of her children's elementary school. She wants to get his permission for her children to take a three-month break.

Nick: 1. So, Mrs. Harrison, you said you wanted to talk to me about Cole and Shelley. I hope it's nothing serious.

Helen: 2. No, no. My husband and I couldn't be happier that they're in such an excellent school.

Nick: Thanks, it's nice of you to say so. So, what is it I can help you with?

Helen: Well, it's just that my parents are visiting next month. My father is a keen sailor and wants to take the whole family out on his boat for a week. 3. The only problem is that it would mean the children have to take some time off from school. I hope that won't be a problem.

Nick: No, not at all. I think it's wonderful if children can experience stimulating new things when they're young.

Helen: I agree—I think it will definitely broaden their minds.

Nick: That will be fine. However, I'm not sure why you felt it necessary to come all the way to the school to see me about this.

Helen: 4. Well, actually, there is one more thing. As you may know, both my husband and I have jobs that enable us to work from anywhere. My husband has just landed a three-month contract to work in Spain from September this year. 5. What we would really like to do is to go there as a family, which would mean taking the kids out of school for the whole of the autumn term.

Nick: Hmm...I see.

Helen: 6. We think it would be really educational for them to experience living in a completely new culture. And with your advice, we could help them keep up with their schoolwork.

Nick: Well, it's a little irregular, but I think we can make an exception in this case.

VOCABULARY

☐ **principal** (名) 校長
☐ **stimulating** (形) 刺激的な

☐ **broaden** (動) ～を広げる
☐ **autumn term** (名・句) 秋学期

ケース3 | 子どもを休ませるための学校との交渉

目的 | Helenは「子どもたちの休暇」に関して校長の許可を得たい

TRANSLATION

Helen Harrison は自分の子どもたちの小学校の校長である Nick Lee と話をしています。彼女は子どもたちが3か月間休暇を取る許可を得たいと思っています。

Nick: それで、Harrison さん。Cole と Shelley のことでお話があるということですね。深刻なものでなければいいのですが。

Helen: いえいえ、とんでもないです。こんなに素晴らしい学校に通わせることができて、夫と私はこれ以上ないくらい幸せですよ。

Nick: ありがとうございます。そうおっしゃっていただけるとは光栄です。それで、ご用件は何でしょうか。

Helen: ええ、来月、私の両親がこちらに来るというだけのことなのです。私の父は船に乗るのが大好きで、家族全員を1週間彼のボートに乗せてやりたいと考えているのです。ただそれには、子どもたちがしばらくの間学校を休む必要があるのが唯一の問題としてありまして。休んでも問題なければよいのですが。

Nick: いえ、全く問題ありませんよ。小さいうちに刺激的な新しいことを経験できるのは、お子さんにとって素晴らしいことだと思います。

Helen: そうですよね。それによって彼らの視野は間違いなく広がると思っています。

Nick: それは素敵なことでしょうね。ですが、この件について私に会うためにわざわざ学校に来る必要があると感じられたのはどうしてなのでしょう。

Helen: そうですね、実はもう1点あるのです。ご存知のように、私も夫もどこからでも働ける仕事に就いています。夫は今年の9月からスペインで働くという3か月間の契約を結んだばかりです。私たち本来の希望としては、そこへ家族皆で行きたいと思っています。つまり、秋学期の間ずっと子どもたちを学校から連れ出したいと考えているのです。

Nick: うーん…なるほど。

Helen: 全く新しい文化の中での生活を経験することは、子どもたちにとって本当に教育的なことだと思います。そして先生のご助言があれば、子どもたちが授業に追いつくのを手伝うことはできると思っています。

Nick: まあ、少々変則的ではありますが、今回については例外を認められるかと思います。

交渉コラム

譲歩嫌いで、ときに強気なロシア人

傾向として、ロシア人の交渉は Win-Lose 思考が強めです。譲歩を強いられると、感情的になる、さらには途中で退席してしまうことすらあると言われています。

他にも、例えば口約束でまとまりかけていた案件があっても、一度心変わりしてしまうと、相手からの電話やメールに応じない、話す機会すら設けないということも聞きます。

日本人相手にビジネスをするロシア人全員がこのような態度をとるとは考えにくいですが、もしそんなことがあっても「文化」と割り切って、ひるんでしまわないようにしましょう。

ロシアには「信用する前に調べろ」ということわざがあり、彼らは特に初対面の相手には慎重で、疑い深い傾向があります。さらには「意味のない笑顔はバカの印」「友情は友情、仕事は仕事」といったことわざもあり、これはよほど親しい相手でないと笑顔で内面をさらけ出さない、ビジネスにおいて不要なスモールトークは避けるという傾向をよく言い表しています。

KEY FUNCTION PHRASES

Function **1** 〉 先方の意図を確かめる

So, Mrs. Harrison, you said you wanted to talk to me about Cole and Shelley. I hope it's nothing serious.

それで、Harrisonさん。ColeとShelleyのことでお話があるということですね。深刻なものでなければいいのですが。

解説 校長が Helen の意図を確かめます。保護者が直接校長に面談するにはそれ相応の理由があり、校長は学校へのクレームではないかと推測しています。
you said you wanted to ～ 「～したいということですね」と意図を探り、I hope it's nothing serious. と予防線を張ってます。
以下は I hope it's nothing serious. の言い換えで、3 にいくほどカジュアルになります。

他の表現 1 | I hope it's not something I should be worried about.

2 | Hopefully, it's not bad news.

3 | Please don't tell me it's going to be something negative.

Function **2** 〉 要求を通すための地ならしをする

No, no. My husband and I couldn't be happier that they're in such an excellent school.

いえいえ、とんでもないです。こんなに素晴らしい学校に通わせることができて、夫と私はこれ以上ないくらい幸せですよ。

解説 Helen は要求を通しやすくする土台を作っています。couldn't be happier は「これ以上の幸せはない」という、比較級を使った「最上級」の表現です。
ここでは、感謝を表明することで学校へのクレームでないことを伝え、校長の一番の懸念を払しょくしています。
couldn't be happier の他の表現としては、be more than happy / couldn't be better / couldn't ask for more などがあります。

他の表現 1 | My husband and I are more than happy to have gotten them into such an excellent school.

2 | My husband and I are overjoyed that they're attending such an outstanding school.

3 | My husband and I are absolutely thrilled that they managed to get into a school with such an excellent reputation.

Function 3 › Foot in the Doorで段階的に仕掛ける

The only problem is that it would mean the children have to take some time off from school. I hope that won't be a problem.

ただそれには、子どもたちがしばらくの間学校を休む必要があるのが唯一の問題としてありまして。休んでも問題なければよいのですが。

解説 最初の段階では、両親の都合により、「1週間、学校を休まなければならない」と告げます。これに対して校長は「子どもたちには良い経験になる」と理解を示します。それほどの問題ではないことを、こちらから「問題」と告げることで、相手には許容しようという心理が働きます。

Function 4 › より大きな要求につなげる

Well, actually, there is one more thing.

そうですね、実はもう1点あるのです。

解説 これは Foot in the Door での常套句なので是非頭に入れておきましょう。小さな同意が得られた後で付け加えて、より大きな要求・本題に近づけていくための表現です。
以下は 3 にいくほど、より丁寧な表現になります。

他の表現 1 | Well, actually, there's one more thing I need to ask you.
2 | Well, if you don't mind, I wonder if I could run one more thing by you.
3 | Well, to be honest, there's another issue I'd like to raise.

Function 5 › Foot in the Doorで最終的な要求をする

What we would really like to do is to go there as a family, which would mean taking the kids out of school for the whole of the autumn term.

私たち本来の希望としては、そこへ家族皆で行きたいと思っています。つまり、秋学期の間ずっと子どもたちを学校から連れ出したいと考えているのです。

解説 Helen がいよいよ本題の要求に入ります。
What we would really like to do is 〜 と「私たちが本当にやりたいと思っていることは〜」と切り出し、1週間から秋学期全体の休みを打診しています。

他の表現 1 | What we intend to do is to go there as a family, but that would entail taking the kids out of school for a few months.

2 | If it's feasible, our plan is to go there as a family, but that means having the kids miss the whole of the second semester.

3 | Ideally, we'd like to go there as a family, which could mean the kids would be away for the whole autumn term.

Function 6 > 要求が妥当である根拠を伝える

We think it would be really educational for them to experience living in a completely new culture. And with your advice, we could help them keep up with their schoolwork.

全く新しい文化の中での生活を経験することは、子どもたちにとって本当に教育的なことだと思います。そして先生のご助言があれば、子どもたちが授業に追いつくのを手伝うことはできると思っています。

解説 ▶ この発言には大切なポイントが2つあります。1つ目は、すでに校長が認めた「教育的意味」を示すこと。2つ目は、校長の懸念であろう「学習の遅れ」を両親で補うと自ら申し出ることで、相手が反対する理由を消し去っていること。以下は1文目の言い換えですが、3にいくほど意味合いが強くなります。
なお、it would be と it could be はほぼ同じ意味ですが、could のほうが実現可能性が高いことを伝えられます。

他の表現 1 | On the plus side, it could be a really enriching experience for them to live in a completely new culture.

2 | We think that experiencing life in a completely new culture will be very educational for our children.

3 | Living in a totally new culture will definitely give them a really educational experience, we believe.

EXERCISE DIALOGUE

付属音声を聞き、空所にあてはまる英語を埋めてください。 DL-40 ○

1
A: Actually, there's something I need to discuss honestly with you.
B: What's that? ▓▓▓▓▓▓▓▓▓▓▓▓▓▓▓▓▓▓▓▓.
A: No, not at all. ▓▓▓▓▓▓▓▓▓▓▓▓▓▓▓▓▓.
B: That's a relief. So, what is it exactly?

A: 実は折り入ってご相談があるのですが。
B: 何でしょうか。悪いことでなければいいですが。
A: いえ、決して。文句を言いに来たわけではありません。
B: それならば安心しました。それで、ご用向きは何ですか。

2
A: The thing is, I've been accepted for the MBA that I consulted you on previously, and I'll be in the U.S. from September next year.
B: That's wonderful! Congratulations!
A: Which brings me to what I wanted to discuss. It means I would have to quit my current job, but ▓▓▓▓▓▓▓▓▓▓▓▓▓▓▓▓▓▓▓▓▓▓▓▓▓▓ to go to the U.S. by ▓▓▓▓▓▓▓▓▓▓▓▓▓.
B: I see. We certainly don't want to end up losing such an excellent employee, so that's a great idea. Let me discuss it with your supervisor.

A: 実は、以前からご相談していた MBA に合格が決まりまして、来年 9 月から渡米することになりました。
B: それは素晴らしい! おめでとうございます!
A: それでご相談したいことがあるのです。現在の仕事を辞めなければいけないと思っていたのですが、休職という形をとって渡米できないかと考えているのですが。
B: なるほど。確かに会社にとってもこんなに優秀な人材を失うということにはなりたくないですから、よい考えだと思います。上司に私から掛け合ってみましょう。

3
A: I'd be very happy if you could tell the section chief. Thank you very much.
B: I'm sure ▓▓▓▓▓▓▓▓▓▓▓▓▓▓▓▓▓▓▓ while you're there. We'd expect nothing less of you!
A: Thank you for being so understanding about it. Actually, there's one more thing I'd like to ask.
B: What's that?
A: While I'm in the U.S., I was wondering if this could be treated as a company transfer, if possible.

B: If we treat it as a transfer, we'd have to pay your salary. That could ▓▓▓▓▓▓▓▓▓
▓▓▓▓▓▓▓▓▓▓▓▓▓▓▓▓▓. At any rate, it would ▓▓▓▓▓▓▓▓▓▓▓▓▓▓▓▓▓▓.

A: But I think that as time goes on, this kind of case will come up more and more.
So, to prevent talented staff leaving at times like this, I'm asking you to let me be
the first example.

B: Yes, I see what you mean. You have a point. There's a meeting of senior staff
scheduled for tomorrow, so I'll give it a try and discuss it with them.

A: 課長に話していただければ大変嬉しいです。よろしくお願いいたします。

B: 向こうでも是非頑張ってくださいね。期待していますよ!

A: 本当にご理解くださり、ありがとうございます。実は、もう1つお願いしたいことがあるのですが。

B: 何でしょうか。

A: 渡米するにあたり、できれば転勤扱いでお願いできないかと考えています。

B: 転勤となると、給与も支給することになると思います。それは少しハードルが高いかもしれません。なにせ前例がないですから。

A: ただ今後、このようなケースはますます増えてくると思うんです。優秀な人材がそのたびに流出するのを防ぐためにも、私をその先例にしていただきたいと願っています。

B: なるほど、言いたいことはわかります。それも一理ありますね。明日、役員会議の予定があるので、ダメもとで掛け合ってみましょう。

正解

1. **B:** I hope it's nothing bad
   A: It's certainly not a complaint
2. **A:** I was wondering whether it might be possible
   A: taking a leave of absence
3. **B:** you'll really give it your all
   B: be a high hurdle to clear/set a precedent

8

—

HIGHBALL /
LOWBALL

ハイボール／ローボール

HIGHBALL / LOWBALL 1

HIGHBALL / LOWBALL 2

Highball / Lowball (1)

ハイボール／ローボール(1)

DL-41

DIALOGUE 1

Marcia Benwell, the COO of a major box manufacturer, is meeting with Jerry Stockard, a sales representative of an IT company that specializes in helping organizations optimize data storage and connectivity.

Marcia: Hi, Jerry. 1. I'm so glad you could find time to come and see me. 2. I hear your company is making great strides these days.

Jerry: Yes, I'm glad we've finally got a chance to sit down together. There's so much demand these days for solutions to control IoT platforms that my team and I have been rushed off our feet. Still, that's a good problem to have, and I really think we're offering some of the most innovative and cutting-edge products on the market.

Marcia: Yes, I've heard a lot of good things about them.

Jerry: Thanks. 3. It's kind of you to say so.

Marcia: Anyway, 4. let's get down to business.

Jerry: Sure. 5. If I may, I'd like to find out a bit more about your setup so I can get an idea of what we could potentially do for you.

Marcia: Of course. Well, as you know, our main office is here in Chicago. We handle all the back-office operations here—accounting, inventory control, and so forth—and it's also where most of the strategic planning happens. But we have 12 sales offices spread around the country with sales teams looking after different territories. And in addition, there are our three manufacturing plants.

Jerry: 6. That must represent a huge amount of data to handle.

Marcia: Exactly. Naturally, everyone has a smartphone and the majority of the staff have wearable devices like smartwatches. 7. If we can integrate all of our data devices properly, it would increase efficiency in a huge way.

Jerry: OK, I get the picture.

Marcia: 8. So, what we're really looking for is a system that can help us continuously monitor all of our activities in real time. You know, giving everyone access to critical processes like sales activities and keeping track of inbound and outbound shipments.

CONTINUED P.212

VOCABULARY

- **box manufacturer**（名）箱製造業者
- **representative**（名）代表
- **specialize in** ～（動・句）～を専門とする
- **optimize**（動）～を最適化する

目的 | Marciaは自社の現状と要望を理解してもらいたい

TRANSLATION

> 大手箱製造業者の COO、Marcia Benwell は、組織のデータストレージとコネクティビティーの最適化に特化した IT 企業の営業担当者 Jerry Stockard と打ち合わせをしています。

Marcia: こんにちは、Jerry。時間を取って会いにきてくれて嬉しいです。御社は最近、長足の進歩を遂げているとうかがっています。

Jerry: はい、こちらこそ、ようやく打ち合わせの機会が持てて嬉しいです。このところ、私のチームと私が精魂傾けてきた IoT プラットフォーム管理のソリューションへの需要がかなりあって、嬉しい悲鳴というところです。実際、弊社は市場に対して最も革新的で最先端の製品を提供していると思います。

Marcia: ええ、御社の良い評判はたくさんうかがっています。

Jerry: ありがとう。そう言っていただけて嬉しいです。

Marcia: ところで、本題に入りましょうか。

Jerry: はい。もし差し支えなければ、弊社として何がお手伝いできるかを知るために、御社の立て付けについてもう少しお話をうかがってもいいでしょうか。

Marcia: もちろんです。そうですね、ご存知のように、我々のメインオフィスはここシカゴにあります。弊社はここですべてのバックオフィス業務を管理しています。会計や在庫管理などです。また、ほとんどの戦略立案もここで行われています。ただ、弊社には全米に 12 の営業拠点があり、そこの営業チームは異なる地域を担当しています。さらに、3 つの製造プラントを有しています。

Jerry: それは膨大な量のデータを扱わなければならないということですね。

Marcia: その通りです。当然のことながら、全員がスマートフォンを持ち、スタッフの大半がスマートウォッチのようなウェアラブルデバイスを持っています。もしすべてのデータデバイスを適切に統合できれば、大幅に効率を向上させることになるはずです。

Jerry: オーケー、よくわかりました。

Marcia: ですから、弊社が本当に求めているのは、リアルタイムですべての弊社の活動を継続的にモニターすることを助けてくれるシステムなのです。すべての人が重要なプロセス、例えば営業活動や内外の出荷管理などにアクセスできるようにするということです。

- storage（名）ストレージ、記憶装置、保管
- IoT（名）モノのインターネット（＝Internet of things）
- cutting-edge（形）最先端の
- inventory（名）在庫

交渉コラム

アメリカ人はHighballが好き？

AMA（American Management Association）が、200人以上を対象に、普段どんな交渉術を使うことがあるかを調査したデータを公表しています。

1. Highball / Lowball (29%)
2. Bogey (17%)
3. Snow Job (12%)
4. The Nibble (11%)
5. Lack of Authority (11%)
6. Good Cop / Bad Cop (8%)
7. Deadlines (6%)
8. The Brink (6%)

3分の1近くの票を集めて1位になったのは Highball / Lowball です。日本人からすると、法外の Highball を投げるのは気が引けるかもしれません。しかし、順位を見てわかるように、アメリカ（外国式の交渉を行う国）では、悪びれる様子もなく Highball と Lowball を投げ合うのがむしろ普通なのでしょう。

5位の Lack of Authority のみ本書で紹介していないので簡単に説明しておきましょう。これは、決定権を持たない人とは交渉をしないようにするアプローチです。いざ打ち合わせの席についても、相手が決定権を持たず、堂々巡りの議論が続くと時間の無駄になります。それなら最初の段階で単刀直入に「権限を持つ人は誰なのか」を聞き、その人と会うまで交渉の戦端を切らないほうが賢明です。時間に重きを置くアメリカ人らしいアプローチです。

KEY FUNCTION PHRASES

Function 1 > 交渉の土台となる「人間関係」を構築する

I'm so glad you could find time to come and see me.

時間を取って会いにきてくれて嬉しいです。

解説 交渉の初めに「謝辞・感謝」から入ることはルーティンです。could の後に finally を入れて「またとない機会」と強調することも可能です。
you could には「わざわざ時間を作ってくれた」という意味合いも込められています。以下は 3 にいくほど丁寧です。

他の表現 1 | Thank you so much for your time.

2 | I'm so grateful that you came all the way from (London).

3 | I feel very happy that you could come and see me today.

Function 2 > 相手を褒める

I hear your company is making great strides these days.

御社は最近、長足の進歩を遂げているとうかがっています。

解説 ここでは、相手を褒めると同時に、業績等を把握していることを伝えています。進行形にすることで「まさに今進歩している」臨場感が伝わります。

他の表現 1 | I've heard a lot of good things about your company.

2 | I've heard that you've been building a great reputation in this field.

Function 3 > 感謝・謝辞を伝える

It's kind of you to say so.

そう言っていただけて嬉しいです。

解説 日本では「いや、それほどでも」などと謙遜しがちですが、英語のコミュニケーションでは I'm glad... や It's very kind of you. などと前向きに返したほうが好印象を与えます。

他の表現 1 | How kind of you to say so.

2 | It's very nice of you to say so.

3 | I'm so glad you mentioned it.

Function **4** ＞ 本題に入る

Let's get down to business.

本題に入りましょうか。

解説 いよいよ会議の議題や商談に入るときに使われる常套句です。是非覚えておきましょう。business はここでは「やるべきこと、本題」といった意味です。

他の表現 1 ｜ Why don't we get down to business here?

2 ｜ Let's get into the main issue.

3 ｜ Can we cut to the chase?

Function **5** ＞ 興味・関心を示す、問い掛ける

If I may, I'd like to find out a bit more about your setup

もし差し支えなければ、弊社として何がお手伝いできるかを知るために、御社の立て付けについてもう少しお話をうかがってもいいでしょうか。

解説 if I may は「差し支えなければ」という敬語表現です。少し聞きにくいことや立ち入った内容に踏み込む際に使うと効果的です。

他の表現 1 ｜ Would you kindly tell me a little bit about your project?
（御社プロジェクトに関して少し教えていただけますか）

2 ｜ Could you tell me more about the plan you're working on?
（現在取り組んでいる計画についてさらに聞かせていただけますか）

3 ｜ I'd like to know more about your new services.
（御社の新しいサービスについてもっと知りたいと思います）

Function **6** ＞ 相手の意見をまとめつつ同意する

That must represent a huge amount of data to handle.

それは膨大な量のデータを扱わなければならないということですね。

解説 that must represent 〜は、「それは〜を表すに違いない」から「〜しなければならなくなる」「〜となるに違いない」となります。多くのデータを使う有意性へ話をつなげられます。

他の表現 1 | That means you need to handle a huge amount of data.

2 | It's easy to see how hard it is for you to deal with such an enormous volume of data.

3 | I can easily understand the difficulty of managing such a gigantic amount of data.

Function **7** 〉 提供サービスに対する効果を伝える

If we can integrate all of our data devices properly, it would increase efficiency in a huge way.

もしすべてのデータデバイスを適切に統合できれば、大幅に効率を向上させることになるはずです。

解説 If we can..., it would 〜は、「もし…できれば〜であるだろう」という条件文です。ビジネスの条件仮定で非常によく使われる表現です。この構文によって自社サービスや製品を売るための可能性を相手に伝えることもできます。

他の表現 1 | If we could integrate all the data, it would make our business way more efficient.

2 | If we can successfully integrate our systems, it would be a huge benefit.

3 | If we can control the entire data system, it would help us create new synergies in our processes.

Function **8** 〉 最終的な要望を伝える

So, what we're really looking for is a system that can help us continuously monitor all of our activities in real time.

ですから、弊社が本当に求めているのは、リアルタイムですべての弊社の活動を継続的にモニターすることを助けてくれるシステムなのです。

解説 what we're really looking for の部分に注目してください。what S + V=「SがVすること」という言い回しで、要望を明確にしています。
以下は上記文を要約した言い換えです。

他の表現 1 | What we're really after is a system to solve this problem.

2 | What we really need is a system that can enable universal access.

3 | What we really want is not this system but a more accessible one.

EXERCISE DIALOGUE

付属音声を聞き、空所にあてはまる英語を埋めてください。

DL-42

1
> **A:** Thank you for coming so far to see us today.
>
> **B:** Not at all, it's my pleasure. Thank you for this ▨▨▨▨▨▨ ▨▨▨▨.
>
> **A:** The other day, ▨▨▨▨▨▨▨▨▨▨ the company that you introduced. Thank you so much for your help.
>
> **B:** That's wonderful news.

> **A:** 本日は遠いところを弊社までお出でいただき、ありがとうございます。
>
> **B:** いえいえ、こちらこそ。直接お会いしてお話できる機会をありがとうございます。
>
> **A:** 先日、ご紹介いただいた会社とは成約しました。お力添え、誠にありがとうございました。
>
> **B:** それは何よりです。

2
> **A:** Right now, your company is ▨▨▨▨▨▨▨▨▨▨▨, isn't it?
>
> **B:** To be honest, we're delighted about it.
>
> **A:** Do you plan to ▨▨▨▨▨▨▨▨▨?
>
> **B:** Actually, that is what I wanted to talk to you about today.

> **A:** 今や御社は業界のフロントランナーですね。
>
> **B:** 正直、嬉しい限りです。
>
> **A:** 新しい製品を出されるご予定とかは?
>
> **B:** 今日はまさにそのことでご相談したいと考えております。

3
> **A:** I heard that your company recently won the Good Design award.
>
> **B:** Yes, that's right. ▨▨▨▨▨▨▨▨▨▨ the first winners in the IT field.
>
> **A:** Which features do you think earned you the high rating?
>
> **B:** I think it was probably ▨▨▨▨▨▨▨▨▨▨ our user interface.

> **A:** 御社が最近グッドデザイン賞を取られたとうかがいました。
>
> **B:** そうなんです。お陰様で、IT 業界では初受賞となりました。
>
> **A:** どのようなところが評価されたのだと思いますか。
>
> **B:** おそらくはユーザーインターフェースのアクセシビリティの高さかと考えています。

4

A: Solving the problems that your company is facing would enable ▨▨▨▨▨
▨▨▨▨▨▨▨▨▨▨▨▨▨▨▨▨▨▨▨▨▨▨ .

B: I think so, too. We're not the only company with those problems.

A: ▨▨▨▨▨▨▨▨▨▨▨ , I think the solutions we can offer would definitely be useful
for you.

B: If so, that would be a great help.

A: 御社が抱えている課題を解決することは、各業界の課題解決になりますね。

B: 私もそう思います。うちだけの問題ではありませんから。

A: その点、弊社のソリューションはきっとお役に立てると思うんです。

B: そうだとしたら、それは大変助かります。

Highball / Lowball (2)

ハイボール／ローボール(2)

DIALOGUE 2

> The conversation between Marcia and Jerry continues.

Jerry: We can certainly help you with that. 1. But I think that our most valuable service is to enable you to host all of your IoT activities seamlessly in the cloud.

Marcia: Well, we already use cloud-based systems. 2. How do you differentiate your system from those of your competitors?

Jerry: Naturally, we realize that there are several cloud-based systems on the market. They're all slightly different and so most companies use multiple systems. But what we offer is a portal that integrates all these different services into a single user interface. It will save your staff a lot of time and will make your operations run much more smoothly.

Marcia: 3. It sounds intriguing, but I'd need some idea of how much this is likely to cost.

Jerry: The initial setup costs would run to around $7,500, and then the monthly fee would be somewhere between $2,000 and $3,000 depending on the number of devices and the amount of data you generate.

Marcia: 4. I see, but I can't help thinking that that's a little on the high side. There are other companies running integrated cloud-based solutions for about two thirds of that price.

Jerry: Yes, I realize we're not the only player in the market, but our customer feedback is uniformly excellent. I don't want to boast, but I don't think any of our competitors can match us.

Marcia: 5. That could well be so, but we have some rather conservative members on our board and they're not fully convinced that we should be making such a large investment in IoT. I think it would be hard to persuade the board to go for something as pricey as what you're offering.

Jerry: But if you think long-term, I really think you'll regret not making the investment now.

Marcia: Right, I agree. 6. But if we could just manage to get the price down a bit—by 20%, say—I'd have a much easier time selling this deal to the board.

Jerry: OK, I see where you're coming from. How about if we offered some kind of discount for the first year?

Marcia: Well, that might not be enough, but it's worth a try.

VOCABULARY

- seamlessly（副）途切れなく
- differentiate（動）〜を差別化する
- integrate（動）〜を統合する
- intriguing（形）魅力的な、興味をそそる

目的 | Marciaはコストをできるだけ抑えたい

TRANSLATION

Marcia と Jerry の会話が続きます。

Jerry: もちろん、弊社はお手伝いできます。ですが、弊社として最も価値あるサービスは、御社がすべての IoT アクティビティをクラウド上で切れ目なく管理できるようにする点にあると思います。

Marcia: そうですね、弊社ではすでにクラウドベースのシステムを使用しています。御社はどうやって御社のシステムを競合他社のシステムと差別化されるのでしょうか。

Jerry: 当然ながら、弊社も市場にはいつくかのクラウドベース・システムがあることは存じています。それらはどれも微妙に異なっているため、大半の企業はマルチシステムを利用しています。しかし弊社が提供するのは、それら異なるサービスすべてをポータルで1つのユーザーインターフェースに統合するものです。それは御社スタッフの多くの時間を節約し、また御社事業をはるかによりスムーズにするものとなります。

Marcia: それは非常にひかれますが、どれくらいコストがかかるのかお考えをうかがいたいですね。

Jerry: 初期セットアップ費用として約 7500 ドルかかり、また月額は使う機器の数と生成するデータの総量によって 2000 ドルから 3000 ドルの間になります。

Marcia: わかりましたが、若干高いと考えざるを得ないですね。他の会社ではクラウドベースの統合ソリューションを約3分の2の値段で提供しているところがあります。

Jerry: はい、弊社が市場で唯一のプレーヤーでないことは承知していますが、顧客からのフィードバックは一様に素晴らしいものです。自慢するわけではありませんが、どの競合他社も弊社にはかなわないと思います。

Marcia: 確かにそうかもしれませんが、うちの役員の中には保守的なメンバーもいて、IoT にそれほど巨額の投資をすべきかどうか懐疑的な人もいるんです。御社の提示されているような価格で役員たちを説得するのは難しいと思います。

Jerry: でも長い目で見れば、きっと後悔することになると思いますよ。

Marcia: 私もそう思います。しかし、もし何とか少しでも値引きを、例えば 20％してもらえば、この取引を役員会で通すのがはるかに容易になるかもしれません。

Jerry: オーケー、了解しました。初年度はいくらか値引きさせていただくというのでいかがですか。

Marcia: そうですね、十分でないかもしれませんが、試す価値はありますね。

■ initial（形）初期の

交渉コラム

アンカリングでフレーミングを行う

アンカリングとは、価格交渉において提示した条件（額）を基準として相手を誘導する手法です。わかりやすい身近な例として、露天の店主と観光客のやり取りを想像してください。

店主がお土産を 2000 円で売り出します。このとき売り手の本心では 1500 円程度で売れたら御の字と思っていても、思い切って高値を提示します。観光客は「2000 円から 200 円値下げできませんか」などと 2000 円を基準に交渉を始めるのが常であり、2000 円がアンカー（錨）として機能しています。

ここで勘のいい方は気づいたはず。アンカリングは Highball を投げることと同義なのです。アンカリングを行うことで相手の行動にフレーミングを与えている（行動を枠付けしてしまう）ともいえるでしょう。

ビジネスにおいては、売買交渉や給与交渉で広く応用することができます。しかし、根拠がないまま多用すると信頼を損ないかねないので、リスクを理解した上でアンカリングを活用しましょう。

KEY FUNCTION PHRASES

Function 1 › Highballの地ならしをする

But I think that our most valuable service is to enable you to host all of your IoT activities seamlessly in the cloud.

ですが、弊社として最も価値あるサービスは、御社がすべてのIoTアクティビティをクラウド上で切れ目なく管理できるようにする点にあると思います。

解説 Jerry がまず Highball の前提となる根拠を提示しています。

他の表現
1 | One of the big differences is that our service can make it possible to control your IoT activities with just one procedure.
2 | Our service enables you to manage all your IoT devices in the cloud.

Function 2 › 相手の論拠を確かめる

How do you differentiate your system from those of your competitors?

御社はどうやって御社のシステムを競合他社のシステムと差別化されるのでしょうか。

解説 相手の Highball に備えて、相手側サービスの差別化について確認します。値引きの余地を探るけん制表現です。

他の表現
1 | What's the main difference between yours and the ones your competitors are offering?
2 | How would you distinguish your services from those of your competitors?
3 | What are the key features of your service that set you apart from other companies in the same field?

Function 3 › 具体的な値段を聞く

It sounds intriguing, but I'd need some idea of how much this is likely to cost.

それは非常にひかれますが、どれくらいコストがかかるのかお考えをうかがいたいですね。

解説 値段を聞き出す表現です。日本ではお金のことは遠回しに聞くことが多いですが、英語でも同じことが言えます。ここでは丁寧で遠回しな表現を学びましょう。

I'd need some idea では、I would と助動詞の過去形を使って遠回しに。また some を付けることで「参考までに」というニュアンスになります。さらに be likely to 〜「〜しそうだ」とぼかすことで、結果的に概算を聞く遠回しな表現となっています。

他の表現

1 │ Sounds good, but I would like to know exactly how much it's going to cost.

2 │ It sounds fascinating, but how much will it cost if we introduce it?

Function 4 > Lowballを提示する

I see, but I can't help thinking that that's a little on the high side. There are other companies running integrated cloud-based solutions for about two thirds of that price.

わかりましたが、若干高いと考えざるを得ないですね。他の会社ではクラウドベースの統合ソリューションを約3分の2の値段で提供しているところがあります。

解説　Marcia の目的はできるだけコストを抑えることなので、ひるまずに Lowball を投げています。

ポイントは意外かもしれませんが、遠回しな表現を使っていること。I can't help thinking that 〜「〜と考えざるを得ません」、that's a little on the high side「それはやや高い側にある」→「それは若干高い」などです。遠回しながら、提示価格が高いことをきちんと表現しています。他社事例を挙げることで根拠もしっかり伝えています。以下は 2 文目の言い換えです。

他の表現

1 │ I know that other companies are providing the same service at two-thirds of your price.

2 │ Other companies are offering the same quality of services for two thirds of what you're asking.

3 │ I know there are other companies out there that can deliver the same level of service at about two thirds of your quote.

Function 5 > Lowballを補強する

That could well be so, but we have some rather conservative members on our board, and they're not fully convinced that we should be making such a large investment in IoT.

確かにそうかもしれませんが、うちの役員の中には保守的なメンバーもいて、IoTにそれほど巨額の投資をすべきかどうか懐疑的な人もいるんです。

解説 Marcia が粘ります。社内の第三者、しかも役員など権限を握っている人を登場させるのは、自分の意見を感情的に主張するよりも効果のある手法です。

that could well be so は「確かにそうであるかもしれない」と相手の意見を認めつつ、反論するための前置き表現です。 他にも be that as it may / that's as may be / that may be / maybe so などの言い換えが可能です。

他の表現

1 | That could well be so, but we have another obstacle to overcome.
（確かにそうかもしれませんが、こちらには克服しなければならないもう1つの障がいがあるのです）

2 | That may well be so, but we need persuade our boss first.
（確かにそうかもしれませんが、最初に上司を説得する必要があります）

3 | You may well be correct, but we need more concrete reasons if we're going to succeed in getting our board onside.
（そうかもしれませんが、弊社役員を納得させるにはより具体的な理由が必要です）

Function **6** 〉 希望の値引き率を伝える

But if we could just manage to get the price down a bit—by 20%, say—I'd have a much easier time selling this deal to the board.

しかし、もし何とか少しでも値引きを、例えば20％してもらえば、この取引を役員会で通すのがはるかに容易になるかもしれません。

解説 Marcia が具体的な値引き率を提示します。日本のビジネスだと「そこを何とか少しだけ」といった曖昧な希望を伝えがちですが、数字で示したほうがスムーズです。

if we could just manage to..., I'd have a much easier time 〜 ing で、「もし何とか…することができれば、たぶん〜するのがずっと容易になると思います」。

他の表現

1 | If we could just manage to get the price down, we could be successful.
（もし何とか値段を下げることができれば、成功すると思います）

2 | If we could manage to get over this bump in the road, we could have a deal.
（この障がいを何とか乗り越えられれば、成約できると思います）

3 | If we could figure out a way to get the price down, we could convince the board to go for this deal.
（もし何とか価格を下げる方法を見出せれば、役員にこの取引を説得できると思います）

EXERCISE DIALOGUE

付属音声を聞き、空所にあてはまる英語を埋めてください。 DL-44

1

A: There's no doubt that this is a fantastic system, but what would the actual cost be?

B: The unique way our system is structured ▓▓▓▓▓▓▓▓▓▓▓▓▓▓▓▓▓▓▓▓▓,
and its performance ▓▓▓▓▓▓▓▓▓▓▓▓▓▓▓▓▓▓▓▓▓▓▓▓▓.
So, the total cost would be $25,000.

A: $25,000! I have to say that that's way too expensive.

B: But I think you'll understand after you've heard my next explanation.

A: 確かに、これは素晴らしいシステムだとは思いますが、実際お値段はいくらなのですか。

B: 弊社のシステムは他にはない特別な仕組みを備えており、他社のシステムよりはるかに優れた性能を持っています。ですので、トータルで2万5000ドルとなります。

A: 2万5000ドル！それはあまりにも高いと言わざるを得ませんね。

B: しかし、次の説明を聞けばご納得いただけるものと思います。

2

A: So, what's the big difference between this and what your competitors are offering? Could you tell me what that's based on?

B: The reasons are clear. If you look at similar systems that other companies are offering, maintenance costs aren't included, but in the case of our system, all ▓▓▓▓▓▓▓▓▓▓▓▓▓▓▓▓▓▓▓.

A: If that's the case, then ▓▓▓▓▓▓▓▓▓▓▓▓▓▓▓▓▓▓▓▓▓▓.

B: I'd be happy if you could see it that way.

A: では、これと競合他社が提供しているものとの大きな違いは何ですか。その根拠は何か教えてもらえませんか。

B: 理由は明快です。他社が提供している同じようなシステムにはメンテナンス料が含まれていませんが、弊社のシステムの場合はメンテナンス料をすべて含んだ値段となります。

A: それならば、よりリーズナブルな値段なのかもしれませんね。

B: そう思っていただければ幸いです。

3) **A:** But even if maintenance costs are included, it's still higher than normal. Could you ████████████████████████████ ?

B: I'm afraid not. If we did that, we wouldn't be able to provide continued maintenance.

A: Our original budget is $10,000.

B: If that's the case, then I'm afraid that's the end of the discussion. ████████ ████████████████.

A: でも、たとえメンテナンス料を入れたとしても、まだ通常より高いですね。少し安くなりませんか。

B: ちょっと難しいですね。値引きをすると、継続的なメンテナンスはご提供できないでしょう。

A: こちらの当初予算は 1 万ドルです。

B: それでは全く話にならないかと。他をあたってください。

4) **A:** The system we're currently using costs $150,000 including maintenance expenses.

B: In that case, it would be impossible for us ████████████████████████.

A: I think it would be difficult ████████████████████████████ if we can't manage to reduce installation costs. Would it be possible to discuss maintenance after we've done the installation?

B: OK, understood. So, how would an initial installation budget of $200,000 be?

A: 現在弊社が使用しているシステムは、維持費を含めて 15 万ドルです。

B: それでは、適正なメンテナンスを行うのは不可能ですね。

A: 導入費を低く抑えられなければ、役員会の同意を得ることは難しいと思います。導入後、メンテナンスについては相談することは可能でしょうか。

B: はい、了解しました。それでは、当初導入予算として 20 万ドルではいかがでしょうか。

正解

1 **B:** puts it into a class of its own
B: far outstrips systems offered by other companies

2 **B:** maintenance costs are built in
A: the cost seems more reasonable

3 **A:** bring the price down a bit
B: You'll have to look elsewhere

4 **B:** to provide suitable maintenance
A: to get the board's approval

UNIT

9

—

GOOD GUY /
BAD GUY

グッドガイ／バッドガイ

GOOD GUY / BAD GUY 1

GOOD GUY / BAD GUY 3

Good Guy / Bad Guy (1)

グッドガイ／バッドガイ(1)

DL-45 ○

DIALOGUE 1

Sally Philpott is visiting Burton French, a high-profile accountancy firm, to try to have them sign up for her company's business coaching services. She is talking with two of the partners, Blake Hunter and Kirsty Wagner.

Blake: So, Sally, 1. we'd like to quiz you in a little more depth on what your firm is offering so that we can decide whether to go with your coaching program. I hope that's OK.

Sally: 2. Absolutely no problem. After all, that's why I'm here today, so fire away.

Blake: OK, we do have a list of questions, so…

Kirsty: Sorry, Blake, 3. do you mind if I jump in here?

Blake: No, not at all. Go right ahead.

Kirsty: 4. Now, Sally, if I'm not mistaken, it was you that contacted us about possibly taking advantage of your firm's coaching services. 5. I don't want to blow our own trumpet, but I'm sure you know we're a highly successful and old-established accountancy company—why do you think we would have any need for your services?

Sally: 6. Yes, I'm well aware of your extremely high reputation within the industry, and I would be the last person to detract from that. But having already worked with a number of leading accountancy practices, we know that every one of them is striving for an even greater level of excellence, and we believe that our expert coaches can help take you there.

Kirsty: I see, but I assume that your coaches are probably generalists rather than qualified CPAs. It seems to me that we're the experts in this field, not your company.

Sally: Yes, I fully take your point. In terms of detailed accounting knowledge, we can't possibly hope to match your level of expertise.

Kirsty: So, what's in it for us? Your services are not exactly cheap.

Sally: Well, I think the main point is that companies that specialize in a narrow professional field can often run the risk of losing sight of the big picture.

Blake: You mean we can't see the wood for the trees?

Sally: Yes, that's it in a nutshell.

CONTINUED P.230

VOCABULARY

- **high-profile**（形）知名度の高い、目立った、著名な
- **partner**（名）役員、（外資系の場合の）パートナー
- **fire away**（動・句）始める
- **blow one's own trumpet**（動・句）自慢する

コーチングサービスの契約①

目的 | Sallyは自社のサービスの必要性を説得したい

TRANSLATION

> Sally Philpott は高名な会計事務所の Burton French を訪ね、自社のビジネスコーチングサービスの契約を取ろうとしています。彼女は Blake Hunter、Kirsty Wagner という2人のパートナーと話をしています。

Blake: それでは Sally、御社が提供していることについて、少々深い質問をしたいと思います。それにより御社のコーチングプログラムを採用するかどうかを決められますので。それでよろしいですか。

Sally: 全く問題ありません。結局のところ、そのために私は今日ここに来ているわけですから、どうぞ始めてください。

Blake: よろしい、すでに質問のリストを用意してありますので…。

Kirsty: Blake、すまない、割り込んでもいいかな。

Blake: 全然構わないよ。どうぞ続けて。

Kirsty: では Sally、もし私の間違いでなければ、御社のコーチングサービスの活用が必要だろうとコンタクトを取ってきたのは、君のほうからですよね。弊社の自慢をするわけではないんですが、君も知っての通り、我が社は非常に成功した伝統ある会計事務所です。なぜ我が社が御社のサービスを必要としていると思うのかな。

Sally: はい、御社のこの業界での非常に高い評判はよく存じ上げております。また私も決してそれに異を唱えるものではありません。ただ、これまで多くの一流の会計業務とお付き合いしてきましたが、いずれの場合も、より高いレベルの業績のために懸命に努力していることを知っていますし、私たちの熟練したコーチたちはそこへ引き上げてくれると信じています。

Kirsty: なるほど、しかし御社のコーチたちはおそらくゼネラリストであって、CPA の資格を持っていないのではないかと。私には、我々のほうがこの分野でのエキスパートであって、御社ではないと思えます。

Sally: はい、その点は私も同意します。詳細な会計知識に関していえば、あなたが要求するレベルの専門性にはマッチしないのではないかと思います。

Kirsty: では、御社に何ができるのですか。御社のサービスは決して安いとは言えませんが。

Sally: そうですね、重要な点は、狭いプロフェッショナルな分野に特化した会社の場合、しばしば大局を見落とすというリスクを冒す場合があるということだと思います。

Blake: つまり、我々は木を見て森を見ずだと？

Sally: はい、簡単に言えばそういうことです。

- strive for 〜（動・句）〜のために懸命に努力する
- in a nutshell（前・句）要するに、一言でいえば
- expertise（名）専門性

交渉コラム

win-winを目指さなくていい!? 様々な交渉術①

ビジネス書やネット記事を読むと「交渉では win-win な関係を目指すべきだ」と紹介しているものがあります。しかし、実際のビジネスではいつも物事がきれいに収束するわけではなく、勝ち負けがはっきりと別れるパターンも多いのではないでしょうか。

本書で紹介している Brinkmanship や Bogey、Snow Job、そして Good Guy / Bad Guy などは、そもそも win-win をゴールとせず、win-lose を狙うものです。さらにいうと、展開次第では lose-lose になる可能性すらあるのです。

実際、欧米で使われている交渉術の中で win-lose を前提としたものは多く、本書のダイアログで紹介しきれないほど数が豊富です。いくつかご紹介しましょう。

［Divide and Conquer］
直訳すると「分割と統治」で、元々は統治者が被統治者同士を争わせ、統治者に怒りや不満の矛先が向かうのを避けることをいいます。

例えば、住宅販売業者が注文住宅を検討している家族と打ち合わせをしているときに、子どもが「子ども部屋にアスレチックのような遊具をつけたい」と要望を出したとします。高額な料金がかかるため両親は反対しますが、ここで業者は魅力的な子ども部屋のプランを次々と提案し、両親と子どもの亀裂を拡大させます。両親はこの問題の解決に手こずるあまり、本来は一番気にしていた全体の料金の問題を重要視しなくなると考えられます。

>>>win-win を目指さなくていい !? 様々な交渉術②（p.232）へ

KEY FUNCTION PHRASES

Function 1 〉 交渉を切り出す

We'd like to quiz you in a little more depth on what your firm is offering so that we can decide whether to go with your coaching program.

御社が提供していることについて、少々深い質問をしたいと思います。それにより御社のコーチングプログラムを採用するかどうかを決められますので。

解説 Good Guy である Blake が交渉に入ります。

quiz は「~に質問をする、小テストをする」という意味で、日本語の「クイズ」とは少し意味合いが異なり、矢継ぎ早に短い質問をすることを意味します。また、「(知識などを)試す」という意味も含まれます。

他の表現
1 | I'm going to quiz you on your services to decide if we should accept them.
2 | We'd like to put some questions to you so we can get a more accurate idea of your coaching service.

Function 2 〉 質問へ対応する

Absolutely no problem. After all, that's why I'm here today, so fire away.

全く問題ありません。結局のところ、そのために私は今日ここに来ているわけですから、どうぞ始めてください。

解説 Absolutely no problem. は No, not at all. と同じ意味です。fire away は、直訳すると「(銃を)ぶっぱなしてください」。そこから「質問を私に向かって浴びせてください」という意味になっています。

以下の 2、3 はややカジュアルな表現です。

他の表現
1 | Absolutely no problem, please ask me anything you like.
2 | It's quite OK with me. Please go ahead.
3 | Absolutely no problem, please ask me anything you like.

Function **3** > Bad Guyが割り込む

Do you mind if I jump in here?

割り込んでもいいかな。

解説 ▶ Bad Guy の登場です。悪役らしく急に割り込みますが、Do you mind 自体は遠回しで丁寧な表現です。

Do you mind 〜？は「〜を気にしますか」という意味なので、OK の場合は "No"、ダメな場合は "Yes" と答えます。jump in は「（乗り物などに）飛び込む、飛び乗る」から「会話などに割り込む」という意味でよく使われます。

以下の Can I はカジュアルで、May I はとても丁寧な印象を与えます。初対面の相手には Can I よりも May I や Could I を使うほうが無難でしょう。

他の表現 ▶ 1 │ Can I jump in at this point?

2 │ Sorry to be rude, but may I interrupt briefly?

3 │ May I just interject for a moment?

4 │ Can I just get a word in here?

5 │ Do you mind if I inject a comment at this point?

Function **4** > Bad GuyがSallyを揺さぶる①

Now, Sally, if I'm not mistaken, it was you that contacted us about possibly taking advantage of your firm's coaching services.

ではSally、もし私の間違いでなければ、御社のコーチングサービスの活用が必要だろうとコンタクトを取ってきたのは、君のほうからですよね。

解説 ▶ Kirsty の発言は Bad Guy らしく高圧的。ただし、if I'm not mistaken という一言で少し引いた丁寧な印象を演出しています。「Bud Guy ＝ただひたすら攻撃する」わけではないのです。丁寧さをキープしつつも相手に揺さぶりをかける、巧みな交渉術です。

他の表現 ▶ 1 │ Unless I'm mistaken, you contacted us first with regard to this coaching service.

2 │ I think I'm right in saying that you were the one who initiated this contact.

3 │ I think I'm correct in saying that it was your company that made the first move.

226

Function 5 › Bad GuyがSallyを揺さぶる②

I don't want to blow our own trumpet, but I'm sure you know we're a highly successful and old-established accountancy company—why do you think we would have any need for your services?

弊社の自慢をするわけではないんですが、君も知っての通り、我が社は非常に成功した伝統ある会計事務所です。なぜ我が社が御社のサービスを必要としていると思うのかな。

解説 blow one's own trumpet は日本語の「大ぼらを吹く」に相当する表現で、「自慢する、自画自賛する、手前味噌を言う」という意味です。blow[toot] one's own horn[brag / boast] ともいいます。

以下は上記文の前半部分の言い換えです。

他の表現

1 | Though I don't like to boast, I'd like to point out that we're a long-established company in this field.

2 | I don't want to bang our own drum, but our service is generally considered among the best in the business.

3 | Without wishing to boast, I think I can safely state that we're a market leader.

Function 6 › SallyがBad Guyに対応する

Yes, I'm well aware of your extremely high reputation within the industry, and I would be the last person to detract from that.

はい、御社のこの業界での非常に高い評判はよく存じ上げております。また私も決してそれに異を唱えるものではありません。

解説 be well aware of ～は「～によく気がついている、十分承知している」と相手の言い分を認める表現。また be the last person to ～で、「～する最後の人である」から「～するなど考えられない、決して～しない」という意味になります。

以下は上記文の前半部分の言い換えです。

他の表現

1 | I'm well aware of your prominence in the field of accountancy.

2 | We're quite aware of the outstanding performance of your company in this field.

付属音声を聞き、空所にあてはまる英語を埋めてください。　　　DL-46 ○

1 ▷ **A:** _____ the points that make your company's service stand out.

B: I'm very gratified to hear you say so.

A: However, I don't think they're _____ for our organization.

B: In that regard, please take a look at the materials in front of you.

A: 御社のサービスが優れている点はよく理解できました。

B: そう言っていただけて大変嬉しく思います。

A: しかしながら、具体的な当社の利益が明確でないように思えますが。

B: それについては、お手元の資料をご覧ください。

2 ▷ **A:** Is there a problem with the way our business is performing?

B: I know that your firm is generally _____.

A: What benefits could your service bring us?

B: I think we could help you _____ in markets that you weren't previously aware of.

A: 弊社の業績に何か問題があるのでしょうか。

B: 御社の高い評価は存じ上げております。

A: では、御社サービスが弊社にどんな利益を与えるというのですか。

B: 御社が気づいていなかった市場の潜在顧客を見出すお手伝いができると思います。

3 ▷ **A:** _____ any elements of our service?

B: No, your service is fine, but _____?

A: As for the details of our services, you can refer to page 15 for a chart comparing us with our competitors.

B: OK, now I see, there are extra services that the other companies don't have.

A: 弊社のサービスにまだ何かご不満でもあるのですか。

B: サービス自体に不満はないのですが、やはり値段が少し高いんじゃないですかね。

A: サービスの詳細について 15 ページの他社比較の表をご覧ください。

B: なるほど、確かに、他にはないサービスが付加されているようですね。

A: I'm not sure if there would be any advantage to us in using your company's services.

B: I think they would ▭▭▭▭▭▭▭▭▭▭▭ for you.

A: Could you ▭▭▭▭▭▭▭▭▭▭▭ of a success you've had?

B: I think that the case of B Corporation would be the most relevant to your company.

A: 御社サービス利用のメリットが感じられないのですが。

B: 御社の経費削減に大いにお役に立てると考えています。

A: 具体的に成功した事例を示していただけますか。

B: このB社の事例が御社のケースに最も近いものかと。

UNIT **9** Good Guy / Bad Guy (1)

正解

1. **A:** I'm well aware of
   A: resulting in concrete benefits
2. **B:** held in high regard
   B: discover potential customers
3. **A:** Are you still dissatisfied with
   B: wouldn't you agree that it's a bit expensive
4. **B:** result in a substantial cost reduction
   A: give me a concrete example

Good Guy / Bad Guy (2)

グッドガイ／バッドガイ(2)

DL-47

DIALOGUE 2

> The conversation between Sally, Blake and Kirsty continues.

Blake: So how exactly is the coaching program set up?

Sally: Well, that depends, because we offer three levels of coaching. But in all three, the content is tailored precisely to your business needs. 1. For example, we would begin with an in-depth consultation to determine what your main goals and requirements are and use that as a jumping-off point.

Blake: 2. Yes, that seems sensible. Where would we go from there?

Sally: Well, once we have that in place, we would move to scheduling regular sessions with your coach in which you would work out strategies to achieve your aims and establish metrics to measure your progress toward them.

Blake: I see, and is all this done face-to-face?

Sally: Predominantly we would use teleconferencing, but once a quarter, we try to arrange a face-to-face meeting.

Kirsty: 3. Somehow, that doesn't seem enough.

Sally: 4. I understand why you might feel that way, but I'd like you to be aware of the huge volume of business and coaching resources that our company has amassed over the years we've been in business. It's all online, so no matter which level of coaching you choose, you'll have full access to all of those resources on our website. And naturally, you can contact your coach at any time.

Blake: Well, that sounds wonderful. Also, I see from the comments on your website that you have glowing endorsements from several big names in the accountancy industry.

Sally: Yes, we're very proud of that.

Kirsty: 3. Just one more thing, if I may. Once we sign up for this program, is there an option to cancel the contract if we're unhappy with the coach that we're assigned?

Sally: Of course. 6. I'll email you a full set of terms and conditions later today.

CONTINUED P.238

VOCABULARY

in-depth（形）徹底的な、綿密な	huge volume of ～（形・句）膨大な量の～
predominantly（副）主に、大部分は	amass（動）～を蓄積する

目的 | Sallyは揺さぶりに動じず、サービス内容を理解させたい

TRANSLATION

Sally と Blake、Kirsty の会話が続きます。

Blake: では、実際にコーチングプログラムはどのようなものなのですか。

Sally: そうですね、それはケースバイケースです。弊社では3つのレベルのコーチングを提供しておりますので。しかし、その3つのすべてにおいて、コンテンツは御社のビジネスニーズに合わせてカスタマイズされます。例えば、まず初めに御社のメインゴールと要求が何かを決定するための徹底したコンサルティングを実施し、そこを出発点とします。

Blake: はい、それは実用的だと思いますね。その後はどのように進めるのですか。

Sally: そうですね、いったん目的を定めた後は、コーチとの定期セッションの計画を組み、その計画に基づき目的達成のための戦略を策定し、その目的に対しての御社の進捗を測るための基準も設定します。

Blake: なるほど。これらはすべて対面で行われるのですか。

Sally: 大部分はテレビ会議を用いる予定です。しかし四半期に一度、対面での会合を設定しようと考えています。

Kirsty: どうも、それでは不十分に感じられるのですが。

Sally: そのように感じられるお気持ちはわかりますが、弊社が長年にわたりビジネスを通して蓄積した、膨大な量のビジネスとコーチングに関する資料についてお考えいただきたいです。それらはすべてオンラインで提供していますので、どのレベルのコーチングを選ばれても、弊社のサイトにあるそれらの資料すべてが利用可能です。さらに当然のことながら、担当のコーチにいつでも連絡することができます。

Blake: なるほど、それは素晴らしいですね。それに御社のサイト上のコメントから、御社が会計業界の有名な会社数社から推奨されているのもわかります。

Sally: はい、弊社はそれを大変誇りに思っております。

Kirsty: もしよろしければ、もう1点だけ。いったんこのプログラムを契約した後、弊社が担当のコーチに満足が得られなかった場合、契約を解除する選択権はありますか。

Sally: もちろんです。後ほど本日中に契約条件一式をメールでお送りいたしますね。

■ endorsement（名）推奨、支持

交渉コラム

win-winを目指さなくていい!? 様々な交渉術②

p.224 のコラムで紹介した win-lose 型の交渉を他にも見てみましょう。

［Cherry Picking］
たくさん収穫したサクランボから熟した実を選別することから「良いところだけを取る」という意味で使われている用語です。この交渉術では、多くの事例があるにもかかわらず、自らの主張に有利な事例のみを伝えて、命題を論証して打ち負かそうとします。

例えば、ビンテージカーを購入しようとしているものの、通常の新車や中古車には適用される補償がきかないため躊躇している客に、販売店がこの交渉術を仕掛けます。「同型の車を購入している顧客は故障なしで 25 万キロも問題なく走れている」と良い事例を伝えることで、客の購買意欲を高めるのです。しかし実のところ、同じモデルを購入した他の客からは故障の問い合わせが何件も来ており、そのことを販売店が客に伝えることはありません。

［Bluffing］
これは「はったりをかけること、空威張り」という意味で、本来持っていないものを持っているように思わせて自分を大きく見せることで交渉を有利に進めるアプローチです。

例えば、採用面接の場で、面接官から他に受けている企業や内定先を聞かれたとします。そのときに志望者が「大手の A 社の最終面接を控えている」などとはったりをかけ、自分を良く見せ、さらには有利な条件を引き出そうとするようなケースが考えられます。

>>>win-win を目指さなくていい !? 様々な交渉術③（p.240）へ

KEY FUNCTION PHRASES

Function **1** › 説得力ある説明をする

For example, we would begin with an in-depth consultation to determine what your main goals and requirements are and use that as a jumping-off point.

例えば、まず初めに御社のメインゴールと要求が何かを決定するための徹底したコンサルティングを実施し、そこを出発点とします。

Dialogue 1 の終盤まで Bad Guy が攻めの質問を続けてきました。そのペースに持ち込んだことで、Good Guy の Blake は突っ込んだ質問をしやすくなりましたが、Sally が冷静に答えていきます。
ここでの would は「習慣」を表し、「通常はこうします」という意味合いを持ちます。

他の表現 1 | For instance, our starting point should be a comprehensive investigation of this issue.
（例えば、まずはこの問題の徹底的な調査からスタートします）

2 | At first, we would conduct an in-depth consultation to figure out the problem.
（最初に、問題解決のための徹底したコンサルティングを実施します）

Function **2** › Good Guyが相手を肯定する

Yes, that seems sensible. Where would we go from there?

はい、それは実用的だと思いますね。その後はどのように進めるのですか。

Good Guy は Sally の発言を肯定的に受けます。ポイントは続けて掘り下げた質問をしている点。英語でのコミュニケーションでは、うやむやにせず、欲しい情報をすべて手に入れる心意気で臨むべきです。
Where would we go from there? で、「私たちはそこからどこへいくのか」から「それからどのように進めるのか」という意味になります。
以下は 1 文目の言い換えです。

他の表現 1 | That sounds reasonable.

2 | That seems prudent.

3 | That appears to be well thought out.

4 | I think that would be the most sensible approach.

UNIT 9 Good Guy / Bad Guy (2)

Function **3** > Bad Guyが懸念を表明する

Somehow, that doesn't seem enough.

どうも、それでは不十分に感じられるのですが。

解説 相手の弱点（主に対面ではなくオンライン）を知ると、すかさず Bud Guy が突っ込みます。

somehow は「何となく」という意味。文頭で使うことで、いきなり that doesn't... と入るよりは柔らかい印象になります。

他の表現 1 | It seems inadequate somehow.

2 | Somehow that seems to fall short.

3 | In a sense, that doesn't seem sufficient.

Function **4** > SallyがBad Guyに応じる

I understand why you might feel that way, but I'd like you to be aware of the huge volume of business and coaching resources that our company has amassed over the years we've been in business.

そのように感じられるお気持ちはわかりますが、弊社が長年にわたりビジネスを通して蓄積した、膨大な量のビジネスとコーチングに関する資料についてお考えいただきたいです。

解説 まず I understand why you might feel that way と相手の意見に理解を示します。

次に but I'd like you to be aware of 〜と「〜に注意を払っていただきたい」とそれを説得する内容を提示していきます。

Sally は相手の主張に甘んじるのではなく、相手の意見に同意を示した後、自身の主張・意見を明快に展開します。Bad Guy の揺さぶりに対する賢い対応術です。

以下は、I understand ... feel that way の言い換えです。

他の表現 1 | I do understand why you feel that way.

2 | It is quite natural that you might feel like that.

3 | It's no surprise that you feel that way.

Function 5 > ダメ押しの質問をする

Just one more thing, if I may. Once we sign up for this program, is there an option to cancel the contract if we're unhappy with the coach that we're assigned?

もしよろしければ、もう1点だけ。いったんこのプログラムを契約した後、弊社が担当のコーチに満足が得られなかった場合、契約を解除する選択権はありますか。

解説 just one more thing は「あと1つだけ」と最後にダメ押し的に質問をする場合の表現です。if I may を付けることによって「もし差支えなければ」と丁寧に尋ねています。

他の表現

1 | **Just one more thing—is it possible to cancel the program if it's not a good fit for us?**
（もう1点教えてください。このプログラムが弊社に合わなかった場合、キャンセルすることは可能ですか）

2 | **By the way, are we allowed to cancel if it turns out the program doesn't adequately address our needs?**
（ところで、プログラムが弊社のニーズに適応していないとわかった場合、キャンセルすることはできますか）

Function 6 > 即座の対応を示す

I'll email you a full set of terms and conditions later today.

後ほど本日中に契約条件一式をメールでお送りいたしますね。

解説 交渉フレーズではありませんが、ビジネスで多用される表現として紹介します。
「〜一式」は a full set of 〜といいます。ここでは、「契約条件」として terms and conditions と表現しています。
「契約条件」には、contract basis / condition of contract、あるいは contract terms / contract conditions / terms and conditions of a contract など様々な言い方があります。

他の表現

1 | **I'll email you a set of contract conditions later today.**

2 | **I'll send an email with the terms and conditions of the contract attached by close of business today.**

3 | **I'll email you a complete set of contract terms by 6 p.m. today.**

EXERCISE DIALOGUE

付属音声を聞き、空所にあてはまる英語を埋めてください。

1

A: What benefits would we see if we were to introduce it?

B: Aside from clarifying your weaknesses and the areas where you're strong, I think it will enable you to ▓▓▓▓▓▓▓▓▓▓▓▓▓▓▓▓ achieve your goals.

A: Could you tell me ▓▓▓▓▓▓▓▓▓▓▓▓▓▓▓▓▓▓▓▓▓▓?

B: Of course. The first step would be thorough counselling.

A: これを導入したら、どのようなメリットがありますか。

B: 御社の弱い部分と強い分野が明確になることに加え、目指すゴールに確実に近づくことができるようになると思います。

A: そのための具体的な方法を教えていただけますか。

B: もちろんです。最初のステップは徹底的なカウンセリングです。

2

A: But aren't there several companies that can ▓▓▓▓▓▓▓▓▓▓▓▓▓▓▓▓▓▓?

B: Our company certainly isn't the only one that offers coaching services. But other companies don't have the same strengths that we do.

A: What kind of strengths are they?

B: One is ▓▓▓▓▓▓▓▓▓▓▓▓▓▓▓▓▓▓▓▓▓▓▓▓. We're the company with the longest history in this field, so it's a strength that only we have.

A: でも、その程度のコーチングを提供できる会社はたくさんあるのではないですか。

B: 確かに弊社だけがコーチングサービスを提供しているわけではありません。しかし、弊社には他社にはない強みがあります。

A: それはどんな強みですか。

B: 1つはこれまでに蓄積した膨大なデータです。弊社は業界で最も古い歴史を持つので、それが我々だけの強みです。

3

A: The price doesn't seem to correspond with the content. Do you think the price is justified?

B: The cost of ▓▓▓▓▓▓▓▓▓▓▓▓▓▓▓▓ is included. ▓▓▓▓▓▓▓▓▓▓▓▓▓▓▓▓▓▓▓▓▓▓▓▓▓▓▓▓ because that's something that isn't usually included in coaching programs.

A: But it only happens three times a year. Is that really sufficient?

B: This isn't something that other companies usually offer, and so three times is actually exceptional.

A: この内容では価格に見合わないと思いますが、適正な価格と思われますか。

B: 定期的な個別カウンセリングの費用が含まれているのです。これは通常のコーチングプログラムには含まれていないので、非常にコストパフォーマンスが高い内容です。

A: ただ、その回数が年3回だけです。これで本当に十分ですか。

B: 他社との比較では通常ないものなので、3回は実際破格といえます。

4

A: It's a very good price for the content you offer.

B: Yes. Compared with other companies, ⬛⬛⬛⬛⬛⬛⬛⬛⬛⬛⬛⬛⬛.

A: In addition, you're very ⬛⬛⬛⬛⬛⬛⬛⬛⬛⬛⬛⬛⬛⬛⬛⬛⬛⬛.

B: Thank you very much. That's why our company's service has expanded.

A: この内容でこの値段はとても安いですね。

B: そうです。他社と比べても破格の値段です。

A: さらに、業界のトップティアからの評価も非常に高い。

B: どうもありがとうございます。これが弊社のサービスが広がっている理由です。

正解

1 B: set a stable course to
   A: what concrete measures that would entail

2 A: offer a similar level of coaching
   B: the huge volume of data that we've amassed

3 B: regular individual counseling
   B: The cost-performance of the content is extremely high

4 B: it's an exceptional price
   A: highly regarded by top-tier companies

Good Guy / Bad Guy (3)

グッドガイ／バッドガイ(3)

DIALOGUE 3

The conversation between Sally, Blake and Kirsty continues.

Blake: That would be very useful.

Sally: No problem at all. 1. We always urge potential clients to enter into any agreement with their eyes wide open.

Blake: 2. Yes, that's extremely important for us, especially as this is the first time for us to consider this type of coaching program.

Sally: Yes, I realize that.

Kirsty: 3. And as I'm sure you also realize, we will have to justify the expenditure on this—which seems quite considerable, by the way—to our board.

Sally: Yes, 4. I'm well aware of that, but in terms of the quality that we offer, I think our track record speaks for itself.

Kirsty: 5. That's all well and good, but I think I would prefer to have some independent verification. What I would really like to do is to contact people in companies you've worked with in the past so that they can vouch for your approach and the results you've achieved.

Blake: Actually, I think that's a very sound idea. It would certainly help us to square things with our board. I hope that won't be too much of an imposition for you.

Sally: No, no, absolutely not. We have a long list of satisfied clients. If you like, when I get back to my office today, I can go through our client roster and send you details of some people you can contact directly.

Kirsty: What kind of clients are we talking about here?

Sally: I'll make sure they're all A-list firms. I'm sure you won't be disappointed.

Blake: I'm sure we won't be.

Kirsty: Well, the less time we waste, the better. 6. Can you be sure to send us both the terms and conditions as well as that list of referees by close of business today?

Sally: Yes, of course.

VOCABULARY

☐ **with one's eyes wide open**（前・句）事情をよく承知した上で
☐ **vouch for** 〜（動・句）〜を保証する
☐ **sound**（形）理にかなった、正当な、健全な

ケース コーチングサービスの契約③

目的 Sallyは揺さぶりに動じず、交渉のまとめに入りたい

TRANSLATION

Sally と Blake、Kirsty の会話が続きます。

Blake: それは非常に助かります。

Sally: 全く問題ありません。我々は潜在的なクライアントには、事情をよく承知した上で合意に入ることを常に強くお勧めしています。

Blake: はい、それは弊社にとって極めて重要です。とりわけ弊社がこのタイプのコーチングプログラムを検討するのは、今回が初めてですから。

Sally: はい、承知しています。

Kirsty: そして、これもご承知だとは思いますが、我々は本件でかなりの検討を要する支出を正当化する必要があります。ちなみに、弊社の役員に対してですが。

Sally: はい、それは十分承知していますが、弊社が提供する品質に関していえば、実績が物語っているはずです。

Kirsty: それは確かに結構なことですが、私としては何か独立した証明が欲しいと思います。私が本当にしたいのは、過去に御社が一緒に働いた企業の方に連絡して、御社のアプローチと達成した結果を保証してもらうということです。

Blake: 実際、それはとても健全な考えだと思います。弊社の役員としっかり折り合いをつけるのにも役立ちます。御社への過剰な要求にならないことを願っていますが。

Sally: いや、いや、全くそんなことはないです。弊社は満足していただいた顧客リストをたくさん持っています。もしよければ、今日オフィスに戻ったら、顧客名簿を調べ、直接連絡できる方々の詳細をお送りできます。

Kirsty: 今話している顧客はどういった企業ですか。

Sally: すべて大手企業であることを確認します。失望させることはありません。

Blake: 私もそうはならないと思うよ。

Kirsty: まあ、無駄にする時間が少ないほどいいので。その審判者リストはもちろん、契約条件も本日の営業時間終了までに送ってもらえますか。

Sally: はい、もちろんです。

■ square（動）〜の折り合いをつける　　■ client roster（名・句）顧客名簿
■ imposition（名）押しつけ、過大な要求　　■ A-list firms（名・句）大手・重要企業

交渉コラム

win-winを目指さなくていい!? 様々な交渉術③

p.224、232で紹介してきたwin-lose型の交渉には、まだまだパターンがあります。

［Black-and-White Fallacy］
black-and-whiteは「白か黒かの思考」、fallacyは少し高度な単語ですが「誤った推論、論理上の誤り」という意味です。すなわち「白か黒かの誤った二択」で相手を攻める交渉をいいます。

例えば、保険の営業担当が、健康保険のみを検討して生命保険に加入しようとしない会社員に対して、「お子様がお生まれになったばかりとお聞きしていますが、生命保険に入らないということは、奥様とお子様が大切ではないのですか」と言うような例が考えられます。これは、押しの強い営業で使われる典型的なwin-lose思考のアプローチです。

［Straw Man］
straw manは「わら人形、資産のない人、議論の弱い相手」といった意味で、交渉においては、反論するときに相手の意見を歪めたり、勝手な解釈を加えたりすることで自身の主張を押し通そうとするアプローチを指します。

例えば、「私は過度な割引販売には反対である」と発言した人に対して「ネットとの競争が激化している中、割引しないとものが売れない時代です。あなたは割引なしで全商品がさばけると考えているようですが、どこの店舗でそれを実現したことがあるのでしょう」と反論する手法が挙げられます。「発言者が過度な割引だけではなく割引すべてに反対している」といった過大解釈で相手を攻めていくのです。なお、ポリティカルコレクトの観点から、Straw ManをStraw Personと表記することもあります。

KEY FUNCTION PHRASES

Function 1 > 契約にあたり最大限の誠意を示す

We always urge potential clients to enter into any agreement with their eyes wide open.

我々は潜在的なクライアントには、事情をよく承知した上で合意に入ることを常に強くお勧めしています。

解説 Sally が自社の契約に対する方針を述べる表現です。
urge は「人に〜するように強く促す、勧める」という意味合いで使うことがあります。この場合は、積極的に相手の便宜を図りたい話者の意図が伝わります。なお、「相手に負担のかかることを勧める」シチュエーションでは「励まして〜を推奨する」ニュアンスの encourage を選んだほうがいいでしょう。

他の表現
1 | If you're thinking of becoming a client, we strongly encourage you to read the fine print before committing to an agreement.

2 | Our strong advice to potential clients is never to enter into any agreement that they don't fully understand.

Function 2 > Good Guyが柔らかくけん制する

Yes, that's extremely important for us, especially as this is the first time for us to consider this type of coaching program.

はい、それは弊社にとって極めて重要です。とりわけ弊社がこのタイプのコーチングプログラムを検討するのは、今回が初めてですから。

解説 Blake は「初めての検討事項である」ことを強調することで、「容易には決まらない」という印象を持たせています。
彼は Good Guy である以上、あからさまに相手を攻撃することはしませんが、このように「もったいぶる」ことで、じわじわと心理的な圧迫を与えているのです。Blake のこの発言は、Kirsty が Bad Guy として Sally をさらに攻撃するための時間稼ぎの側面もあるでしょう。

UNIT 9 Good Guy / Bad Guy (3)

241

Function **3** 〉 **Bad GuyがSallyを揺さぶる①**

And as I'm sure you also realize, we will have to justify the expenditure on this—which seems quite considerable, by the way—to our board.

そして、これもご承知だとは思いますが、我々は本件でかなりの検討を要する支出を正当化する必要があります。ちなみに、弊社の役員に対してですが。

解説 Function 2 の Blake の発言に対して、Sally は Yes, I realize that. と同意しました。Kirsty がすかさずその言葉を拾って、as I'm sure you also realize と、圧をかけるために割り込みます。さらには by the way—to our board とあえて「後付け」で役員の存在に言及し、威圧感を与えています。

Function **4** 〉 **Sallyが食い下がる**

I'm well aware of that, but in terms of the quality that we offer, I think our track record speaks for itself.

はい、それは十分承知していますが、弊社が提供する品質に関していえば、実績が物語っているはずです。

解説 track record の元々の意味は「競技記録」で、ビジネスでは「過去の実績、業績」という意味で使われます。speak for itself は「それ自体が物語っている」。
in terms of 〜 は類語に regarding 〜がありますが、前者のほうがより明確に議題を提示するニュアンスがあります。カジュアルなシーンでは about 〜 でも問題なく、as for 〜は堅めの文章でよく見かけます。

Function **5** 〉 **Bad GuyがSallyを揺さぶる②**

That's all well and good, but I think I would prefer to have some independent verification.

それは確かに結構なことですが、私としては何か独立した証明が欲しいと思います。

解説 that's all well and good は文字通り解釈すると「すべてよい、結構」ですが、実際には何か不満があって、それを口にする際の枕詞として使うことが大半です。この発言に続けて、「過去の取引先から評判を聞きたい」という失礼な要望に踏み込めるのも Bad Guy にしかできないワザ。そして直後に、Good Guy の Blake が Kirsty に賛成しつつも「御社への過剰な要求にならなければよいですが」とフォローに回っている点にも注目してください。巧妙なチームプレーは参考になるはずです。

1 | Yes, I understand that, but some kind of third-party verification would be more reassuring for me.

2 | I appreciate that, but some form of independent endorsement would make me feel more comfortable.

Function **6** 〉 誤解を避けるため詳細を伝える

Can you be sure to send us both the terms and conditions as well as that list of referees by close of business today?

その審判者リストはもちろん、契約条件も本日の営業時間終了までに送ってもらえますか。

解説 ビジネスにおける要望は、明確に言葉にして確認する必要があります。ここでは「何を、いつまでに、どうする」と明確に指示しています。このようにしつこいほどリマインドすることでトラブルを避ける狙いがあるのです。

特に、日本人は「言わなくてもわかってもらえている」と思いがち。これはハイコンテクストといって、ほぼ同一民族で歴史を重ねてきているような以心伝心が成り立つ環境における特性です。

対して英語圏（特にアメリカ）はローコンテクスト。様々な人種が共存しながら発展したため、「何も言わない＝わかりあえない」のが当たり前で、細かく状況を伝える傾向があります。

では、世界の共通言語である英語で世界中の人を相手にビジネスをするとなったらどうでしょうか。もちろん、ローコンテクストを徹底するべきです。

Can you 〜? は Bad Guy らしい表現で、依頼をするのにふさわしくない不躾な印象を与えてしまうので要注意です。普通は Could you 〜? で依頼しましょう。もっと丁寧にしたければ、Would it be possible for you to 〜? / Could you possibly 〜? / Would you mind 〜? などの言い回しもあります。基本的に「平叙文よりも疑問文で依頼するほうが丁寧」と覚えてください。ただし、We would be grateful if you could 〜. などにすると、平叙文ですがかなり丁寧です。

他の表現 **1** | I'd be very grateful if you could send us both the terms and conditions as well as that referee list by close of business today.

2 | I wonder if you could possibly send us the terms and conditions as well as the names of your referees by close of business today.

3 | Do you think it will be possible for you to send us both the terms of use and the referee list by close of business today?

EXERCISE DIALOGUE

付属音声を聞き、空所にあてはまる英語を埋めてください。

1 **A:** At this company, we always want to be sure that ▭▭▭▭▭ ▭▭▭▭▭ before signing a contract.

B: This is the first such case for me, so I'd like to ▭▭▭▭▭ ▭▭ .

A: I fully understand.

A: 弊社では常にお客様には十分ご納得の上で、ご契約いただきたいと願っております。

B: こちらも、このようなケースは初めてですから、できるだけ慎重に検討したいと考えています。

A: よくわかります。

---

2 **A:** If I can put it this way, ▭▭▭▭▭▭ when presenting this to our board, and it would be difficult if I wasn't persuasive enough.

B: I hear what you're saying. In that regard, I think that if you used our service, you'd quickly become aware of its quality.

A: That may be true, but from our point of view, the main thing is to ▭▭▭▭▭ ▭▭▭▭ before using it.

B: Yes, you're quite right.

A: こう言っては何ですが、これは役員会に提出して承認を得る必要があるので、よほど説得力がないと困るんですよ。

B: おっしゃる通りだと思います。それに関していえば、弊社サービスは使っていただければ、その品質はすぐに実感いただけると思っております。

A: そうかもしれませんが、こちらとしては、使う前にそのサービスの品質を確かめたいというのが肝なんです。

B: はい、ごもっともなことです。

---

3 **A:** Would it be possible for us to talk directly with people who have used your service?

B: Of course, that's possible. I think we can ▭▭▭▭▭▭▭ .

A: Naturally, I'm sorry if that sounds unreasonable, but we would like to ▭▭▭▭▭ ▭▭▭▭ .

B: Yes, I quite understand.

A: 御社のサービスを使った人たちと直接お話することは可能でしょうか。

B: もちろん可能です。そのことでしたらご同意いただけると思います。

A: もちろん、無理を言うことになると申し訳ないとは思いますが、第三者の評価を事前に得ておきたいと思います。

B: はい、了解いたしました。

4 A: However, that said, ▨▨▨▨▨▨▨▨▨▨▨▨▨▨▨▨▨▨▨▨. We need to report some kind of test results at the board meeting at the end of this month. Do you think you could email us a list of clients we could access by tomorrow morning?

B: Yes, of course. First thing in the morning, I'll email you ▨▨▨▨▨▨▨▨▨▨▨▨▨▨▨▨▨▨▨▨▨▨▨.

A: ただ、そうはいっても、検討にはあまり時間がない状況です。今月末の役員会では何らかの検討結果を報告する必要があるのでね。明日の午前までに、こちらからアクセスできる顧客のリストをメールでいただけますか。

B: はい、もちろんです。朝一番に契約条件一式と弊社の顧客リストをメールにてご送付申し上げます。

正解

1 A: the customer has a good understanding
B: examine it as carefully as I can

2 A: I'll need to get approval
A: ascertain the quality of the service

3 B: get their consent for that
A: get third-party evaluation in advance

4 A: we don't have a lot of time to look into it
B: a complete set of our terms and conditions and a list of our clients

UNIT

10

—

NIBBLE

ニブル

NIBBLE 1

NIBBLE 2

Nibble (1)

ニブル(1)

DL-51

○

DIALOGUE 1

Victoria DeSantis, the CEO of a pharmaceutical goods company, is meeting with Anand Shankar, the COO of a sales and distribution company that she would like to represent her products.

Anand: Good morning, Ms. DeSantis. I'm very happy to meet you.

Victoria: I'm happy to be here. Oh, by the way, please call me Victoria.

Anand: Sure. And please call me Anand. 1. First off, please be so kind as to give me a general idea of what you're looking for.

Victoria: Absolutely. 2. As you probably know, we're a relatively young company, but our product lineup has already garnered some promising results.

Anand: 3. Yes, I took a quick look at the figures you sent me, and it immediately struck me that your growth has been quite impressive. 4. Nevertheless, your distribution seems patchy—you don't have much of a presence in some of the most important regions.

Victoria: Exactly. You've hit the nail on the head. We're selling really well in a few states, but in order to grow, we need to have nationwide distribution. We simply don't have the resources to do that on our own, which is why we're seeking to partner up with a company like yours.

Anand: Well, we see great potential in your products, especially since we don't have anything similar in our lineup.

Victoria: 5. So, what could you do for us?

Anand: The most important thing is that we have strong relationships with the major national wholesalers. We could almost certainly convince them to add your products to their range.

Victoria: How about the retail level?

Anand: Well, we have teams of sales agents covering virtually the whole country. Their job is to try to get your products into as many retail outlets as possible.

Victoria: That sounds like exactly what we've been looking for.

Anand: 6. I don't want to sound overly optimistic, but I think we could boost your sales by 30 to 50% in the first year.

CONTINUED P.256

VOCABULARY

- relatively（副）比較的、相対的に
- garner（動）〔努力して〕獲得する
- strike（動）〔人の〕心を打つ、印象を与える
- patchy（形）つぎはぎの、不完全な

ケース　販売流通の代理店契約①

目的 | Anandはまず自社の優位性を売り込みたい

TRANSLATION

> 製薬製品会社 CEO の Victoria DeSantis は、自社の製品の代理店契約をしてもらうべく、販売流通会社の COO である Anand Shankar と会っています。

Anand: おはようございます、DeSantis さん。お会いできて嬉しいです。

Victoria: こちらにおうかがいできて嬉しいです。ところで、私のことは Victoria と呼んでください。

Anand: わかりました。私のことは Anand とお呼びください。最初に御社のご要望について大まかにおうかがいできれば幸いです。

Victoria: もちろんです。おそらくご存知のように、弊社は比較的若い会社ですが、製品のラインナップはすでにいくつかの有望な結果を得ています。

Anand: はい、送ってくださった数字を拝見して、すぐにその目覚ましい成長に感銘を受けました。それにもかかわらず、販売網は不完全な状態のようですね。最も重要な地域のいくつかで十分に存在感を発揮できていませんね。

Victoria: おっしゃる通りです。まさにその通りです。いくつかの州では実によく売れていますが、成長するためには全国的な販売網を持つ必要があります。弊社は自社のみでそれを行うには単にリソースがなく、そのため御社のような会社と提携しようとしているのです。

Anand: ええ、弊社としては御社の製品に大きな可能性を見出しています。特に弊社には同じようなラインナップがありませんので。

Victoria: では、弊社のために何をしていただけますか。

Anand: 最も重要なことは、弊社が主要な全国規模の卸売業者と強い関係を持っていることです。弊社はほぼ確実に、御社製品を彼らの販売領域に加えるよう説得できると思います。

Victoria: 小売りレベルではどうですか。

Anand: そうですね、実質的に全国を網羅している販売代理店のチームがあります。彼らの仕事は、できる限り多くの小売店に御社の製品を置くように働きかけることです。

Victoria: それはまさに私たちが探していたもののように聞こえます。

Anand: 読みが甘すぎたら申し訳ないのですが、最初の 1 年間で売上を 30 から 50% 伸ばすことができると思います。

■ hit the nail on the head（動・句）〔判断・意見などが〕　■ overly optimistic あまりに楽観的な
的を射ている

交渉コラム

押さえておきたいNibbleの切り出し文句

Nibble は往年の刑事ドラマの主人公、刑事コロンボのごとく「もう1つ確認したいことが…」と小出しに要望を伝えて、最終的にはたくさんの要望を通したり、大きな交渉成果を得たりすることを目的とした交渉術です。そんな Nibble を切り出すときに便利なフレーズをご紹介します。ダイアログに登場していないものも含まれるので、表現のバリエーションを増やすためにご活用ください。

Just one more thing.（あと1つだけいいですか）
There's just one more thing.（あともう1つだけあるのですが）
I'd just like to confirm something.（少し確認したいことがあります）
in addition / additionally（さらに、加えて）

Key Function Phrases

Function **1** › 先方の要望を確認する

> First off, please be so kind as to give me a general idea of what you're looking for.
>
> 最初に御社のご要望について大まかにおうかがいできれば幸いです。

解説 販売会社の Anand が Victoria に質問を投げかけます。
so ... as to ～は「～するほどに…」という程度や結果を表す表現です。
please be so kind には「お手数おかけいたしますが～していただけますか」と丁寧に依頼する意味合いが含まれています。
以下の 2 の I would appreciate it if you could ～はビジネスメールでも頻出です。

他の表現
1 | Would you be kind enough to give me a broad outline of your request?
2 | I would appreciate it if you could give me a general idea of what you have in mind.
3 | Would you mind listing the main points of what you're looking for?

Function **2** › 自社の現状を説明する

> As you probably know, we're a relatively young company, but our product lineup has already garnered some promising results
>
> おそらくご存知のように、弊社は比較的若い会社ですが、製品のラインナップはすでにいくつかの有望な結果を得ています。

解説 as you know は「ご存知のように」でおなじみですが、probably を入れることで、よりこなれた表現になります。
garner は「（努力して）～を獲得する」「（情報を）集める、蓄積する」、さらには「（称賛などを）得る」という意味もあります。

他の表現
1 | As you have already discovered, our product line has gained a strong reputation.
2 | As you may have heard, our product range has won high praise.

UNIT 10 Nibble (1)

Function **3** 〉 社交辞令をクッションとして使う

Yes, I took a quick look at the figures you sent me, and it immediately struck me that your growth has been quite impressive.

はい、送ってくださった数字を拝見して、すぐにその目覚ましい成長に感銘を受けました。

解説 販売会社の Anand が社交辞令を述べます。注意したいのは、これが Function 4 のためのクッション言葉のような役割を果たしている点。意味もなくただ褒めているのではなく、交渉戦略の一環です。
take a quick look at ～ は「～に素早く目を通す」で、他にも glance over ～ / look over ～ / cast an eye over ～ などといえます。

他の表現
1 | Yes, I glanced over the figures, and I got the instant impression that your growth has been quite remarkable.

2 | Yes, as I looked over the figures, it didn't take me long to realize that your growth has been quite impressive.

3 | Yes, I was very impressed when I cast an eye over the figures, which showed rapid and consistent growth.

Function **4** 〉 相手の弱点を指摘する

Nevertheless, your distribution seems patchy—you don't have much of a presence in some of the most important regions.

それにもかかわらず、販売網は不完全な状態のようですね。最も重要な地域のいくつかで十分に存在感を発揮できていませんね。

解説 ここで「弱点を指摘する」という本題を披露します。
distribution は「販売網」で、ビジネス英語の基本単語。marketing network / sales network / dealer network ともいいます。
patchy は「つぎはぎの、完全でない」という意味ですが、seem を入れることで少し表現が和らいでいます。

他の表現
1 | Nonetheless, your distribution leaves a lot to be desired.

2 | And yet, your sales network has only patchy coverage.

3 | For all that, your presence in the market falls short.

Function **5** 〉 サービス内容を確認する

So, what could you do for us?

では、弊社のために何をしていただけますか。

解説 メーカーの Victoria が単刀直入に質問しています。もちろん、What <u>would</u> you do for us? でも構いません。
なお、過去形の could は can を使うより丁寧さが増し、以下は 3 にいくほど丁寧な表現といえます。

他の表現 1 | So, what is your plan for us?

2 | So, how could you help us?

3 | So, would you kindly tell me how you can assist us?

Function **6** 〉 見通しを提示する

I don't want to sound overly optimistic, but I think we could boost your sales by 30 to 50% in the first year.

読みが甘すぎたら申し訳ないのですが、最初の1年間で売上を30から50%伸ばすことができると思います。

解説 販売会社の Anand が見通しを提示します。強気ともとれる数字ですので、I don't want to 〜という言い回しを入れることで控えめな印象を演出しています。
sound overly optimistic で「楽観的すぎるように聞こえる」という意味。
他に「楽観的」に関連した表現としては rosy view / look through rose-colored glasses / promise an optimistic outlook などがあります。

他の表現 1 | I don't want to give you an overly optimistic view, but...

2 | I don't want to paint too rosy a picture, but...

3 | I can't promise an optimistic outlook, but...

EXERCISE DIALOGUE

付属音声を聞き、空所にあてはまる英語を埋めてください。　　DL-52 ○

1)

A: Our company has only just started, but ▓▓▓▓▓▓▓▓▓▓▓▓▓▓ ▓▓▓▓▓▓▓▓▓ of listing on the stock exchange.

B: Yes, you've already had ▓▓▓▓▓▓▓▓▓▓▓▓▓▓▓▓▓▓▓▓▓ .

A: But I think we need to grow even more, and that's why we'd like your company's help.

B: I understand. I think there are things we can do for you, and I would definitely like to cooperate.

A: 弊社はまだ創業したばかりですが、すでに株式上場を視野に入れています。

B: はい、すでにメディアで広く取り上げられていますね。

A: しかし弊社にはさらなる成長が必要と考えており、御社のお力添えをいただきたいのです。

B: 了解しました。弊社でできることがあると存じますので、是非ご協力したいと思います。

2)

A: What do you think are the problems with our firm's performance?

B: Everyone knows that ▓▓▓▓▓▓▓▓▓▓▓▓▓▓▓▓▓▓ .

A: So, ▓▓▓▓▓▓▓▓▓▓▓▓▓▓▓▓▓▓▓▓▓▓▓ to our company?

B: I think we can help you discover potential clients in the market.

A: 弊社の業績についてどんな問題があると思われますか。

B: 御社の非常に高い評価は周知の通りです。

A: では、御社サービスが弊社にどんな利益をもたらすのでしょう。

B: 市場の潜在顧客を見出すお手伝いができると思います。

3)

A: In recent years, ▓▓▓▓▓▓▓▓▓▓▓▓▓▓▓▓▓▓▓▓▓▓▓▓▓ .

B: Yes, it has. It's been just three years since we set up, and our applications have already been very highly rated in the market.

A: From this point on, I believe you should think about ▓▓▓▓▓▓▓▓▓▓▓▓▓▓▓ ▓▓▓▓▓▓▓▓▓▓▓▓▓ . What's your take on that?

B: That's actually the market we had in mind, so I think you've hit the nail on the head.

A: 近年、御社の成長にはまさに目を見張るものがありますね。

B: はい。創業してまだ3年ですが、弊社アプリはすでに市場で大変高い評価をいただいております。

A: 今後は BtoC から BtoB を狙うべきだと思いますが、どうお考えでしょうか。

B: まさにそこが私たちが狙っている市場であり、図星のご指摘かと思います。

4 A: The figures you gave us were really fantastic. But I got the impression that you were ▩▩▩▩▩▩▩▩▩▩▩▩▩▩▩▩▩▩▩▩▩▩▩▩.

B: Yes, that's correct. It's not just the domestic market that we want to develop but the foreign market, too.

A: We have ▩▩▩▩▩▩▩▩▩▩▩▩▩▩▩▩▩▩▩▩▩▩▩▩, and I'm convinced that we could help you develop rapidly overseas.

B: So, in concrete terms, how could you help us?

A: 御社からいただいた数字は実に素晴らしいものでした。ただ、海外販路で少々苦戦されているとお見受けしました。

B: ええ、そうなのです。国内市場のみならず海外市場展開もしたいと思っています。

A: 弊社は実質的に世界中に販売網を持っており、御社が一気に海外展開されるのをお手伝いできると確信しています。

B: では、具体的にはどのようにお手伝いいただけるでしょうか。

正解

1. **A:** we're already eyeing the possibility
   B: wide exposure in the media
2. **B:** you're very highly rated
   A: what benefits would your services bring
3. **A:** your firm's growth has been quite astonishing
   A: switching from a B-to-C to a B-to-B model
4. **A:** struggling a bit in overseas markets
   A: a substantial global sales network

Nibble (2)

ニブル(2)

DL-53

DIALOGUE 2

> The conversation between Victoria and Anand continues.

Victoria: 1. Could you tell me what the terms and conditions would be?

Anand: Sure. We operate on a two-tier structure—a monthly fee of $10,000 plus a 3% commission on any sales we make.

Victoria: Hmm…$10,000. 2. I'm afraid that's probably a bit beyond our means right now.

Anand: Well, then, how about $7,500 a month and a 5% commission?

Victoria: OK, that sounds doable.

Anand: Wonderful! Do you have to get the approval of your board?

Victoria: No, I have full authority to make the deal.

Anand: Great! 3. Can we lock in this arrangement for a five-year term?

Victoria: Well, er…yes, I suppose that's fine.

Anand: 4. And in addition, could you provide our sales team with promotional samples?

Victoria: We'd be happy to. Did you have a figure in mind?

Anand: How about stock equivalent to 2% of projected annual sales?

Victoria: That's substantially more than we would normally consider.

Anand: Yes, but with an aggressive sales team in the field, we can't afford to run short.

Victoria: OK, I think we can manage that.

Anand: Thanks, I'm sure you won't regret it. 5. Oh, and there's just one more thing… the national wholesalers have big meetings at certain times of the year to decide on their product range. We would send representatives to these meetings to pitch your products, and so we would need to ask you to subsidize our costs.

Victoria: Well, um, OK, if that means that we get access to the key decision makers.

Anand: And on the subject of promotion, there are some major trade fairs throughout the year where we could really push your products. 6. I was wondering if you might be able to sponsor a booth.

Victoria: That's a possibility, but I think we'll have to consider that a bit further down the road.

VOCABULARY

- terms and conditions(名・句)契約条件
- two-tier structure(名・句)2段階構造
- means(名)資力、財力
- doable(形)実行可能な

ケース 販売流通の代理店契約②

目的 | AnandはNibbleで有利な契約条件を目指したい

TRANSLATION

Victoria と Anand の会話が続きます。

Victoria: 契約条件について教えていただけますか。

Anand: はい。当社は月額1万ドルと、当社が行うすべての売上に対して3%の手数料を加える、2段階で運営しています。

Victoria: うーん…1万ドルですか。それは残念ながら、おそらく今の弊社の資力を少し超えています。

Anand: それでは、月に7500ドルと5%の手数料ではいかがですか。

Victoria: はい、それなら可能だと思います。

Anand: 素晴らしい! あなたは役員会の承認を得る必要がありますか。

Victoria: いいえ、私には取引をまとめる全権があります。

Anand: 素晴らしい! この取り決めを5年契約に固定することはできますか。

Victoria: まあ、えーと…はい、大丈夫だと思います。

Anand: それに加えて、弊社営業チームにプロモーションサンプルを提供してもらえますか。

Victoria: 喜んで。数量はいかほど?

Anand: 年間売上高の2%に相当する在庫ではいかがですか。

Victoria: それは私たちが通常考えるよりもかなり多いです。

Anand: はい、しかしこの分野で積極的な営業チームを使うには、在庫が不足するわけにはいきません。

Victoria: わかりました、何とかできると思います。

Anand: ありがとうございます、後悔はさせません。ああ、そしてもう1つだけ…全国の卸売業者は取扱い製品を決定するために、1年の特定の時期に大きな会議を開いています。私たちは御社製品を売り込むためにこれらの会議に代表者を送るので、御社には弊社のコストを補助していただくようお願いする必要があります。

Victoria: そうですね、もしそれで我々が主要な意思決定者に接触できるということであれば、まあオーケーです。

Anand: そしてプロモーションに関しては、年間を通じていくつかの主要な見本市があり、実際に御社製品をプッシュすることができます。ブースのスポンサーをしていただけないかと思いますが。

Victoria: 可能性はありますが、それはもう少し先で考える必要があると思います。

■ authority (名) 権限、権威
■ equivalent to ~ (形・句) ~に相当する
■ pitch (動) ~を売り込む
■ down the road (前・句) 今後、やがて、将来

BtoCでも多用されるNibble

ダイアログで紹介したケースの他にも、Nibble は様々なシーンで使うことができます。ここでは BtoC の事例をご紹介します。

下記のどの例を見ても、相手が購入を決めそう、あるいはすでに購入意思を固めた段階でNibble を仕掛けている点に注目してください。

［レザージャケットを購入することに決めた顧客に対して販売員が…］
How about a care spray that will allow you to use leather items for a long time?
（レザー製品を長くお使いいただくためにケアスプレーはいかがですか）

［ラップトップを買った顧客に販売員が…］
What do you think about extending the guarantee from one to three years for an additional $200?
（追加 200 ドルで1年保証を3年に延長することをお考えになってみては？）

［環境保護団体に寄付を行った人に団体職員が…］
Would you be interested in taking out an annual subscription to our monthly magazine? People who donated get a 5% discount, and the proceeds go toward environmental protection activities.
（月刊誌の年間購読に興味はございませんか。寄付をしてくださった方は5％割引となり、収益金は環境保護活動に充てられます）

［新車の購入を決めた顧客に販売員が…］
I recommend special insurance for a new car. If by any chance a customer's car is completely wrecked, the total payout will cover the total cost of a new car.
（新車特約保険をお勧めしております。 万が一、お客様のお車が全損してしまった場合でも新車時の価格相当額をカバーいたします）

KEY FUNCTION PHRASES

Function **1** > 契約条件を確認する

Could you tell me what the terms and conditions would be?

契約条件について教えていただけますか。

解説 Victoria が取引条件の確認に入ります。
would と助動詞の過去形を使うことによって「契約条件がどうなるだろうか」と将来の可能性を柔らげに問う内容となっています。
助動詞の過去形には現実との剥離の意味合いが含まれることが多く、文頭の could も「〜できるのであれば」と可能性を暗示して、丁寧かつ遠回しな聞き方になっています。

他の表現
1 | Would you kindly tell me what the contract conditions would be?
2 | Would you be so kind as to tell me the terms of your contract?
3 | I'd like to know the terms and conditions of the contract.

Function **2** > 値引き交渉を行う

I'm afraid that's probably a bit beyond our means right now.

それは残念ながら、おそらく今の弊社の資力を少し超えています。

解説 Anand が強気な数字を提示したのに対して、Victoria が応じています。
I'm afraid 〜 は「〜でないかと懸念している」から、「あいにく」「残念ながら」「申し訳なく思いますが」と遠回しに断りを示す表現になります。a bit も遠回しに「若干」「少し」と、予算を超えていることを示唆しています。また、「たぶん、おそらく」を表現する副詞は多くありますが、次のように程度の違いがあります。probably : 80 〜 90％ / maybe : 50％ / perhaps : 30 〜 40％ / possibly: 10 〜 30％

他の表現
1 | I regret to say that's probably a bit beyond our budget.
2 | I'm afraid that's a bit more than we're prepared to spend.
3 | Unfortunately, that's slightly beyond our reach at present.

Can we lock in this arrangement for a five-year term?

この取り決めを5年契約に固定することはできますか。

解説 Anand による Nibble が始まりました。
「～を固定する、確定する」という表現には、lock in の他に fix、nail、peg、pin などがあります。

他の表現 1 | Could we make this arrangement for a five-year term?
2 | Can we fix our deal for a five-year term?

Function **4** > AnandがNibbleで攻める②

And in addition, could you provide our sales team with promotional samples?

それに加えて、弊社営業チームにプロモーションサンプルを提供してもらえますか。

解説 and in addition は、まさに Nibble につきものの表現です。少しずつ詰め寄る感じが伝わってくるでしょう。他にも以下のような類似表現があります。後にいくほど丁寧な印象を与えます。

in addition / one more thing / just one more thing / furthermore

他の表現 1 | In addition, could you supply us with promotional samples?
2 | On top of that, we would like you to let us have some samples.
3 | One more thing—it would be really helpful if you could provide some samples.

Function **5** > AnandがNibbleで攻める③

Oh, and there's just one more thing...the national wholesalers have big meetings at certain times of the year to decide on their product range. We would send representatives to these meetings to pitch your products, and so we would need to ask you to subsidize our costs.

ああ、そしてもう1つだけ…全国の卸売業者は取扱い製品を決定するために、1年の特定の時期に大きな会議を開いています。私たちは御社製品を売り込むためにこれらの会議に代表者を送るので、御社には弊社のコストを補助していただくようお願いする必要があります。

解説 there's just one more thing も、Nibble を仕掛ける側が使う常套表現です。以下は上記文の要点のみを伝える言い換えです。

他の表現

1 | There's one more thing—we want you to subsidize our travel costs.

2 | One final point—we would like you to contribute to our meeting costs.

3 | There's just one more thing—from our point of view, it would be very useful to have your assistance at wholesalers' meetings, fairs and suchlike.

Function **6** › AnandがNibbleで攻める④

I was wondering if you might be able to sponsor a booth.

ブースのスポンサーをしていただけないかと思いますが。

解説 Anand の Nibble はまだまだ続きます。小出しに要求しているので一見わかりにくいですが、彼女の要求をすべて受け入れると相手方にとっては大きな負担となるでしょう。これが Nibble の怖さといえます。

I was wondering if you might be able to ～「～していただけませんでしょうか」は、何かを依頼する際の最上級に丁寧な表現です。

他の表現

1 | I was wondering if you could sponsor a booth.

2 | I would appreciate it if you could contribute to the cost of a booth.

3 | Would it be possible for you to subsidize a booth?

「丁寧な依頼」表現には以下のものがあり、後にいくほど丁寧さの度合いが増します。

Would[Could] you ～ ? / Would you be so kind as to ～ ? / Would it be possible to ～ ? / I would appreciate it if you could ～ . / I was wondering if you could ～ .

UNIT **10** Nibble（2）

EXERCISE DIALOGUE

付属音声を聞き、空所にあてはまる英語を埋めてください。　　　DL-54　○

1 A: Who is in overall charge of this project? Do you ▨▨▨▨▨▨▨▨▨▨▨▨▨▨▨▨▨ ▨▨▨▨▨▨▨▨▨▨?

B: ▨▨▨▨▨▨▨▨▨▨▨▨▨▨▨▨▨, and I have full authority to make decisions.

A: The initial total cost of setting up a sales network is going to be $200,000.

B: That's slightly over our budget, so I think it might be a bit difficult.

A: 今回のプロジェクトの総責任者はどなたでしょうか。　決裁権はお持ちですか。

B: 総責任者は私で、すべての決裁権は私が持っています。

A: 販売網形成には初期費用として総額で 20 万ドルがかかります。

B: それは弊社予算をいささかオーバーしており、少し難しいかと思います。

2 A: If the project is to proceed smoothly, ▨▨▨▨▨▨▨▨▨▨▨▨▨▨▨▨▨ ▨▨▨▨▨▨▨▨.

B: Is that in addition to the total amount? That would be ▨▨▨▨▨▨▨▨▨▨ ▨▨▨▨▨▨▨▨▨.

A: I see. In that case, how would it be if the overall total were $180,000?

B: If that's possible, we can manage it somehow.

A: プロジェクトを円滑に進めるために 5000 ドルの初期調査費が必要です。

B: それは総額に加えてということですか。それは予算上無理かと。

A: なるほど。であれば、総額を 18 万ドルとするのではいかがですか。

B: それならば何とか支払い可能です。

3 A: There's just one more thing—if sales are to proceed smoothly, we recommend that we ▨▨▨▨▨▨▨▨▨▨▨▨▨▨▨▨▨▨▨. We'd be happy if you could cover the production costs.

B: Wouldn't it be possible simply to expand our current site?

A: If you're developing a new route, setting up a new website is the most effective solution. That's ▨▨▨▨▨▨▨▨▨▨▨▨▨▨▨▨▨▨▨▨▨▨▨▨▨▨. It's essential in cases like this.

B: If you think so, then that's fine.

A: それともう 1 つ、円滑な販売を進めるため、弊社では専用サイトの構築をお勧めしています。その製作費をご負担いただければ幸いです。

B: 単に現行サイトの増設では難しいのでしょうか。

A: 新規のルート開拓には新規サイトの構築が最も効果的です。弊社は長年の経験から、それがわかりました。このような場合には必須です。

B: そこまで言われるのであれば、構いません。

4 A: Can I just say one thing in conclusion? We would really like you to █████████ ████████████████████████████ a trade show. If you did that, you'd be able to directly create F-to-F customers.

B: How much would it be to do that?

A: We would ██████████████████████████. Would it be OK for you just to cover personnel expenses?

B: I see. Sure, we can manage that somehow.

A: 最後に、もう1つよろしいですか。展示会への参加を是非ご検討いただきたいと思います。これにより直接のF to Fの顧客づくりが可能になります。

B: それにはいくらかかりますか。

A: これは共同で行いたいと思います。人件費だけご負担いただけますか。

B: 了解しました。ええ、何とか工面できるでしょう。

正解

1 A: have the authority to make decisions
  B: I'm in overall charge

2 A: we'll need $5,000 for primary research
  B: impossible from a budgetary perspective

3 A: construct a dedicated website for you
  A: something we've learned from long years of experience

4 A: consider taking part in
  A: do it jointly with you

UNIT

11

—

BOGEY

ボギー

BOGEY 1

BOGEY 3

UNIT 11 — Bogey (1)
ボギー(1)

DL-55

DIALOGUE 1

Alice Edmonds, the CEO of a packaging company, is discussing a salary raise with James Frazer, a high-performing manager whom she would like to retain. She knows he will ask for a substantial raise, but she is under pressure from her board to keep costs down. She is aware that his family situation would make him reluctant to accept a job that involves a lot of traveling and hopes to use this as leverage.

Alice: Good morning, James. Please take a seat.

James: Good morning, Alice. Thank you.

Alice: 1. You look a bit tired, James. I suppose it must be the new baby.

James: Exactly. We've just had our second child, so my wife and I are both a bit sleep-deprived at the moment.

Alice: 2. Yes, I remember what it was like when my kids were young. Still, it's just a matter of gritting your teeth and getting through it.

James: Yes, it's going to be tough for a while, but I'm sure I'll manage.

Alice: 3. Anyway, let's get down to business.

James: Sure.

Alice: 4. OK, well, we're here today to discuss your annual salary review. First off, how would you assess your performance over the past 12 months?

James: Well, there have definitely been some challenges, but I think I've been able to meet them and come up with some creative solutions.

Alice: 5. Yes, I agree. What would you consider as your main achievement during that period?

James: Well, moving into the position of regional sales manager presented me with a pretty steep learning curve, but I was able to learn the ropes quite quickly with the help of my team. They were extremely cooperative and supportive.

Alice: That's good to hear. And the results were remarkable. 6. Let me take a quick glance at this spreadsheet...right...a revenue increase of 28% across the board.

James: Yes, everyone was over the moon about that, especially as our target was 18%.

Alice: I know you and your team put in a lot of overtime to achieve that.

James: Yes, we knew we'd have to go the extra mile.

CONTINUED P.274

VOCABULARY

- sleep-deprived (形) 睡眠不足の
- grit one's teeth (動・句) 歯を食いしばる
- get down to ～ (動・句) ～に本腰を入れて取り組む
- learn the ropes (動・句) コツをつかむ

266

ケース　昇給を望む社員との給与交渉①

目的　AliceはまずJamesに自己評価を語らせたい

TRANSLATION

> 包装会社の CEO、Alice Edmonds は、彼女が留任させたいと思っている高業績のマネージャーである James Frazer と昇給について話し合っています。彼女は彼が大幅な昇給を求めると見ていますが、そのコストを抑えるように役員会から圧力がかかっています。彼女は、彼が家族の事情で出張の多い仕事を受け入れたがらないと認識した上で、これをレバレッジにしたいと思っています。

Alice:　おはよう、James。どうぞおかけください。

James:　おはようございます、Alice。ありがとう。

Alice:　少し疲れているみたいね、James。きっと新しく生まれた赤ちゃんのせいですね。

James:　まさにその通りです。ちょうど第二子を授かったので、妻も私も今、睡眠不足気味です。

Alice:　そうですね、私の子どもたちが小さかった頃を思い出します。それでも歯を食いしばって乗り切らなきゃいけませんね。

James:　はい、しばらくは大変ですが、何とかなると思います。

Alice:　では、それはともかく本題に入りましょうか。

James:　もちろんです。

Alice:　さて、本日はあなたの年次給与の見直しについて話し合うためにここにいます。まず、ご自身は過去 12 か月間のパフォーマンスをどのように評価しますか。

James:　そうですね、確かにいくつか課題もありましたが、それらを乗り越えて、創造的な解決策を考え出すことができたと思います。

Alice:　はい、そうですね。この期間での主な成果は何だと思いますか。

James:　地域営業部長の地位に就いて、早急に学ぶべきことが多くありましたが、チームの助けを借りて仕事のコツをすぐに身につけることができました。彼らは非常に協力的で助けになってくれました。

Alice:　それはよかったです。しかも、結果は素晴らしいものでした。このスプレッドシートを見てみると…そうです…全体で 28％の増益でした。

James:　はい、特に目標は 18％だったので、誰もがそれには大喜びでした。

Alice:　あなたとチームはそれを達成するためにたくさん残業しましたね。

James:　はい、より一層努力していく所存です。

■ **across the board**（前・句）**全体的に**
■ **over the moon**（前・句）**大喜びして**

■ **put in overtime**（動・句）**時間外労働をする**
■ **go the extra mile**（動・句）**一層の努力をする**

交渉コラム

BtoBからBtoCまで、様々なBogey

ダイアログでは給与交渉という例を紹介していますが、実際には BtoB や BtoC を問わず、色々な場面で Bogey は使われています。

［住宅の購入で］
住宅購入を検討している客が、営業担当者に「是非この物件を購入したいが、駅から徒歩15分かかるのが難点。他のメーカーから似た物件を紹介されていて、そこは駅から5分」と伝える。
If you can take 5% off this price, I'll buy it even though it's a long way from the station.
（もしこちらの価格が5％安くなるなら、駅から遠くても購入します）
→実際は、客にとって駅からの距離は問題ではなく値引きが目的。

［契約の取り決めで］
契約を結ぶ段になって、買い手がメーカーに「弊社の規定では、ご請求書をいただいてから4か月後のお振込になります」と言い、それに対してメーカーが「もう少し早く振り込みを」と食い下がる。そこで買い手は、特例として早く振り込む代わりに値引きを要求する。
As a special case, would you give me discount of 3% in exchange for remitting the funds after two months?
（特例として2か月後に振り込むので、代わりに3％値引きしていただけますでしょうか）
→買い手にとっていつ振り込むかは問題ではなく値引きが目的。

KEY FUNCTION PHRASES

Function 1 › Bogeyの地ならしとしてスモールトークをする①

You look a bit tired, James. I suppose it must be the new baby.

少し疲れているみたいね、James。きっと新しく生まれた赤ちゃんのせいですね。

解説 Alice は James との給与交渉にあたり、You look a bit tired... と切り出します。通常このような話題から入ることはありませんが、この場合は赤ちゃんの話題を最初に切り出し、それを交渉の布石とするための作戦です。

「〜と思う、推察する」は suppose、guess、assume、presume などがありますが、suppose は話し手に確かな根拠はなく「〜かな」と推察しているときに使います。guess は suppose よりも確証がないときに使う傾向があり、カジュアルな場で好まれます。assume は根拠がないにもかかわらず「こうだ!」と決めてかかるニュアンス。presume は assume よりは根拠があり、「推測する、仮定する」などの訳語が合う堅い語感を持ちます。

他の表現
1 | You look as if you haven't slept much, James. I guess it must be the new baby.

2 | Are you OK, James? You look a little tired. I suppose the new baby must be the reason.

3 | You look exhausted, James. I presume your new baby is keeping you up.

Function 2 › Bogeyの地ならしとしてスモールトークをする②

Yes, I remember what it was like when my kids were young. Still, it's just a matter of gritting your teeth and getting through it.

そうですね、私の子どもたちが小さかった頃を思い出します。それでも歯を食いしばって乗り切らなきゃいけませんね。

解説 交渉では、相手の言ったことにいったんは同意する、あるいは mirroring で繰り返し、相手の気持ちとのリエゾンを作ります。ここでも Alice は臨場感たっぷりに子育ての大変さに共感しています。

just a matter of 〜は「単なる〜の問題」。grit one's teeth は「怒りなどで歯ぎしりをする」という意味もあります。

他の表現
1 | Well, I remember how it was when our children were small. When all is said and done, you have no choice but to see it through to the end.

2 | Yes, I can look back on what it was like when my kids were young. Still, all we can do is just grin and bear it.

Function **3** 〉 本題に入る

Anyway, let's get down to business.

では、それはともかく本題に入りましょうか。

解説 ここで注目したいのは、Alice が展開をコントロールしている点。James に育児の大変さを噛み締めさせることで彼の感情までもコントロールしており、これは交渉において重要なテクニックです。

他の表現 1 | Anyway, let's get down to work.

2 | OK, then. Let's get started.

3 | In any case, let's make a start.

Function **4** 〉 本題・議題を示す

OK, well, we're here today to discuss your annual salary review.

さて、本日はあなたの年次給与の見直しについて話し合うためにここにいます。

解説 we're here today to discuss は、会議や打ち合わせの冒頭で話の本題を明確にするためによく使われる表現です。
なお、英語ではプレゼンの場合も、まず主題・テーマを明確にし、そこから話を始めます。

他の表現 1 | Well, the business of the day is to discuss your annual salary review.

2 | OK, today, the main business is to talk about your annual salary review.

Function **5** 〉 相手に語らせるために質問する

Yes, I agree. What would you consider as your main achievement during that period?

はい、そうですね。この期間での主な成果は何だと思いますか。

解説 Yes, I agree. と、まずは肯定して、しっかりと交渉の定石を踏みます。
「価格交渉では相手に先に希望額を言わせたほうが、その値をもとに交渉できるので優位に立てる」と Door in the Face の交渉コラム（p.154）で解説しました。こういった評価面接でも同様で、先に評価される側に自己評価を述べさ

せて、評価する側は齟齬を埋めていくとイニシアチブを握ることが容易になります。まず相手に自分を語らせることで、「相手の考え・手の内」を知るのです。I agree. の同義表現には I second that. があります。これは元々は議会で使われていた言い回しで、現在では日常会話でも聞かれます。

UNIT 11 Bogey (1)

他の表現

1 | Yes, that's correct. What would you consider to be your main achievement during that period?

2 | Yes, that's right. What do you see as your main achievements during that time?

3 | Yes, precisely. From your point of view, what is your main achievement during the past 12 months?

Function 6 ＞ データを元に相手を評価する

Let me take a quick glance at this spreadsheet...right...a revenue increase of 28% across the board.

このスプレッドシートを見てみると…そうです…全体で28％の増益でした。

解説

Alice は単に James の発言を mirroring して共感するのではなく、具体的な根拠（データ）を挙げて James を評価します。彼の自己肯定感は高まりますし、Alice への信頼も増すでしょう。もちろんのことですが、Alice は Bogey を仕掛けるために戦略的にほめたたえています。

across the board は「全体にわたって、一律」という意味。across-the-board の形で形容詞として使われることも多く、例として across-the-board pay raise（全社一括の賃上げ）、across-the-board plan（包括プラン）、across-the-board cut in budget allocations（予算配分の一括引き下げ）などが挙げられます。

他の表現

1 | Let me take a quick look at this spreadsheet...right...a revenue increase of 28% totally.

2 | Let's take a quick glance at this spreadsheet...yes...an overall 28% increase in revenue.

3 | Let's cast our eyes over this spreadsheet...you've achieved a revenue increase of 28% all told.

EXERCISE DIALOGUE

付属音声を聞き、空所にあてはまる英語を埋めてください。

DL-56

1

A: Good morning.

B: Good morning. You look a little tired today. I suppose looking after your mother must be pretty tough.

A: Yes, you're right. She was roaming around all night. It was terrible. ░░░░░░░ ░░░░░░░░░░░░░░░░.

B: Yes, my father wanders around a lot. And added to that, my mother is ░░░░░ ░░░░░░░░░░░░░░░░, so I don't have much time to sleep.

A: おはようございます。

B: おはようございます。今日は少し疲れているようですね。もしかしてお母さんの介護がけっこう大変になっていますか。

A: ええ、そうなんです。一晩中徘徊して、それがひどくて。ほとんど眠れませんでした。

B: 実は、私の父も徘徊がひどくて。それに加えて、母が入退院を繰り返しているもんだから、寝る暇があまりないのです。

2

A: That must be tough, but ░░░░░░░░░░░░░░░░░░░░░░░░, and so we just have to do the best we can.

B: Yes, you're absolutely right. We just have to grit our teeth and carry on.

A: Yes, we just have to push on through it.

B: When someone has reached the end of their life, we have to do what's necessary so ░░░░░░░░░░░░░░░░░ later.

A: やっぱり大変ですよね。でもいずれは誰もがそうなりえますから、できる限りのことはしないと。

B: ええ、本当にそうですね。まさに踏ん張りどころですね。

A: はい、何とか頑張っていきましょう。

B: 人生の終わりが近づいたときに、必要なことをきっちりすれば、あとで後悔はしませんからね。

3

A: Another time, you'll have to let me know how you take care of her.

B: Yes, of course. Anyway, ░░░░░░░░░░░░░░░░░░░░░░░ today's business?

A: No, of course not.

B: ░░░░░░░░░░░░░░░ revise things for next year. The preparations are complete, right?

A: 今度、色々と介護について教えてください。

B: ええ、もちろんです。ところで、そろそろ今日の本題に入ってもいいでしょうか。

A: はい、大丈夫です。

B: 来年に向けての査定をするのが今日の主な目的です。準備はできているようですね。

4 A: Yes, they're fine. I've already ＿＿＿＿＿＿＿＿＿＿＿＿ .

B: That's reassuring. What's your assessment of our performance last year?

A: Well, ＿＿＿＿＿＿＿＿＿＿＿＿ , and I believe last year contributed a lot to that.

B: Certainly, as far as the rating sheet goes, we're 20% over our goal.

UNIT 11 Bogey (1)

A: はい、大丈夫です。下調べもしっかりしてきましたので。

B: それは心強いです。昨年の業績について、ご自分ではどう評価していますか。

A: はい、すべての目標は達成していますし、それに大いに貢献した1年だったと考えています。

B: 確かに、この評価シートを見る限り、120％の目標達成をしていますね。

正解

1 A: I could hardly sleep
B: always in and out of the hospital

2 A: it happens to everyone eventually
B: there's no cause for regrets

3 B: do you mind if we make a start on
B: Our main aim today is to

4 A: wrapped up the preliminaries
A: we're hitting all our targets

DIALOGUE 2

The conversation between Alice and James continues.

Alice: I see that your basic salary is currently $100,000 per annum. 1. We would obviously like to raise that for the coming year, but we need to look at how much. What are your feelings on the matter?

James: Well, I've been with the company for five years now and have consistently delivered good results, especially last year, as you mentioned. If I could move into a position that gave me greater responsibility, I'd be thinking in terms of $125,000.

Alice: OK, but that's a 25-percent increase, which is a lot of money in the present economic climate.

James: 2. I realize that, but I've been doing a bit of research, and I don't think that sum is unreasonable for someone in my position. 3. In fact, it's slightly lower than our competitors are paying for someone in an equivalent role.

Alice: 4. Yes, I take your point, but there are other factors you have to look at. 5. For example, if you take our range of benefits into account, I think it probably evens out across the whole compensation package.

James: Yes, that's a fair point. If I were to set things out completely honestly, I'd like to stress that I really enjoy my work here, and I believe in what the company is doing, but with a growing family, I really need to guarantee my financial future.

Alice: 6. Thanks for your honesty. On our part, we think you've been a star performer since day one and we would really like to keep you with us as we think you have a very bright future here.

James: Thanks, it's very nice of you to say so.

Alice: Not at all. It's quite true.

CONTINUED P.282

VOCABULARY

- per annum (前・句) 毎年、1年ごとに
- deliver (動) ～を生み出す
- economic climate (名・句) 景気、経済情勢
- even out (動・句) 等しくなる、一定になる

TRANSLATION

AliceとJamesの会話が続きます。

Alice: あなたの基本給は現在年収10万ドルです。それを来年は是非上げたいと思いますが、どの程度かを検討する必要があります。この件をどのように考えていますか。

James: そうですね、この会社に私が入社して5年になりますが、特に昨年は、おっしゃっていただいたように、一貫して良い結果を出してきました。 もっと大きな責任を負う立場に就くことができれば、12万5000ドルあたりを考えています。

Alice: わかりましたが、それですと25%の増加になり、現在の経済情勢では大きな金額かと。

James: それは認識していますが、少し下調べをしたところ、この金額は私の立場の人間にとっては法外だとは思いません。実際、競合他社が同等の役割を担う人に対して支払っている額よりも少し低い金額です。

Alice: はい、あなたの主張はもっともですが、検討すべき要因が他にもあります。例えば、我々の利益の範囲を考慮に入れると、おそらくそれは報酬体系全体で均等になると思います。

James: はい、それは公平な見方です。もし正直に言わせていただければ、私はここでの仕事を本当に楽しんでいるということを強調したいと思いますし、また会社がしていることも信じてはいますが、家族が増えている中で、私としては金銭面での将来を確かにする必要があるんです。

Alice: 正直に言ってくれてありがとう。我々からすれば、あなたは初日からスターパフォーマーだったと思いますし、ここにあなたのとても明るい未来があると思うので、本当にあなたにはいてほしいと思っています。

James: ありがとうございます。そう言ってくださり嬉しい限りです。

Alice: 当然です。全く本当のことですから。

■ compensation package（名・句）報酬体系、待遇

交渉コラム

経験者が語るBogeyの実際

ここでは Bogey を使った交渉の実例をご紹介しましょう。

以前、私が顧問を務めていた世界的な外資系企業での事例です。その会社は、ある日本の小さな会社を子会社化しようとしていました。その M&A の交渉の際、子会社化しようとしている会社（A 社）の経営者がなかなか首を縦に振らなかったため、Bogey の手法を使ったことがあります。

その M&A の対象会社には常々ライバルともいえる B 社があり、当然その会社の社長同士もいわゆる犬猿の仲でした。そこで、交渉の席で我が社の外国人社長は、現在日本でのパートナーを探しており、御社が最適と考えていたが、そのライバル会社 B 社の社長から強い合併の要請が来ていて、提示されている内容は今の交渉条件よりも当社にとっては有利な内容となっている。こちらとしては誠意をもって御社に好条件を提示したが、もしこれで不服ということであれば B 社と契約したいと思うがそれでいいか、と切り出しました。一旦は保留とされましたが、その翌朝 A 社社長から電話があり即断で子会社化が決まりました。

果たして B 社の申し出が本当だったかどうかはわかりませんが、いわば B 社の話はこの場合 A 社への Bogey の働きをしていたことは明白です。しかもライバル会社のため情報の精査が難しい点をついた策でした。

日本では誠意に欠ける方法と思われがちですが、国際ビジネスではしばしば実際にこの Bogey「脅し」が使われることを知っておくのは大切です。

KEY FUNCTION PHRASES

Function 1 〉 給与交渉で相手の要望を聞く

We would obviously like to raise that for the coming year, but we need to look at how much. What are your feelings on the matter?

それを来年は是非上げたいと思いますが、どの程度かを検討する必要があります。この件をどのように考えていますか。

解説 Alice が具体的な金額について触れていきます。obvious から積極的に昇給に応じたいという気持ちが感じ取れます。

そもそも Alice には役員会から、James の昇給を抑えるように圧がかかっているわけですが、それはおくびにも出さず、会社として積極的な昇給の意志があることを告げます。こうして James の率直な希望額を聞き出そうとしているのです。

他の表現
1 | As a matter of fact, we would like to raise that for the year ahead, but we need to look at how much. How do you see the matter?

2 | We would definitely like to raise that for the coming year, but we need to get some idea of how much. What's your take on the matter?

Function 2 〉 三角ロジックで反論する①

I realize that, but I've been doing a bit of research, and I don't think that sum is unreasonable for someone in my position.

それは認識していますが、少し下調べをしたところ、この金額は私の立場の人間にとっては法外だとは思いません。

解説 James は用意周到に本交渉に備えていたようで、自分で調査したことを論拠に反論していきます。交渉でも会議でも、英語圏のコミュニケーションではこういったロジックが求められます。いわゆる三角ロジックで、「主張＋論拠＋証拠」の3本柱から成っています。

他の表現
1 | I recognize that, but I've also investigated this by myself, and I think this amount is consistent with industry standards for someone in my position.

2 | I know that much, but I've been making some inquiries, and found out that the sum is fair for someone in my position.

> In fact, it's slightly lower than our competitors are paying for someone in an equivalent role.
>
> 実際、競合他社が同等の役割を担う人に対して支払っている額よりも少し低い金額です。

解説 これが三角ロジックの「証拠」にあたる部分で、証拠は「具体的なデータ・数字」を提示することが多いです。

ここで James は具体的な数値こそ挙げていませんが、他社よりも低いということで自分の希望額の正当性を訴えています。彼のロジックの構造をまとめると以下のようになります。

主張：I'd be thinking in terms of $125,000.

論拠：I don't think that sum is unreasonable for someone in my position.

証拠：In fact, it's slightly lower than our competitors are paying for someone in an equivalent role.

他の表現 1 | Truth be told, it's slightly less than what competitors are offering for the same kind of position.

2 | In reality, it's slightly lower than our competitors are paying for someone at the same level.

Function **4** 〉 反論して代替案を示す

> Yes, I take your point, but there are other factors you have to look at.
>
> はい、あなたの主張はもっともですが、検討すべき要因が他にもあります。

解説 Alice は反論しますが、ここでも交渉の基本に則り、「相手を認める表現＋反論」の構成を取っています。

他の表現 1 | Yes, I hear what you're saying, but there are other factors you have to take into account.

2 | Yes, I can see where you're coming from, but there are other elements that need to be considered.

Function **5** 〉 代替案を具体的に説明する

> For example, if you take our range of benefits into account, I think it probably evens out across the whole compensation package.
>
> 例えば、我々の利益の範囲を考慮に入れると、おそらくそれは報酬体系全体で均等になると思います。

解説 ここで Alice が提示したのは、金額よりも全体の報酬体系間でのメリットを優先するという視点です。金額へのこだわりと視点を逸らす働きかけをしているのです。

even out は「一様になる、均一になる」という意味で、他のメリットの総合で補えると主張しています。

他の表現

1 | For example, if we take into account the scope of our benefits, I think the entire reward package comes out to roughly the same amount.

2 | For example, if you take the full range of our benefits into account, I think there's probably not a lot of difference between the compensation packages.

Function **6** > Bogeyの地ならしとして全面的に肯定する

Thanks for your honesty. On our part, we think you've been a star performer since day one and we would really like to keep you with us as we think you have a very bright future here.

正直に言ってくれてありがとう。我々からすれば、あなたは初日からスターパフォーマーだったと思いますし、ここにあなたのとても明るい未来があると思うので、本当にあなたにはいてほしいと思っています。

解説 James はあくまでも希望額にこだわる様子。そこで Alice はいったん休戦し、James を褒めちぎります。

you have a very bright future here と大袈裟に聞こえるほどの褒め言葉を浴びせますが、正直に言ったことが全面的に受け入れられる、これほど心理的に安心できる対応はありません。当然ながら、Alice は続く Dialogue 3で Bogey を仕掛ける前の地ならしとして、こういった発言をしています。

他の表現

1 | Thank you for honesty. From our side, I think you've had an outstanding record throughout your time with us, and I think you have a very bright future here, so we really want you to stay.

2 | Thanks for being honest. From our standpoint, we think you've been a star performer since day one and we would really like to keep you with us as we think you could go a long way here.

EXERCISE DIALOGUE

付属音声を聞き、空所にあてはまる英語を埋めてください。 　　　　DL-58 〇

1 A: Currently, your annual salary is $120,000, but on the basis of your performance, ▓▓▓▓▓▓▓▓▓▓▓▓▓▓▓▓▓▓▓▓▓ your salary and benefits should improve. I'd like to ask you what you were hoping for.

B: Yes, sure. This year it will be eight years since I joined the company, so I'd like to go over the $150,000 mark. I feel sure that the work I've done justifies that.

A: That's a considerable increase. To be honest, I think it could be a little on the high side.

B: But ▓▓▓▓▓▓▓▓▓▓▓▓▓▓▓▓▓▓▓▓▓, I looked at the example of some other companies.

A: 現在のあなたの年俸は 12 万ドルですが、この業績に基づけば給与、賞与ともに上げる必要があるのは言うまでもありません。ご自身ではどれくらいを望んでいるのか聞きたいのですが。

B: そうですね。今年で入社8年目になりますから、15 万ドルは超えたいと考えています。それだけの仕事はしてきたという自負を持っております。

A: それはかなりの昇給ですね。正直なところ、少し高すぎるかと思います。

B: しかし比較のために、他社の事例を調べてみました。

---

2 A: Could you ▓▓▓▓▓▓▓▓▓▓▓▓▓▓▓▓▓▓▓▓▓?

B: Yes, if we compare people in other companies who are doing the same kind of job, ▓▓▓▓▓▓▓▓▓▓▓▓▓▓▓▓▓ around $150,000.

A: Even so, I still think that's a bit high.

B: Really? The amount I just told you is rather about $5,000 below the average level.

A: わかったことを教えてもらえませんか。

B: はい、同じような仕事をしている他社の社員と比較すると、相場は 15 万ドル前後と見積もります。

A: そうであっても、少し高いという印象は変わりません。

B: そうですか。むしろ先ほどの私の提示額では平均を 5000 ドルほど下回っています。

---

3 A: Can we ▓▓▓▓▓▓▓▓▓▓▓▓▓▓▓▓▓▓▓▓▓?

B: What do you mean exactly by another angle?

A: That is to say, the size of the salary is not ▓▓▓▓▓▓▓▓▓▓▓▓▓▓▓▓▓ ▓▓▓▓▓▓▓▓▓.

B: Could you give me more details?

A: 別の観点からこの件を見られませんか。

B: 別の観点といいますと何でしょうか。

A: つまり、給与の額だけが報酬のすべてではないということです。

B: 具体的に教えていただけますか。

4 A: You have to look at the advantages of ███████████████████████████████████ . Above and beyond the salary, it's possible to offer benefits for the sake of your family.

B: Yes, I suppose so. You certainly have a point there. For my part, I like this company and would like to carry on working here for the long term. But if you can't ███████████████████████████ , then I wouldn't be able to have any peace of mind in my work.

A: That's quite understandable. As far as we're concerned, we have a high opinion of your performance.

B: Yes, I feel that I'm highly valued. But I'd still like to know I have an assured future here.

A: 報酬体系全体でのメリットを見るということです。給与以上のメリットを、家族に対しても提供することが可能ではないでしょうか。

B: なるほど、そうかもしれません。確かにそれは一理ありますね。私としては、この会社が好きですし長く勤め続けたいとも願っています。しかし将来的な安定を保証していただけなければ、安心して働けないでしょう。

A: それはもっともですね。会社としては、あなたの仕事ぶりは高く評価しています。

B: はい、高く評価してくださっているとは感じています。それでも、この会社に確かな未来があるかを知りたいのです。

DIALOGUE 3

> The conversation between Alice and James continues.

Alice: 1.There is one possibility I'd like to run past you, which you might find attractive.

James: Sure, I'm all ears.

Alice: Well, as you may have heard, Greta Holcombe, the national sales manager is moving on. 2.We need someone good to replace her, and I think you have the right qualities for the position. In that case, $125,000 a year would certainly be within our range.

James: That does sound attractive. Apart from the extra salary, I'd also relish the challenge.

Alice: Yes, I'm sure you would. Your responsibilities would certainly get broader.

James: In what ways?

Alice: 3.Well, there would be several differences, but the main one would be the extensive travel.

James: Travel?

Alice: Yes, as national sales director, you would need to pay regular visits to all the regional centers for meetings and training, etc.

James: How many days would that involve?

Alice: I'd say you'd probably be on the road about half of the month.

James: Half of the month!

Alice: Is that a problem?

James: It wouldn't be if I were single or if my kids were older. But with two young children, it wouldn't be fair on my wife to be away for so long.

Alice: Yes, I can see that it would impose a burden on her.

James: 4.As much as I'd love the opportunity to step into that role, I really don't think it's in the cards…at this stage of my life, at any rate.

Alice: So, where does that leave us, I wonder? You know, I think there's still a lot of room for expansion in your current role. 5.What would you say to staying in that position for another year, let's say, with a raise of $10,000 a year?

James: Right…would it be possible to have a day or two to think it over?

Alice: 6.Well, I don't want to pressure you, but could you get back to me with an answer by lunchtime tomorrow?

VOCABULARY

- **run past** 〜（動・句）〜に説明する、知らせる
- **be all ears**（動・句）一心に聞く
- **move on**（動・句）立ち去る、退任する
- **relish**（動）〜を楽しむ、享受する

目的 AliceはBogeyで優位な着地点にこぎ着けたい

TRANSLATION

AliceとJamesの会話が続きます。

Alice: 1つの可能性としてご説明したいことがあります。おそらく魅力的に感じられると思います。

James: はい、是非ともお聞かせください。

Alice: それはですね、すでに耳にしているかもしれませんが、全国営業部長の Greta Holcombe が退任します。当社は彼女の後任にふさわしい人を必要としていて、私はあなたがその地位に適した資質を持っていると考えています。その場合、年間 12 万 5000 ドルは確実にこちらが出せる範囲内になります。

James: それは確かに魅力的なお話ですね。昇給は別として、私はまた挑戦を楽しめます。

Alice: はい、あなたならきっとそうされると思います。あなたの責任範囲は確実に広がりますから。

James: どういった点で広がりますか。

Alice: まあ、いくつか違いがありますが、主なものを挙げると広範囲な出張です。

James: 出張?

Alice: はい、全国営業部長として、会議や研修などですべての地域センターを定期的に訪問する必要があります。

James: それには何日ぐらいかかりますか。

Alice: たぶん月の半分ぐらいは出張に出ているでしょうね。

James: 月の半分!

Alice: それは問題ですか。

James: もし私が独身であったり、子どもがもっと大きかったりすれば問題ではありません。しかし、幼い子どもが2人いるので、そんなに長い間留守にするのは妻にとっては公平ではないと思います。

Alice: はい、奥様に負担をかけることになるというのは理解できます。

James: その役職に就く機会は大変ありがたいのですが、とても私の選択肢にはありません…私の人生の現段階では、いずれにせよ。

Alice: それでは、どうしたらいいでしょうか。私としては、あなたの現在の役割にはまだ大いに伸びしろがあると思います。あと1年その地位に留まり、例えば年に1万ドルの昇給というのはいかがですか。

James: そうですね…1日か2日考えさせていただくことは可能でしょうか。

Alice: そうですね、プレッシャーをかけたくはないですが、明日のランチタイムまでに返事をもらえますか。

■ **on the road**(前・句)旅行中で、出張中で
■ **on the cards**(前・句)ありそうな、起こりうる

交渉コラム

恐ろしいbogeymanがBogeyの由来

Bogey の名称は伝説上の怪物である bogeyman に由来するといわれており、bogeyman はいたずらな子どもをさらっていく存在として伝承されています。

例えば、なかなか床につこうとしない子どもに「早く寝ないと bogeyman が来て襲われるよ!」と大人が脅すと、子どもはおとなしく寝ようとするでしょう。

この Unit でのアプローチは「大人の脅し」が「でっちあげた偽りの要望・条件」、「子どもが寝ること」が「大人にとっての本来の要望・条件」にあたります。

ダイアログでは、Alice が「出張の頻度が高い役職」を梃子に James を脅し、James は昇給額が低い現職に留まることとなりました。Alice の言う出張の頻度がどれほど信頼できる情報なのか、もしくは空言なのか、会話からは判断できません。しかし、いずれにせよ「出張の頻度が高い役職」が bogeyman、つまりお化けのような存在として効果的な働きをし、Alice の思惑通りに事が運んだようです。

KEY FUNCTION PHRASES

Function **1** › 交渉を切り出す

There is one possibility I'd like to run past you, which you might find attractive.

1つの可能性としてご説明したいことがあります。おそらく魅力的に感じられると思います。

> **解説** ▶ Alice は最大限の評価を James に示した後、具体的な提案を申し出ます。
> there is one possibility はあくまでも1つの可能性を示しており、他の選択肢があることを示唆する表現で、相手にとって負担をかけないビジネス英語らしいスマートな言い回しです。
> run past には「見て（チェックして）もらう」という意味もあり、James 側に検討の余地があると示唆する点で、これも丁寧な表現と言えるでしょう。

> **他の表現** ▶
> 1 | There is one possibility I'd like you to consider, which you might find to your liking.
> 2 | So, there's one possibility I would like to explain to you. Perhaps it will appeal to you.

Function **2** › Bogeyを仕掛け始める

We need someone good to replace her, and I think you have the right qualities for the position. In that case, $125,000 a year would certainly be within our range.

当社は彼女の後任にふさわしい人を必要としていて、私はあなたがその地位に適した資質を持っていると考えています。その場合、年間12万5000ドルは確実にこちらが出せる範囲内になります。

> **解説** ▶ Alice は one possibility の具体的な内容を説明します。James が飛びつくであろう好条件です。昇給額を抑えたい Alice は当然、この職を James に与える気はありません。本格的な Bogey を発動させる上での最終準備が整いました。

> **他の表現** ▶
> 1 | We need a qualified person to replace her, and I think you would be ideally suited for the position. In that case, we could certainly stretch to $125,000 a year.
> 2 | We need the right person to take her place, and I think you're an ideal candidate for the job. In that case, $125,000 a year would certainly be on the table.

Function 3 › bogeymanを使って脅す

Well, there would be several differences, but the main one would be the extensive travel.

まあ、いくつか違いがありますが、主なものを挙げると広範囲な出張です。

解説 ▶ その後の Alice の発言からわかるように、要は、彼女が提案しているのは出張が多く、月の半分は家を空けるような職務だということ。しかし、本当に月の半分も出張を伴うのかはわかりません。ただ1つ確実に言えるのは、これは幼い子どもを育てる James 一家にとっては避けるべき「bogeyman ＝お化け」のような条件であることです。

他の表現 ▶
1 │ Well, there might be a number of differences, but primarily it would be frequent travel.

2 │ Well, there are a few differences, but the main one is the need for regular business trips.

Function 4 › bogeymanを恐れて退く

As much as I'd love the opportunity to step into that role, I really don't think it's in the cards...at this stage of my life, at any rate.

その役職に就く機会は大変ありがたいのですが、とても私の選択肢にはありません…私の人生の現段階では、いずれにせよ。

解説 ▶ 高評価によって高揚した James に、「出張の多い職務」は冷水のような一撃を与えたようです。結局、新しいポジションへの異動を辞退してしまいます。Bogey を仕掛けた Alice の思惑通りに会話が展開しました。
on[in] the cards は「起こりそうで、あり得そうで」という意味で、カジュアルな場で好んで使われます。

他の表現 ▶
1 │ I'd love to step up to the challenge, but I really don't think it would work...at this point in my life, at any rate.

2 │ As much as I'd appreciate the opportunity, it's out of the question...at least for the time being.

3 │ If things were different, I'd leap at this opportunity, but right now I'm afraid it's a non-starter...given my family situation.

Function 5 › Bogeyで本来の要望を伝える

What would you say to staying in that position for another year, let's say, with a raise of $10,000 a year?

あと1年その地位に留まり、例えば年に1万ドルの昇給というのはいかがですか。

解説 James の辞退を受け、Alice は 1 万ドルの昇給で現在の地位に留まるのはどうかと提案します。

まとめると、出張が多い仕事を避けたがることを知っている Alice が、出張の多ささを Bogey として James を脅しました。彼は「昇給」よりも「出張の少なさ」を優先事項としたので、結果昇給が 1 万ドルに留まることに甘んじる流れになっています。

他の表現
1 | What would be your reaction to staying in that position for an extra year, let's say, with an annual increase of $10,000?

2 | How would it be if you remained in that position for another year, let's say, with an extra $10,000?

Function 6 › Deadlinesも仕掛けて押し切る

Well, I don't want to pressure you, but could you get back to me with an answer by lunchtime tomorrow?

そうですね、プレッシャーをかけたくはないですが、明日のランチタイムまでに返事をもらえますか。

解説 Bogey をくらった James は現職に留まり、昇給も 1 万ドルのみという不利な条件をのむことが予想されます。Alice の Bogey は大成功を収めたようです。

しかしここで手を抜かずに、追い打ちをかけるように Alice は by lunchtime tomorrow と言って Deadlines の交渉も仕掛けます。これにより James に緊張感を与えると同時に、焦らせて熟考させる機会を奪う効果も見込めます。

「自分の希望は大幅な昇給であったこと」に気づかせないためにも、ここでの Deadlines は効果的です。

他の表現
1 | Well, I don't want to put undue pressure on you, but could you let me know your final decision by noon tomorrow?

2 | Well, I'm reluctant to push you, but I'll need a reply by tomorrow lunchtime.

付属音声を聞き、空所にあてはまる英語を埋めてください。　　　　DL-60 ◯

1 A: So, I'd like to offer you a wonderful opportunity. I'm sure you'll like it.

B: What is it?

A: As you know, ＿＿＿＿＿＿＿＿＿＿＿＿＿＿＿＿＿＿＿＿＿＿. But we don't have enough experienced employees to develop foreign markets. So, to develop further, we'd like to set up some overseas operating bases.

B: That would be fantastic. The ＿＿＿＿＿＿＿＿＿＿＿＿＿, or at least it's clear that it's peaking.

A: そこで、素晴らしい機会を提供したいと考えています。きっと気に入ってもらえると思います。

B: それはどういったものですか。

A: 知っての通り、現在我が社は海外での伸びが著しい。しかし、海外市場を開拓するための経験ある人材が不足しています。それで、さらなる発展のために海外事業拠点を設立したいと考えています。

B: それは素晴らしいですね。国内市場は下降傾向で、少なくとも今がピークなのは明らかです。

---

2 A: Yes, you have ＿＿＿＿＿＿＿＿＿＿＿＿＿＿＿＿. In that regard, we definitely need you to be in charge of overseas development. Naturally, the salary would be the same as the domestic salary, but we would also pay an extra overseas allowance. In that case, I think it would be easy for us to meet the terms you requested.

B: That would definitely be a challenge.

A: Your family would need to go and live abroad with you. We'd need you to ＿＿＿ ＿＿＿＿＿＿＿＿＿＿＿＿＿＿ your job. Naturally, we'd provide a family allowance.

B: With my family? That would mean I'd have the problem of how to look after my parents.

A: はい、よく市場動向が見えているようですね。そこで、この海外展開の責任者を是非君にやってもらいたいのです。もちろん、国内の給与はそのままで、海外手当は別途支給します。それならば、君の希望条件を軽くクリアできると思います。

B: それは間違いなく、やりがいのある仕事ですね。

A: 君の家族にも海外赴任をしてもらう必要があります。仕事に専念してもらいたいので。もちろん家族手当は支給します。

B: 家族もですか。そうなると親の介護をどうするのかという問題が発生してしまいます。

3

A: Yes, you might not be able to use your domestic insurance.

B: To be honest, that would be a problem. Also, my mother wouldn't want to go overseas to somewhere far from where she was born and raised.

A: If that's difficult, then I think you'll have to ██████████████████████.

B: Yes, unfortunately, ██████████████████.

A: 確かに、国内の保険は使うことはできなくなってしまうかもしれないね。

B: それは正直困ります。それに母が、生まれ育った場所を遠く離れて海外に行きたがるとは思えません。

A: 難しいなら、現職に留まるということになると思います。

B: はい、残念ながら、そうせざるを得ないと思います。

4

A: We expect great things from you in the future, so how would it be, for instance, if you stayed in your present post with a salary increase of 10%.

B: I see. Do you think I could ███████████████████████████?

A: I don't want to hurry you, but we're planning to ████████████████████ next week on setting up our overseas sales offices, so could you give me an answer by tomorrow evening?

B: OK, understood. I'll let you know after I've talked to my family.

A: 君には今後活躍を期待しているので、例えば10％の昇給で現職に留まるというのはどうですか。

B: そうですね。1週間ほど考えさせていただけないでしょうか。

A: あまり焦らせたくはないですが、海外営業所開設の記者発表を来週に予定しているので、明日の夕方までに返事をもらえますか。

B: わかりました。家族と相談してお返事いたします。

正解

1 A: we're currently expanding rapidly overseas
B: domestic market is declining
2 A: a good grasp of market trends
A: give your undivided attention to
3 A: stay in your current post
B: I think that's the only way
4 B: have a week to think about it
A: issue a news release

UNIT

12

—

TIME PRESSURE

タイム・プレッシャー

TIME PRESSURE 1

TIME PRESSURE 3

Time Pressure (1)

タイム・プレッシャー(1)

DL-61 ○

DIALOGUE 1

> Fay Chalmers, an investor, has put money into a new company that prepares and delivers organic meals to a variety of customers. She is meeting with the founder of the company, Scott McLeish, to get a progress report.

Fay: 1. OK, can you give me a brief rundown on the current state of the business?

Scott: Sure. We're delivering a full range of our pre-prepared gourmet meals to more than 30 independent grocery stores all over the city. We also have a growing list of individual customers who have subscribed to a three-month plan of having meals delivered at least three times a week.

Fay: 2. OK, that sounds promising. Anything else?

Scott: Yes, we've been investigating other markets, and it seems that there might be an opportunity for growth in delivering meals to institutions such as private hospitals and high-end nursing homes.

Fay: OK, they all seem like encouraging trends, but what most concerns me is how the financials are looking.

Scott: Right now, that side of the business looks a little less bright. If you take a look at this spreadsheet, you'll see that we're lagging behind considerably on our revenue targets. 3. We're carrying a substantial level of debt, and there are some big payments to suppliers due at the end of the month—and that's only a couple of days away.

Fay: Right, it looks like we're facing a financial crunch.

Scott: Unfortunately, that's about the size of it.

Fay: 4. It doesn't look good. How did we get to this point?

Scott: 5. If you consider our business model, it's quite clear that it isn't one that's guaranteed to deliver immediate returns. 6. For one thing, we're working on extremely slim margins. We offer a high value-added product, so we rely on hiring experienced kitchen staff and sourcing the very best organic produce. And as I'm sure you realize, that doesn't come cheap.

CONTINUED P.300

VOCABULARY

- **rundown**（名）要約、概要報告
- **high-end**（形）最高級の、ハイエンドの、高所得者向け
- の
- **nursing homes**（名・句）介護施設、高齢者施設

ケース　資金援助の交渉①

目的 | ScottはFayにまず財務ひっ迫の現状を認識させたい

TRANSLATION

> 投資家の Fay Chalmers は、様々な顧客にオーガニックの食事を用意・提供する新しい会社に投資しています。彼女は同社の創業者 Scott McLeish と会って、進捗報告を受けています。

Fay: さて、ビジネスの現状について簡単に説明してもらえますか。

Scott: はい。私たちは市内の 30 以上の独立した食料品店に、仕出しグルメ料理をフルレンジで提供しています。また、少なくとも週に3回以上食事をデリバーされる3か月プランに加入している個人のお客様のリストも増えています。

Fay: はい、それは前途有望に聞こえますね。他には何かありますか。

Scott: はい、他の市場も調査してきましたが、私立病院や高級介護施設などの施設に食事を届ける機会が増える可能性があるようです。

Fay: はい、それらはどれも今後有望なトレンドと思えますが、私が最も懸念しているのは、財務がどのようになっているかです。

Scott: 今のところ、ビジネスのその側面はあまり明るいとは言えません。このスプレッドシートをご覧になっていただけると、収益目標にはかなり遅れが出ていることがおわかりになるでしょう。かなりの負債を抱えている上に、供給業者への大口の支払いがいくつか月末に迫っており、あと数日しかありません。

Fay: そうですね、財務危機に直面しているように見えますね。

Scott: 残念ながら、そういったところです。

Fay: よくないですね。どうしてこうなってしまったんですか。

Scott: 当社のビジネスモデルを考えると、即座にリターンを生み出すことが保証されていないものであるのは明らかです。1つには、非常に小さなマージンを扱っていることが挙げられます。私たちは高付加価値製品を提供しているので、経験豊富なキッチンスタッフを雇うことと最高品質の有機農産物を調達することに依存しています。もちろんお気づきかと思いますが、安くは収まりません。

■ concern（動）〔～にとって〕興味がある、重要である　　■ considerably（副）かなり、相当に、大幅に
■ lag behind（動・句）〔競争相手などに〕遅れをとる

交渉コラム

日本人は交渉下手なのか

一般的に「日本人は交渉が下手だ」と言われています。しかし実際は「下手」なのではなく「知識が乏しい」だけではないでしょうか。欧米人も最初から交渉が上手なわけではありません。

もちろん、交渉が苦手と言われるのは、日本人の国民性が影響している部分も多くあります。自己主張が苦手で、協調性を重視し、もめごとを避ける傾向にある日本人の美徳が、グローバル社会における交渉の場では不利に働いてしまうのです。

また、もう1つ、社会的な問題として「学問としての『交渉学』の研究や教育が遅れている」ことが挙げられるでしょう。日本では独立した研究分野として「交渉学」がきちんと体系化されておらず、認知度も低い。しかし海外では、高等教育機関で「交渉学」は主要科目の1つであり学問として確立されています。有名なのがアメリカのハーバード・ロースクールにある Program on Negotiation at Harvard Law School (PON) とノースウエスタン大学ケロッグ経営大学院の Dispute Resolution Research Center (DRRC)。こうしたロースクールやビジネススクールで「交渉学」を学ぶ学習機会があることも、日本人よりも海外のビジネスパーソンが「交渉上手」と言われる大きな要因の1つでしょう。

つまり、日本人の国民性や道徳観と日本における「交渉」の位置づけから、日本人はまだまだ「交渉慣れ」していないだけなのです。「交渉が下手だから」と思う人も、交渉知識を身につけていけば誰でも交渉上手になれるスキルですので、まずは知識をつけて実践していきましょう。

KEY FUNCTION PHRASES

Function 1 〉 説明を求める①

OK, can you give me a brief rundown on the current state of the business?

さて、ビジネスの現状について簡単に説明してもらえますか。

解説 a brief rundown は「手短な要約」で、ビジネスでのブリーフィングでよく使われます。特に投資家や会社の役職者などは短い時間での要約を好むので、上司とのやり取りでも耳にするはずです。

以下の 2 の recap は recapitulation の略語です。news recap で「ニュースの要約」、to recap で「要点をまとめると」と挿入句として使えます。

他の表現
1 | OK, can you briefly explain the state of the business at this point?
2 | OK, could you quickly give me a recap about where we currently stand?

Function 2 〉 説明を求める②

OK, that sounds promising. Anything else?

はい、それは前途有望に聞こえますね。他には何かありますか。

解説 Fay は Scott の報告に対して前向きな評価を与えますが、説明に満足しているわけではありません。もっと具体的な説明を求めます。

「前途有望な」は promising の他に prosperous や hopeful などが同義です。

Function 3 〉 Time Pressureで出資を求める

We're carrying a substantial level of debt, and there are some big payments to suppliers due at the end of the month—and that's only a couple of days away.

かなりの負債を抱えている上に、供給業者への大口の支払いがいくつか月末に迫っており、あと数日しかありません。

解説 Scott が Fay に対して Time Pressure を仕掛けます。ここでは、「期限が迫っている」ことをストレートに伝えています。投資の必要性を迫っているのです。

ここでの決め文句は最後の部分の that's only a couple of days away。これにより待ったなしの状況、Time Pressure を仕掛けています。

1 | We're carrying a good deal of debt, and we have liabilities falling due at the end of the month.

2 | We're carrying an appreciable amount of debt, and the end-of-month payment schedule is looming.

3 | We're carrying a considerable level of debt, and I have my doubts as to whether we'll be able to meet our financial commitments at the end of the month.

Function **4** › Time Pressureに屈せず、食い下がる

It doesn't look good. How did we get to this point?

よくないですね。どうしてこうなってしまったんですか。

解説 Scott にとって Fay はなかなか手強い交渉相手のようです。事実、Fay は期限を提示されても動揺せずに、そうなった理由を尋ねます。

仕掛けられた側としては、このように踏ん張るのが重要。数日先に迫った支払いが本当に妥当なものかどうかを見極める発言です。

以下は 3 にいくほど、より具体的に状況を問い詰める言い回しとなります。ただし、3 は動揺しているようにも聞こえかねません。look や sound を使って「〜のようだ」とあえて断定せずに冷静に返すのが得策でしょう。

1 | It doesn't sound good. Why did this happen?

2 | This is bad. What brought us to this point?

3 | It's not good news. How on earth did we allow ourselves to get into such a mess?
（よくないですね。どうしてこんなひどい状況に陥ってしまったのですか）

Function **5** › 出資が必要であることを主張する①

If you consider our business model, it's quite clear that it isn't one that's guaranteed to deliver immediate returns.

当社のビジネスモデルを考えると、即座にリターンを生み出すことが保証されていないものであるのは明らかです。

解説 Fay に財務状況悪化の理由を問われた Scott は原点に戻り、ビジネスモデルを共有します。これにより、先に述べた顧客や販路を拡大する必要性がより明確になり、喫緊の課題である支払いは必須という印象を Fay に与えます。

1 │ Looking at our business model, it's evident that it isn't
 │ guaranteed to deliver quick returns.

2 │ Clearly, given our business model, there's no way we
 │ can expect an immediate profit.

Function 6 › 出資が必要であることを主張する②

For one thing, we're working on extremely slim margins. We offer a high value-added product, so we rely on hiring experienced kitchen staff and sourcing the very best organic produce.

1つには、非常に小さなマージンを扱っていることが挙げられます。私たちは高付加価値製品を提供しているので、経験豊富なキッチンスタッフを雇うことと最高品質の有機農産物を調達することに依存しています。

解説 Time Pressure で直接的に期限を迫る以上、相手を納得させる理由・説明の準備を欠かさないようにしてください。

「短期的に利益が得られないのは当然のこと」と前文で言い、For one thing 以下でその理由を説明していきます。

理由を述べることを英語で reasoning といいますが、このとき3つの要素を挙げることで説得力が増し、それがビジネスでは鉄則です。

ここでは小さなマージンの理由として、①高付加価値製品、さらにその理由・説明として、②経験豊富なスタッフ ③最高の有機農産物の調達が挙げられています。

「1例を挙げると」という表現には for one thing の他に、just to mention one / at any rate / you know などがあります。

以下は1文目の言い換えです。

他の表現 1 │ One important consideration is that we're working on
 │ very tight margins.

2 │ You have to appreciate that we're operating on razor-
 │ thin margins.

EXERCISE DIALOGUE

付属音声を聞き、空所にあてはまる英語を埋めてください。 DL-62 ○

1
A: First off, can we talk briefly about the current business situation?

B: Sure, the project we started last month is ████████████████████████.

A: Well, that's good to hear.

B: From this point, I think I'd like to ████████████████████.

A: 最初に、現在のビジネス状況について手短に話してもらえますか。

B: はい、先月から始めた事業が比較的好調のようです。

A: うん、それはいいですね。

B: 今後も、この勢いを加速していきたいと考えています。

2
A: It's been three months since we last met, so ████████████████████ ████████████ since then.

B: Well, I can't say it's been all that good. This month's revenue has fallen 12% compared to last month.

A: That's a cause for concern. What do you think is behind it?

B: ████████████████████ is the high level of new capital expenditure.

A: お会いするのは3か月ぶりですが、その後ビジネスの状況はどうか聞かせてください。

B: そうですね、あまり順調とは言えません。今月は前月比で12％収益が下落しました。

A: それは懸念材料ですね。その原因は何だと考えていますか。

B: 1つの要因として新規設備投資のコスト高が影響しています。

3
A: What's ████████████████████████?

B: They don't look good.

A: Could you explain in a bit more detail what the problem is?

B: The reduced revenue means that some payments have been frozen. Also, we have ████████████████████ in three days and it doesn't look as if we can make it.

A: 現在の財務の状況はどうなっていますか。

B: 良くはないようです。

A: 何が問題なのか、もう少し具体的に説明してもらえますか。

B: 売上の減少から、いくつか支払いが凍結しています。また、あと3日で大きな支払いの期日が来ますが、その目途が立っているとは言えません。

A: Do we have   we conducted the other day? What's the current situation?

B: Yes, the results are available, but they're not all that good.

A: In what way?

B: There's new competition in the market that's beginning to   . As a result, we won't be able to stop revenue from dropping further.

A: 先日行った市場調査の結果は出ましたか。現状はどうですか。

B: はい、結果は出ましたが、あまり芳しくはありません。

A: どのようにですか。

B: 新たな競合が市場に現れ、私たちの市場シェアが食われ始めています。そのため売上の減少が止まらない状況です。

正解

1. B: looking relatively favorable
   B: kick it into higher gear.

2. A: I'd like to hear how the business has been faring
   B: One contributory factor

3. A: the current state of our finances
   B: a large payment falling due

4. A: the results from the market research survey
   B: eat into our market share

DL-63

DIALOGUE 2

The conversation between Fay and Scott continues.

Fay: Yes, I appreciate the problems we're facing, but I'm starting to think that we may have miscalculated and that our business model isn't actually viable.

Scott: 1. I'm afraid I have to disagree. I'm confident that there's huge potential in what we're offering. There's a growing number of people who want to eat meals that are healthy and tasty, but who don't have time to shop and cook. I think they're quite willing to pay a premium to have top-quality organic meals delivered.

Fay: I agree that was our original assumption. But in a way, we're trying to create a market for a new product, and I'm getting concerned at how long it's going to take before I can recoup at least part of my investment.

Scott: 2. Well, the way I see things at the moment, it's going to take much longer than we anticipated to start turning even a small profit. But I'm convinced that the business will come good in the end.

Fay: That's all very well, but how are we going to achieve that?

Scott: 3. I think that rather than targeting individual customers, our best opportunity is to try to get institutions to buy from us, as I mentioned before. 4. But that means we would have to increase our sales volume, which would entail a greater outlay for bigger premises and more staff.

Fay: 5. So, what you're saying is that we need to plow even more funds into getting this venture off the ground.

Scott: 6. Yes, I'm afraid so, but I know the demand exists, and we have to be in a position to meet it when things finally start moving.

CONTINUED P.308

VOCABULARY

- appreciate(動)～を評価する、認識する
- viable(形)実行可能な
- original assumption(名・句)当初の仮定
- recoup(動)〔損失を〕取り戻す

目的 ScottはFayに事業拡大の有益性を訴えたい

TRANSLATION

Fay と Scott の会話が続きます。

Fay: はい、私たちが直面している問題は認識していますが、私たちは計算違いをしていたかもしれないし、私たちのビジネスモデルは実際には実行可能ではないと考え始めています。

Scott: 恐れ入りますが、反対しなければなりません。私は私たちが提供しているものに大きな可能性があると確信しています。健康的でおいしい食事を食べたいが、買い物や料理をする時間がないという人が増え続けています。彼らは最高品質のオーガニックの食事が配達されることに喜んで割増料金を払うと思います。

Fay: それが私たちの当初の仮定であったことには同意します。しかし、ある意味では、私たちは新製品のための市場をつくり出そうとしており、私は投資した分のいくばくかでも回収するのにどれだけ時間がかかるのか不安になってきています。

Scott: そうですね、今の私の見立てでは、少しの利益を出すにも、私たちが予想していたよりもはるかに長い時間がかかるでしょう。しかし私は、このビジネスが最終的には良い結果になると確信しています。

Fay: それは結構なことですが、どのようにして我々はそれを達成できるのですか。

Scott: 我々の最良の機会は、個々の顧客をターゲットにするというよりは、むしろ私が先ほど述べたように、施設に私たちから買ってもらえるようにすることです。しかし、それは我々が販売量を増やす必要があることを意味し、より大きな敷地とより多くのスタッフのためにより多額の支出を伴うということです。

Fay: だから、あなたが言っていることは、我々はこのベンチャーを離陸させるために、さらにより多くの資金を注ぎ込む必要があるということですね。

Scott: はい、残念ながらそうですが、需要が存在することはわかっていますし、最終的にものごとが動き出した際には、我々はその需要を満たす立場にいなければいけません。

■ anticipate（動）～を予想する、期待する
■ entail（動）～を伴う、必要とする

■ outlay（名）支出、出費
■ plough ～ into...（動・句）～を…に注ぎ込む

交渉コラム

基本コミュニケーションスキル①〜相手を気遣いながら主張する方法〜

交渉術を学ぶときに、あわせて身につけておきたいのがコミュニケーションスキルです。ここでは、基本コミュニケーションスキルの1つである「アサーション」をご紹介します。辞書で「アサーション」を調べると「自己主張」と出てくると思いますが、少しニュアンスが異なります。「相手に不快感を与えず、言いたいことを伝える主張の仕方」です。

もともとアサーションは、1950年代にアメリカで対人関係に悩む人向けに行動療法の1つのカウンセリング手法として生まれたものでした。自己主張が大切なアメリカで、自己主張が苦手な人向けに開発されました。そういう点では日本人が知っていて損のないスキルだと思います。

アサーションの中でもよく知られている技法の1つがDESC法です。次の4ステップで話すと自分の意見をきちんと伝えられつつ、相手を尊重して主張ができるというわけです。
1. D (Describe)「描写する」
2. E (Express、Explain)「表現する、説明する」
3. S (Suggest、Specify)「提案する、具体的に挙げる」
4. C (Choose、Consequence)「選択する・選択肢を示す、結論」

この例としてよく使われるのが「遅刻」のケースです。
1. 今日も遅刻だね。
2. 最近、家のことでも悩んでいるようだし、心配しているよ。
3. これからは僕の家の近くで約束しないか。
4. そうすれば、遅刻しても家で時間潰して、君が着いたときに家を出ることもできるし。それが嫌であれば、30分以上の遅刻だったらその日はキャンセルにしよう。

あらゆる交渉に適用できる話法だと思いますので、是非日常生活でも取り入れてみてください。

KEY FUNCTION PHRASES

Function 1 〉 反対意見を述べる

I'm afraid I have to disagree. I'm confident that there's huge potential in what we're offering.

恐れ入りますが、反対しなければなりません。私は私たちが提供しているものに大きな可能性があると確信しています。

解説 ここで Scott は明確に否定する必要があります。have to disagree と、かなり強い表現を使っていますが、I'm afraid という「緩衝材」を入れています。
ただし、会議などでは I have a different view on that / I'm skeptical など、より婉曲な表現が好まれます。

他の表現 1 | Sorry, but I have a completely different take on it. I have no doubt that there's huge potential in what we're offering.

2 | I'm afraid I have a substantially different view. There's no doubt in my mind that there's huge potential in what we're offering.

Function 2 〉 一貫性のある主張をする①

Well, the way I see things at the moment, it's going to take much longer than we anticipated to start turning even a small profit. But I'm convinced that the business will come good in the end.

そうですね、今の私の見立てでは、少しの利益を出すにも、私たちが予想していたよりもはるかに長い時間がかかるでしょう。しかし私は、このビジネスが最終的には良い結果になると確信しています。

解説 「投資資金の回収に時間がかかる」という Fay の懸念を受けて、Scott はそれを否定せずに、きちんとした説明をしています。
あくまで自分の見解ということを伝えるために、the way I see things と断っていますが、「最後はうまくいく」という強気の姿勢が I'm convinced から伝わります。このように、Times Pressure では単に期限で相手をコントロールするだけでなく、一貫した態度で毅然と振る舞うことも重要です。
以下は 1 文目の言い換えです。

他の表現 1 | Well, from my current perspective, it's going to take much longer than we expected to make even a small profit.

2 | Well, from my standpoint, at the moment, we're going to have to reassess how long it will take to start turning even a small profit.

Function 3 > 一貫性のある主張をする②

I think that rather than targeting individual customers, our best opportunity is to try to get institutions to buy from us, as I mentioned before.

我々の最良の機会は、個々の顧客をターゲットにするというよりは、むしろ私が先ほど述べたように、施設に私たちから買ってもらえるようにすることです。

解説 Scott は一貫して、Dialogue 1で述べた施設顧客の獲得を策として提示しています。
こうした態度が相手の信頼を勝ち得ることにつながります。rather than は、ビジネスで「～するよりむしろ」と善後策を示す常套句で、より良い方法を提示している印象を与えます。

他の表現 1 | Rather than targeting individuals, we'd be better off trying to recruit institutions as customers.

2 | As opposed to focusing on individual customers, the institutional market is more promising.

Function 4 > 出資が必要な理由を述べる

But that means we would have to increase our sales volume, which would entail a greater outlay for bigger premises and more staff.

しかし、それは我々が販売量を増やす必要があることを意味し、より大きな敷地とより多くのスタッフのためにより多額の支出を伴うということです。

解説 Scott が、さらなる投資が必要である理由付け（reasoning）をします。相手に多くを求めるこの種の交渉では、理由付けを欠かさないようにしましょう。

他の表現 1 | We would need to sell more, and that would mean spending more money on bigger premises and more staff.

2 | We would have to up our sales volume, and consequently incur a greater outlay for bigger premises and more staff.

Function **5** 〉 相手の求めていることを確認する

So, what you're saying is that we need to plow even more funds into getting this venture off the ground.

だから、あなたが言っていることは、我々はこのベンチャーを離陸させるために、さらにより多くの資金を注ぎ込む必要があるということですね。

解説 交渉において、相手に結論を言わせることができればしめたものです。ここでは、追加投資の必要性を Fay の口から言わせています。

他の表現 1 | So, what you mean is that we need to sink even greater sums of money into launching this venture.

2 | So, what you mean to say is that an even larger injection of funds will be required to get this venture up and running.

Function **6** 〉 柔らかく主張を伝える

Yes, I'm afraid so, but I know the demand exists, and we have to be in a position to meet it when things finally start moving.

はい、残念ながらそうですが、需要が存在することはわかっていますし、最終的にものごとが動き出した際には、我々はその需要を満たす立場にいなければいけません。

解説 I'm afraid so は、Fay の発言を受けて「懸念」や「同意」を伝えています。相手方の出費を伴うため配慮から付け加えていますが、あくまでも主張の内容は強いものです。
ここで Scott は「需要の存在」「その需要に応える必要性」を訴えます。「需要に応えるのがビジネスである」というロジックは投資家には有効です。

他の表現 1 | Regrettably, that's true, but I'm fully confident the demand is there, and we have to be fully prepared to meet it when things finally start kicking in.

2 | Unfortunately, that's the case, but the demand definitely exists, and we have to be ready to move quickly when things finally move into high gear.

EXERCISE DIALOGUE

付属音声を聞き、空所にあてはまる英語を埋めてください。　　DL-64 〇

1 A: To be honest, I have a feeling that the current project isn't going very well. We're in the red this quarter, and ▓▓▓▓▓▓▓▓▓▓▓▓▓▓▓▓▓▓ if the current state of affairs continues.

B: Originally, we put this project together ▓▓▓▓▓▓▓▓▓▓▓▓▓▓▓▓▓▓. I don't think it's an appropriate response to demand immediate results.

A: But I have no idea when it might be possible to get out of the current situation.

B: Quite frankly, I expect it's going to take a long time. However, I think there are good prospects in the market, and I'm convinced we'll definitely do well.

A: 正直、今回のプロジェクトはうまくいかない気がしています。今期も赤字であり、この状態が続けば看過できません。

B: 本来、このプロジェクトは長期的な視点で組まれたものです。すぐに結果を求めるのは適切な対応ではないと思います。

A: ただ、いつになったらこの状況から脱することができるのか、さっぱりわかりませんよ。

B: 正直、かなり時間がかかると予想しています。ただ、市場には将来性があると思っており、必ずうまくいくと確信しています。

2 A: I think your explanation is a good one. It's definitely important to ▓▓▓▓▓▓▓▓▓▓▓▓▓▓▓▓▓▓.

B: Thanks for understanding. But in order to ▓▓▓▓▓▓▓▓▓▓▓▓▓▓, I feel we need a new plan.

A: What do you have in mind specifically?

B: In order to build a market, I believe we need more investment and more staff.

A: あなたの説明はよくわかりました。確かにこの件は長期的な視点から見るのが大切です。

B: ご理解くださり、ありがとうございます。ただ、ビジネスを加速させるためには、新たなプランが必要だと感じています。

A: 具体的にどのようなものをお考えですか。

B: 市場の確保のために、より多くの設備と人員が必要だと考えています。

3 A: Things have been pretty tough up to this point, so don't you think it will be difficult ▓▓▓▓▓▓▓▓▓▓▓▓▓▓▓▓▓▓?

B: No, I don't. On that point, I'm afraid I must clearly disagree. I think the market has great future growth potential, and especially because other companies are not entering the market right now, I feel there would be ▓▓▓▓▓▓▓▓▓▓▓▓▓▓▓▓▓▓.

A: But how do you propose to create that market? Do you have any particular strategy in mind?

B: Of course. My strategy would be to build our own unique ecosystem to put us ahead of other companies.

A: ここまで厳しい状況だと、もはや事業の継続は難しいのではないですか。

B: いえ、そのようなことはありません。その点は、明確に否定させていただきたいです。思うにこの市場には今後大きく成長する可能性があり、他社が参入していない今だからこそ、先行するメリットが大きいと感じています。

A: でも、どのようにしてその市場をつくっていくというのですか。何か特別な戦略がありますか。

B: もちろんです。我が社独自のエコシステムを他社に先駆けて構築するという戦略です。

4 A: Wouldn't it require a huge investment to do that? I don't think we have the resources.

B: I understand, but from this point, if demand and market scale grow, it's clear that ＿＿＿＿＿＿＿＿＿＿＿＿＿＿＿＿＿＿＿ ＿＿＿＿＿＿＿.

A: It's all very well to talk about an ecosystem, but what do you have in mind specifically?

B: Building ＿＿＿＿＿＿＿＿＿＿＿＿＿＿＿＿＿＿＿＿.
The most important thing is a system to bring those two things together.

A: それをするには多額の投資が必要ではないですか。それだけの資金がないと思います。

B: もちろんです。ただ、この点からして、もし需要と市場規模が成長すれば、より早くエコシステムを完成したものが市場を支配するというのが明確です。

A: エコシステムと一口に言いますが、具体的にはどんなものをお考えですか。

B: 全国に営業所と配送センターのネットワークを構築するのです。この2つを統括するシステムが何より大切です。

正解

1 A: we can't turn a blind eye
B: with a long-term view in mind

2 A: look at this from a long-term perspective
B: accelerate the business

3 A: to move forward with this project
B: a big advantage in being the front runner

4 B: the sooner we develop an ecosystem, the better we can control the market
B: a nationwide network of offices and distribution centers

UNIT 12 | Time Pressure (3)

タイム・プレッシャー(3)

DL-65

DIALOGUE 3

> The conversation between Fay and Scott continues.

Fay: You also mentioned that we have bills to pay soon, right?

Scott: 1. Yes, that's the more immediate problem. We simply don't have enough cash in the bank to cover our immediate liabilities, and I wanted to ask you if you'd be prepared to up your investment.

Fay: So, in other words, you need me to cover this imminent cash shortfall.

Scott: 2. Yes. By Friday, we have to pay the final installment to the supplier of the kitchen equipment, and if we can't do that, we'll be in big trouble.

Fay: Can't we put them off?

Scott: 3. Not again. We've already delayed the payment twice. I don't like to push you, but without another immediate cash injection from you, there's a chance we'll have to wind the company up and declare bankruptcy.

Fay: I see. It sounds pretty serious, but I don't know if putting even more money into this business would be the best course of action for me.

Scott: 4. But you've already sunk $100,000 into it. If we go under, you'll lose all of it with no chance of getting any of it back. 5. If you invest, say, another $50,000, that would cover our short-term liabilities and put us well on the way to building a successful business.

Fay: Yes, I hear what you're saying, but please bear in mind that this isn't the first time I've invested in a new venture, and it's always risky. Just because I've already sunk a substantial sum in the business, that doesn't mean I should put in more. 6. As an investor, I have to be prepared to walk away and write off my stake as irrecoverable if that seems the most prudent thing to do. I need to think about this. I'll give you my answer tomorrow morning.

Scott: OK, I'll be waiting for your call.

VOCABULARY

- imminent（形）さし迫った、切迫した
- installment（名）分割払いの1回分
- wind up（動・句）〔店・会社を〕畳む、解散する、終わらせる
- go under（動・句）破産する

目的 | ScottはFayにすぐにでも追加投資をさせたい

TRANSLATION

> FayとScottの会話が続きます。

Fay: すぐに支払う手形があるともおっしゃいましたね。

Scott: はい、それがより緊急の問題です。まさに銀行には当面の負債をカバーする十分な現金がないので、あなたが投資を増やす準備ができているかどうかお聞きしたかったのです。

Fay: つまり、言い換えれば、この差し迫った現金不足をカバーするために私が必要だということですね。

Scott: はい。金曜日までに台所機器のサプライヤーに最終的な分割払いを支払う必要があり、それができない場合、大変困ったことになります。

Fay: 延期できないのですか。

Scott: いえ、再度は無理です。すでに支払いを2度遅らせています。無理にお願いしたくはないのですが、即時もう一度現金を注入していただかないと、我々は会社を畳んで破産宣告しなければならない可能性があります。

Fay: なるほど。かなり深刻そうですが、このビジネスにさらに多くのお金をつぎ込むことが私のための最善の方法かどうかはわかりません。

Scott: でも、あなたはもうすでに10万ドルもつぎ込んでいます。我々が倒産すれば、1銭も取り戻すチャンスなくその全てを失うことになります。例えば、もう5万ドルを投資すれば、短期的な負債をカバーし、ビジネスを成功に導く道を築くことができるでしょう。

Fay: はい、おっしゃることはわかりますが、私が新しいベンチャーに投資したのはこれが初めてではなく、常にリスクを伴うということを覚えておいてください。私がすでにこのビジネスにかなりの金額をつぎ込んだからといって、さらに多くを投資すべきということにはなりません。投資家として、それが最も賢明なことと思える場合は、回収不能として投資を打ち切り、立ち去る準備をしなければなりません。これについては考える必要があります。明日の朝、回答を差し上げます。

Scott: 了解しました。お電話をお待ちいたします。

■ short-term liabilities（名・句）短期負債　　■ prudent（形）良識的な
■ write off ～（動・句）～を帳消しにする

交渉コラム

基本コミュニケーションスキル②〜「聞く力」もコミュニケーションの1つ〜

コミュニケーションスキルが高いというと、どうしても「話し上手」なイメージを持つ方が多いかもしれません。しかし、コミュニケーションスキルは「話す」ことにも「聞く」ことにも高い能力を持ってこそ成立するのです。そこが忘れられがちですが、この「聞く力」こそが「傾聴力」と言われるものです。

ただ相手の話を聞くだけでなく、相手に寄り添い共感しながら熱心に聞くことです。こうすることで相手が安心感を抱いて心を開いてくれるようになりますので、様々な話を引き出すことができるでしょう。基本的なことですが意識して徹底していくと会話が広がりますので、改めて見直してみましょう。

「傾聴」で大切な技法としてよく言われるのが、①相づち ②オウム返し ③言い換えです。聞いていることを相手にきちんと表現するため、①相づちで共感を示し、②オウム返しや③言い換えをすることで相手の言っていることを理解していることを示します。

さらに「傾聴」とあわせて重要視される「聞く力」が「質問力」です。「傾聴力」を使って相手の話をきちんと理解し、相手の心を開かせたうえで、「質問力」を発揮すれば、相手の話をさらに深く聞き出すことや、さらなるエピソードや事実を聞き出すことが可能になります。

KEY FUNCTION PHRASES

Function 1 › Time Pressureで出資を求める①

Yes, that's the more immediate problem. We simply don't have enough cash in the bank to cover our immediate liabilities, and I wanted to ask you if you'd be prepared to up your investment.

はい、それがより緊急の問題です。まさに銀行には当面の負債をカバーする十分な現金がないので、あなたが投資を増やす準備ができているかどうかお聞きしたかったのです。

解説 ここからが Time Pressure の本格始動です。Scott は支払いへの手持ちがないことを伝えて追加投資を依頼します。あとは期限による「圧迫」がそれを促す最終的な武器となります。

I wanted の want は「欠乏からくる欲求」という意味があり、切羽詰まっているニュアンスを出しています。本来はビジネスの現場で I want を使いすぎると幼稚な印象を与えますが、「切実さ」を訴えるには効果的です。

他の表現
1 | Yes, that's the more urgent problem. We lack the funds to cover our immediate liabilities, and I wanted...

2 | Yes, that's the more acute problem. Our immediate liabilities exceed our current cash assets, and I wanted...

Function 2 › Time Pressureで出資を求める②

Yes. By Friday, we have to pay the final installment to the supplier of the kitchen equipment, and if we can't do that, we'll be in big trouble.

はい。金曜日までに台所機器のサプライヤーに最終的な分割払いを支払う必要があり、それができない場合、大変困ったことになります。

解説 ここで Scott は、by Friday と支払い期限を明確に示します。加えて、final や be in big trouble という圧力をかける言葉を多用し、相手の決断を迫ります。しかも we'll be in big trouble と主語を we にすることで、「一蓮托生」というニュアンスを出して、自分事としてとらえるよう誘導しています。

他の表現
1 | Yes. The final installment is due on Friday, and if we miss that payment, it will be really awkward for us.

2 | Yes. Friday is the deadline for paying the final installment, and if we don't do that, we'll be in big trouble.

Function **3** › Time Pressureで出資を求める③

Not again. We've already delayed the payment twice. I don't like to push you, but without another immediate cash injection from you, there's a chance we'll have to wind the company up and declare bankruptcy.

いえ、再度は無理です。すでに支払いを2度遅らせています。無理にお願いしたくはないのですが、即時もう一度現金を注入していただかないと、我々は会社を畳んで破産宣告しなければならない可能性があります。

解説 Time Pressure では「他に選択の余地がない」という印象を与える必要があります。そのため、ここでは not again / wind the company up / declare bankruptcy と強い表現を繰り返します。これにより、Fay は「支援か破産か」という究極の選択を迫られることになります。
Not again. は 他 に、No, there is no second time. / No, not again this time. などと言い換えができます。

Function **4** › Time Pressureで出資を求める④

But you've already sunk $100,000 into it. If we go under, you'll lose all of it with no chance of getting any of it back.

でも、あなたはもうすでに10万ドルもつぎ込んでいます。我々が倒産すれば、1銭も取り戻すチャンスなくその全てを失うことになります。

解説 sink には「（お金を）無駄遣いする、出費する」という意味があります。
Scott は「ここまで無駄に遣ったと思えば、追加せずに倒産して全部を失うよりもよいのではないか」と sink を使って厚かましく押していきます。相手の失うものの大きさを示すことで投資の決断を促す賢い攻め方です。
以下は 3 にいくほど婉曲な表現となります。

他の表現 1 | But you've already poured $100,000 into it. If we go bankrupt, you'll lose all of it with no chance to recoup any of it.

2 | But you've already put in $100,000. If we go broke, that's gone forever.

3 | But you've already invested $100,000 into it. If we go out of business, you'll never see it again.

Function **5** 〉 Time Pressureで出資を求める⑤

> If you invest, say, another $50,000, that would cover our short-term liabilities and put us well on the way to building a successful business.
>
> 例えば、もう5万ドルを投資すれば、短期的な負債をカバーし、ビジネスを成功に導く道を築くことができるでしょう。

解説 ▶ Scott は（前文で）Fay が追加投資しない場合のデメリット、（この文で）した場合のメリットを主張しています。そして具体的な額を提示して Fay の動きを見ます。

他の表現 ▶

1 | If you make another investment of, say, $50,000, that would cover our short-term liabilities and put us well on the way to stabilizing the company.

2 | How about investing another $50,000? That should cover our immediate liabilities and put us well on course to success.

3 | For example, an injection of $50,000 will cover short-term debt and create a path to business success.

Function **6** 〉 Time Pressureを冷静にかわす

> As an investor, I have to be prepared to walk away and write off my stake as irrecoverable if that seems the most prudent thing to do. I need to think about this. I'll give you my answer tomorrow morning.
>
> 投資家として、それが最も賢明なことと思える場合は、回収不能として投資を打ち切り、立ち去る準備をしなければなりません。これについては考える必要があります。明日の朝、回答を差し上げます。

解説 ▶ ここで一通りの「圧迫」に対して投資家としての立場を伝え、即断即決で出資に Go サインを出さなかったのは、Fay の賢明な判断でしょう。しかし、逆にいえばすぐに突き放せなかったということ。追加投資する可能性は高いかもしれません。
Time Pressure を仕掛けられたら、一呼吸おいて冷静になるように。「相手が設定した期日は本当にずらせないのか」を見極めます。ときに期限延長をして長期戦に持ち込めば、相手の思惑が外れ、立場を逆転させることも可能です。
以下は 1 文目の言い換えです。

他の表現 ▶

1 | As an investor, I have to be prepared to withdraw and write off my stake as irrecoverable if that seems the most sensible course of action.

2 | As an investor, I have to accept that my stake has become irredeemable and walk away.

付属音声を聞き、空所にあてはまる英語を埋めてください。

DL-66

1

A: I've heard that   .

B: Yes, we have to pay the supplier in three days.

A: Have we prepared the payment?

B: No, I'm afraid not.   .

A: さし迫った支払いがあるとお聞きしましたが。

B: はい、3日後に仕入れ先への支払いがあります。

A: それは支払う用意があるのですか。

B: いいえ、残念ながら。現在の口座残高では難しい状況です。

2

A: How would it be if we delayed the payment?

B: The worst-case scenario is that we would   and that our check would bounce.

A: That's not good.

B: If possible, could you   ?

A: 支払いが滞った場合、どうなるのですか。

B: 最悪の場合には、債務不履行となり、不渡りを出す可能性があります。

A: それはまずいですね。

B: 可能であれば、追加投資をしていただけませんか。

3

A: Would it perhaps be possible to   ?

B: I don't think so. We've already been late with payment three times, so I think being late again would cause serious problems.

A: Serious in what way exactly?

B: It could mean that we would have to   .

A: その支払い期限を延ばすことはできないのですか。

B: それは無理だと思います。すでに3回支払いが遅れていて、また遅れると深刻な問題になると思います。

A: 具体的にはどのように深刻なのですか。

B: 会社を清算し、破産宣告しなければならない可能性すらあります。

4

A: I've already invested $300,000 in your company. Quite honestly, I'm reluctant to make a further investment.

B: However, nothing in the market has changed and ▓▓▓▓▓▓▓▓▓▓. If we wanted to make sure your investment up to this point isn't wasted, could you invest another $150,000? If you did that, it would ▓▓▓▓▓▓▓ ▓▓▓▓▓▓, and I think it would advance us to the next stage.

A: I have to say that's a really tough decision. Give me a day to think about it.

B: OK, I understand. I'll wait to hear from you.

A: これまで御社には 30 万ドルも投資してきています。さらなる投資には二の足を踏む、というのが正直なところですね。

B: しかしながら、市場においては何も変わっておらず、見通しはいまだに良いです。これまでの投資を無駄にしたくなければ、あと 15 万ドル投資していただけないでしょうか。そうすれば現下の問題をクリアし、次のステージに進むことができると考えます。

A: 非常に難しい判断だと言わざるを得ないですね。1日考えさせてください。

B: 了解いたしました。ご連絡をお待ち申し上げます。

正解

1 **A:** payment is falling due
   B: Our account balance is a problem

2 **B:** default on the debt
   B: make an additional investment

3 **A:** extend the payment terms
   B: liquidate the company and declare bankruptcy

4 **B:** prospects are still good
   B: alleviate the current problems

UNIT

13

—

DEADLINES

デッドラインズ

DEADLINES 1

DEADLINES 3

Deadlines (1)
デッドラインズ(1)

DIALOGUE 1

> Eve Waller is COO of a natural resources company that is seeking to acquire a company that specializes in geological surveys. She is trying to close the deal with the CEO of the company, Ivan Reznick.

Eve: 1. So, where do we currently stand with regard to our offer to buy out your company?

Ivan: First of all, let me say that we very much appreciate that you value us enough to make such a generous offer.

Eve: Don't be so modest. As far as geological surveying goes, you're one of the leading companies in the world.

Ivan: It's nice of you to say so. Our R&D division has certainly come up with some really cutting-edge solutions for what were once thought to be intractable problems.

Eve: 2. So, what's your decision?

Ivan: I regret to say that your offer is still under discussion. The majority of the board are in favor of it, but there are still a few holdouts.

Eve: 3. What's behind their thinking?

Ivan: To be honest, the ones that are digging in their heels have been on the board since the company began, and I think they're emotionally attached to remaining independent.

Eve: 4. I can see where they're coming from, but if we look at the overall state of the market, there's a lot of consolidation going on. If you decide to stay independent, you might not be able to secure sufficient R&D funding to remain a leader in your field. We can provide you with a very generous budget.

Ivan: Yes, like many others in the company, I'm well aware of that.

Eve: 5. I'm afraid I'm going to have to push you for an answer. 6. My board has given me till the end of the month to close this deal, otherwise we'll be forced to start looking around for a different partner.

Ivan: Yes, I understand that we're not the only fish in the sea. I'll do my best to move matters along as quickly as I can.

VOCABULARY

☐ **buy out ~** (動・句)〔事業などを〕買い取る
☐ **R&D division** (名・句)研究開発部門

☐ **intractable** (形)解決困難な、手に負えない
☐ **holdout** (名)抵抗、協力しない人

ケース1 企業買収の交渉

| 目的 | Eveは期限を切って相手方に買収を決断させたい |

TRANSLATION

Eve Waller は、地質調査に特化した企業の買収を目指す天然資源企業の COO です。彼女はその会社の CEO、Ivan Reznick との取引を成立させようとしています。

Eve: それで、御社を買収する弊社の申し出に関しては現在、私たちはどういう状況でしょうか。

Ivan: まず第一に、御社がこのように寛大な申し出をしてくださることで、弊社を十分に評価してくださっているという事実に大変感謝していると言わせてください。

Eve: そんなに謙遜なさらないでください。地質調査に関して、御社は世界有数の企業の1つです。

Ivan: そう言ってくださりありがとうございます。確かに当社の R&D 部門は、かつて解決できないと考えられていた問題に対して実に最先端のソリューションをいくつか考え出しました。

Eve: それで、御社のご決断は?

Ivan: 残念ながら、御社のお申し出はまだ検討中です。役員の大半は賛成していますが、まだ何人かの抵抗があります。

Eve: お考えの背後にあるものは何ですか。

Ivan: 正直に申し上げれば、その頑として譲らない数人は会社が始まって以来、役員を務めており、彼らは感情的に独立に固執しているのだと思います。

Eve: お考えはわかりますが、市場の全体的な状況を見ると、多くの統合が行われています。独立を保つことを決められたなら、この分野のリーダーでいるための十分な研究開発費が確保できなくなるかもしれませんよ。弊社は御社に潤沢な予算を提供することができます。

Ivan: はい、会社の他の多くの者と同様に、その点は十分承知しております。

Eve: 残念ながら、私は御社にご回答を迫らざるを得ません。弊社の役員会は本契約の締結を月末までとしており、そうならなければ、私たちは別のパートナーを探し始めざるを得ないのです。

Ivan: はい、弊社が唯一の候補でないことは理解しています。できるだけ早く本件を前進させるために最善を尽くします。

■ dig in one's heels（動・句）自己の主張を貫く
■ consolidation（名）統合、合同

■ not the only fish in the sea（句）魚〔会社〕は他にもあるというたとえ

交渉コラム

最悪のシナリオでDeadlinesの効果を高める

Deadlines では、緊張感を与えるために「具体的な期日 + 期日を守らなかったときの最悪のシナリオ」を提示するのが王道です。ダイアログ以外のパターンを紹介します。

［取引先との契約で］

If we don't receive an official answer by tomorrow, we regret to say that we will withdraw the offer of a 5% discount.

（明日までに正式な回答を得られない場合は、申し訳ないですが5％割引のお話は撤回させていただきます）

［店員が客に］

I'm very sorry, but if you make a purchase today without making shipping arrangements, the goods won't arrive at the receiver by Christmas.

（恐れ入りますが、こちらは本日中にお買い上げいただき発送の手配をとられませんと、クリスマスまでに先方に商品が届きません）

［上司が部下に］

Could you write up the minutes and share them with the marketing team by next Monday, please? If it takes any longer than that, we won't have enough time to prepare for our regular meeting on Friday next week.

（来週の月曜日までに議事録を仕上げてマーケティングチームと共有してもらえますか。それを過ぎると、来週金曜日に開かれる定例会議の準備に間に合わなくなるので）

［広告代理店が取引先に］

I'm sorry to bother you at such a busy time, but could you get in touch some time today after you've had a chance to check the text? We'd like to send it for publication first thing tomorrow morning, so today is the only chance we have to make revisions.

（お忙しいところ恐縮ですが、本日中に原稿をチェックした上でご連絡いただけますか。明日朝一番に入稿したいので、本日までしか訂正がききません）

KEY FUNCTION PHRASES

Function **1** > 双方の立ち位置を確認する

So, where do we currently stand with regard to our offer to buy out your company?

それで、御社を買収する弊社の申し出に関しては現在、私たちはどういう状況でしょうか。

解説 交渉では相手の考えを確かめることが常に大切です。それによって交渉のアプローチが変わってきます。

ここでは、買収を目指している Eve が where do we currently stand と、「現在、双方がどのあたりにいるのか」を確認しています。

なお、do we currently stand はフォーマルで丁寧な言い回しです。are we now などにするとカジュアルな感じになります。

with regard to 〜は「〜に関して」という意味。他にも with respect to 〜 / regarding 〜 / in terms of 〜 / in regard to 〜などがあります。

with regard to 〜 と with respect to 〜 の違いは、regard はやや個人的な内容に関して、respect はより公な内容に関して使う傾向があります。in terms of 〜 は「〜の観点から」といった意味合いが強くなります。

Function **2** > 結論を聞く

So, what's your decision?

それで、御社のご決断は?

解説 ややまわりくどい返答でしか示さない Ivan に対して、Eve は what's 〜という単刀直入な表現で結論を促します。ただし、これはカジュアルな聞き方なので、商談や交渉で汎用性があるとは言えません。他に Did you make your decision? / How did you make up your mind? と言い換える方法もありますが、より丁寧に相手の意思を聞く表現として、以下を押さえておきましょう。

他の表現
1 | So, would you mind telling me what your decision is?

2 | So, could you possibly let me know what you've decided?

3 | So, I'd be very eager to know what conclusion you've come to.

Function **3** 〉 理由を探る

What's behind their thinking?

お考えの背後にあるものは何ですか。

解説 Ivan に言わせると、役員の一部に反対意見が根強いことから買収受け入れを渋っているとのこと。それを受けて、Eve は理由を探る質問を投げかけます。
why で聞くと、語調によっては詰問のような印象を与えかねないので、「考えの背後にあるものは何か」と遠回しな聞き方をしています。
ただ、Functions 2 と同様に、これも what で問うシンプルな疑問文であることは変わりありません。ビジネス英語らしい丁寧な表現は以下のようになります。

他の表現 1 | Why do you think they've adopted that position?

2 | What's your take on their attitude?

3 | I'd like to hear your interpretation of their thinking.

Function **4** 〉 マクロな視点を持たせて説得する

I can see where they're coming from, but if we look at the overall state of the market, there's a lot of consolidation going on.

お考えはわかりますが、市場の全体的な状況を見ると、多くの統合が行われています。

解説 Eve はいったん理解を示しますが、but 以下で現在の市場動向の話に持っていき、反対派役員の考えが古いことを間接的に伝えています。社内から社外、市場全体へと視野を広げさせ、役員会に風穴を開ける狙いです。
I can see where they're coming from は「彼らがどこから来ているか知っている」から、相手の心情や言動を理解していることを示すときに使います。

他の表現 1 | Their ideas are understandable, but if we look at the overall state of the market, there's a lot of consolidation going on.

2 | I can see why they think that way, but considering the overall condition of the market, the trend seems to be moving toward consolidation.

3 | I can appreciate their position, but if we take the market as a whole into account, we see a lot of consolidation.

Function 5 › 回答を催促する

I'm afraid I'm going to have to push you for an answer.

残念ながら、私は御社にご回答を迫らざるを得ません。

解説 「相手に負担がかかることほど丁寧にお願いする」のがビジネス英語の鉄則です。have to push you（あなたに迫らなければならない）という強い主張の前には、緩衝材として I'm afraid. がきています。

ただし、この発言は push を使っている時点で押しの強い印象になります。より丁寧に相手を催促する表現は以下を参考にしてください。

他の表現
1 | I regret to say that I'm going to have to encourage you to give a quick answer.

2 | Unfortunately, I need to stress how important it is for us to receive a quick answer.

3 | I hate to push you, but the circumstances really do call for a prompt response.

Function 6 › Deadlinesで心理的負担をかける

My board has given me till the end of the month to close this deal, otherwise we'll be forced to start looking around for a different partner.

弊社の役員会は本契約の締結を月末までとしており、そうならなければ、私たちは別のパートナーを探し始めざるを得ないのです。

解説 ここで、いよいよ Deadlines の登場です。ここまでの Eve は相手の状況を徹底的に把握し、反論もした上で Deadines に踏み切りました。そして交渉のボールを相手に託すと、Ivan は I understand that we're not the only fish in the sea. と返答します。（we're）not 以下は直訳すると「（私たちは）海の中の唯一の魚ではない」で、転じて「他にも相手はいる」と主に失恋した人への慰めとしてかける言葉をビジネスで応用しています。

他の表現
1 | My board needs to close this deal by the end of the month. If not, we'll have to start searching for a different partner.

2 | My board is pressuring me to wrap up the deal by the end of the month. Without an agreement, we'll have no choice but to look for a new partner.

3 | Closing this deal by the end of the month is the top priority for my board. If that can't be done, I regret to say that we'll have to start the search for a different partner.

Exercise Dialogue

付属音声を聞き、空所にあてはまる英語を埋めてください。

1 >

A: With regard to our discussion about a business partnership the other day, what are your thoughts?

B: We're very grateful for your proposal. ▨▨▨▨▨▨▨▨▨▨▨▨▨▨▨▨, you seem to value our company very highly.

A: That goes without saying. ▨▨▨▨▨▨▨▨▨▨▨▨▨▨▨▨, not to mention a global leader.

B: We're very honored that you say so. However, regrettably, we've not yet been able to reach a conclusion.

A: 先日の業務提携のお話ですが、御社としてはどのようにお考えでしょうか。

B: お申し出には大変感謝しております。お話からして弊社をとても高く評価していただいているようで。

A: それは言うまでもないことです。御社はこの分野でのパイオニアであり、世界的に見てもリーダーですから。

B: そう言っていただけて大変光栄です。ただ残念ながら、まだ社内での結論が出ていない状況です。

2 >

A: What exactly is the obstacle?

B: ▨▨▨▨▨▨▨▨▨▨▨▨▨▨▨▨▨▨▨▨▨▨. We have a strong relationship with A Corporation, which is one of your main competitors, and that's a great concern for us.

A: What's ▨▨▨▨▨▨▨▨▨▨▨▨ with them, and how closely connected are you?

B: We've had a relationship almost since we were founded, and within the company, we also have a lot of staff on loan from them.

A: 具体的に、何が障害になっていますか。

B: 役員の一部に強硬に反対する者がおります。弊社はA社とのつながりが強く、A社と御社とは競合関係にあることが私どもの大きな懸念なのです。

A: A社とのお付き合いはどのぐらいで、またどの程度のご関係でしょうか。

B: ほぼ創業以来の付き合いとなり、社内にはそこからの出向者も多くいます。

3 >

A: I understand the situation, but in the current tie-up proposal, we've been discussing joint development, and in that case, we plan to make a large investment in your company.

B: We're very grateful for that. But the problem is how to ████████████ ████████████████████████.

A: We need a decision soon.

B: We plan to ████████████████████████ as quickly as we can.

A: 事情はよくわかりますが、今回の提携案では共同開発の話もされており、その場合、当社から多くの出資をする予定です。

B: それは大変ありがたいと感じております。ただ、社内の反対をどう収めるかが問題です。

A: そろそろご決断いただく必要があります。

B: できる限り早く結論を出す予定です。

---

4 **A:** We can't wait forever. We've ████████████ ████████████████, and it will affect our planning for the next quarter.

B: I fully appreciate that.

A: Our deadline is the end of next week. We can't wait for a board meeting after that. If your company is unable to comply, our board has made it clear that we'll start ████████████████████████████████████.

B: Yes, I'm aware of that. So, I'll get you an answer by your deadline.

A: いつまでも待てるわけではありません。御社と提携するのが弊社の目的でもあり、来期の計画にも影響が出ます。

B: その点はよく承知しております。

A: 来週末が期限となります。それ以降は役員会を待つことはできません。御社とダメになった場合、新たな提携先候補を探し始めることを役員会は明らかにしていますので。

B: はい、それは承知しています。それでは、期限までにご回答できるようにいたします。

正解

1 **B:** On the basis of that discussion
A: Your company is a pioneer in the field

2 **B:** Some of our executives are firmly against it
A: the extent of your relationship

3 **B:** deal with the opposition within the company
B: come to a conclusion

4 **A:** incorporated the tie-up with you into our targets
A: seeking out new potential business partners

UNIT 13 Deadlines (2)

デッドラインズ(2)

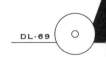

DL-69

DIALOGUE 2

> Teresa Benson is a recruiter who is trying to recruit Luke Franklin for a job in the Shanghai office of a major investment bank.

Teresa: 1. Correct me if I'm mistaken, but I feel we're now close to wrapping up this deal.

Luke: Yes, I hope so.

Teresa: Right. 2. Now, I think we'd better go through some of the main points just so we're on the same page.

Luke: OK, can I just confirm the starting date?

Teresa: Yes, the bank would like you to commence your duties in Shanghai on September 15th, which means you'll need to be there about a week before to get settled and complete some immigration formalities.

Luke: Yes, fine. I'll need to give my current employer three months' notice, which leaves us plenty of time.

Teresa: 3. Excellent. And presumably, you're happy with your compensation package.

Luke: Yes, it's very generous, especially the bonus component.

Teresa: 4. Yes, they're clearly very keen to have you on their team. That's hardly surprising considering you're a star performer in your current position.

Luke: The housing allowance is also fine. Just one point about the home leave allowance— will it cover business class flights for me, my wife, and my children?

Teresa: 5. Naturally. So, can I get you to sign on the dotted line today? The bank has been getting a bit anxious, so I'm keen to give them some good news.

Luke: Actually, there is one bump in the road. My wife is still fretting about the prospect of taking the kids to live overseas.

Teresa: Do you think you can talk her around?

Luke: I think I'm getting closer. The financial benefits of the new job make it very attractive.

Teresa: Well, you're going to need to bring all of your persuasive skills to bear. The bank needs someone in place by mid-September, and I do have some fallback candidates that I could call on. 6. I'll need a definite answer by the middle of next week, otherwise we'll have to withdraw the offer.

VOCABULARY

- [ ] **on the same page**（前・句）同じ考えを持って、大筋で 合意して
- [ ] **sign on the dotted line**（動・句）契約書に署名する
- [ ] **bump in the road**（名・句）〔一過性の〕小さな問題

ケース2　ヘッドハンティングの交渉

目的 ｜ TeresaはLukeに早く入社の意思を固めてほしい

TRANSLATION

> Teresa Benson は、大手投資銀行の上海支店での仕事のために Luke Franklin を採用しようとしているリクルーターです。

Teresa: 間違っていたら訂正していただきたいのですが、私たちはこの件についてまとまろうとしていますね。

Luke: ええ、そう思います。

Teresa: 結構。では、大筋で合意しているので、大事な点を確認するほうがいいと思います。

Luke: オーケーです、では就社日を確認できますか。

Teresa: はい、銀行は9月15日に上海での職務を開始していただきたいと思っています。それはつまり、その1週間前には現地に落ち着いて、入国手続きをすべて完了している必要があるということです。

Luke: はい、結構です。現在の雇用主に3か月前に知らせる必要がありますが、それには十分な時間があります。

Teresa: 素晴らしいです。そしておそらくですが、あなたは報酬体系に満足していらっしゃいますよね。

Luke: はい、それは非常に寛大です、特にボーナスコンポーネントは。

Teresa: はい、明らかに彼らはチームにあなたを迎えることを熱望しています。あなたが現在のポジションでスターパフォーマーであることを考えると、驚くべきことではありませんが。

Luke: 住宅手当についても結構です。一時帰国手当に関して一点、私と妻と子どもたちにビジネスクラスのフライトはカバーされているのでしょうか。

Teresa: 当然です。それでは、今日契約書にサインしていただいてもいいですか。銀行は少し不安になっているので、私は彼らに良いニュースを是非伝えたいのです。

Luke: 実は問題が1つあります。妻が子どもたちを海外で生活させることになるのをいまだに心配しています。

Teresa: 彼女を説得できると思いますか。

Luke: あともう少しだと思います。新しい仕事の金銭面は非常に魅力的ですし。

Teresa: まあ、持ち前の人を説得するスキルを全力で使う必要がありそうですね。銀行は9月中旬までに人員を必要としており、こちらも声掛けできる代わりの候補者が何人かいるのです。来週の半ばまでに明確な回答が必要で、そうでない場合、この申し出は取り下げさせていただきます。

- fret about 〜（動・句）〜を心配する、不安に思う
- talk around（動・句）説得する、納得させる
- fallback candidates（名・句）代わりの候補者
- call on 〜（動・句）〜に声掛けする

交渉コラム

人間関係の6つのパラダイム

本書の中で Win-Win や Win-Lose といった言葉が度々出てきたと思います。これらは有名な書籍『7つの習慣』（スティーブン・R・コヴィー著）で紹介されてから一般的に広まった言葉です。その中の「第四の習慣・Win-Win を考える」の中では、人間関係において6つのパラダイム (paradigm) が存在すると述べています。そのうちの1つが Win-Win です。パラダイムとは簡単に言ってしまうと「（ある時代・分野に支配的な）物の見方や考え方」のことで、6つのパラダイムは下記のようになります。

① Win-Win: 自分も勝ち、相手も勝つ
② Win-Lose: 自分が勝ち、相手は負ける
③ Lose-Win: 自分が負けて、相手が勝つ
④ Lose-Lose: 自分も負けて、相手も負ける
⑤ Win: 自分が勝つ
⑥ Win-Win or No Deal: 自分も勝ち相手も勝つ、それが無理なら取り引きしないことに合意する

①の Win-Win であれば最も望ましいと思いますが、どうしても満足いく着地点を見つけられなければ⑥ Win-Win or No Deal を選んで、「合意しないことに合意する」ことも必要だということだと思います。② Win-Lose は自分が勝っても人を蹴落とそうとする人。相手のことはお構いなしです。独裁的ですね。③ Lose-Win は自ら「あなたが勝ってください、私は負け組」と負けの立場を選ぶ人。④ Lose-Lose は相手の成功や幸せをよく思わないので自分も泥沼に陥ってでも相手を引きずり降ろそうとする人。⑤ Win は自分さえよければいいという人。自分の結果だけ考えているという点で②と少し異なります。

これらのパターンは本書の交渉術でもいくつか出てきていますので、これを機に整理しておきましょう。

KEY FUNCTION PHRASES

Function 1 > 状況を確認する

Correct me if I'm mistaken, but I feel we're now close to wrapping up this deal.

間違っていたら訂正していただきたいのですが、私たちはこの件についてまとまろうとしていますね。

解説 交渉において、まずは今どのような状況にあるのかを確認することが大切です。ここでは、correct me if I'm mistaken と前置きしてから I feel と、慎重に切り出しています。
wrap up はビジネスで多用される多義語表現。Let's wrap it up.（〔仕事や会議などを〕終わりにしよう）、wrap up a negotiation（交渉をうまくまとめる）などを押さえておきましょう。

他の表現
1 | I may be wrong, but it seems to me that we're getting closer to reaching an agreement.

2 | I might be mistaken, but I feel that we're on the cusp of signing this deal.

3 | I might have misjudged the situation, but I can't help feeling that we're pretty close to wrapping up this deal.

Function 2 > 最終確認への流れを作る

Now, I think we'd better go through some of the main points just so we're on the same page.

では、大筋で合意しているので、大事な点を確認するほうがいいと思います。

解説 Teresa は交渉をまとめるために最終確認のステップに話を進めます。
アメリカ英語で好んで使われる on the same page は「合意して、賛成して」という意味です。

他の表現
1 | Would you mind revisiting some of the main points as we seem to be largely in agreement?

2 | Now that we seem to be in broad agreement, I wonder if you'd be OK with going over some of the key points.

3 | We now appear to be thinking along the same lines, and so I was wondering if we could possibly run through some of the key issues.

> Excellent. And presumably, you're happy with your compensation package.
>
> 素晴らしいです。そしておそらくですが、あなたは報酬体系に満足していらっしゃいますよね。

解説 ▶ Teresa が具体的な項目である「報酬体系」に言及します。まず相手の気持ちを確認することから始めており、彼女は物腰の柔らかいネゴシエーターと言えるでしょう。

presumably は、確信が持ちきれず確認するときに便利な副詞。条件交渉の場面ではもちろん、日常会話でも広く使える語で、確信度は certainly や surely、probably よりも低く、maybe（五分五分）よりは高くなります。

他の表現 ▶ 1 | That's great to hear. And can I take it that the compensation package meets your expectations?

2 | Excellent. And I presume that your compensation package is satisfactory.

3 | Wonderful. And I'm guessing that you're satisfied with the reward structure.

Function **4** > 褒めて相手の行動を促す

> Yes, they're clearly very keen to have you on their team. That's hardly surprising considering you're a star performer in your current position.
>
> はい、明らかに彼らはチームにあなたを迎えることを熱望しています。あなたが現在のポジションでスターパフォーマーであることを考えると、驚くべきことではありませんが。

解説 ▶ Luke の気持ちを転職へと向け、さらには今の会社での実績を持ち上げることで彼の自己肯定感を高めています。be keen to ~ は「~を熱望している、乗り気な」という意味で、同じ「熱望している」でも be eager to は「より感情が先行しており、その結果、何かをしたいと思う」という意味合いになります。

他の表現 ▶ 1 | Yes, there's no question that they're eager to have you on their team. That comes as no surprise considering you're a star performer in your current position.

2 | Yes, they're obviously falling over themselves to get you to join them. That's only natural considering how brilliantly you've performed in your current position.

Function **5** › Deadlinesで決断を催促する①

Naturally. So, can I get you to sign on the dotted line today? The bank has been getting a bit anxious, so I'm keen to give them some good news.

当然です。それでは、今日契約書にサインしていただいてもいいですか。銀行は少し不安になっているので、私は彼らに良いニュースを是非伝えたいのです。

解説 Luke の条件や懸念材料をクリアしたところで、いよいよ契約書へのサインを要求する段階に入ります。

The bank... のくだりは、なぜここまで細かく状況を説明するのかと疑問を持たれるかもしれませんが、ここから Deadlines が始まっているのです。

「銀行側の苛立ち」と、良い報告を急いでしたい「自分の立場」を率直に伝えることで、具体的な締め切り日を言わずとも早期に決断してほしいという要望を表しています。

他の表現
1 | Of course. So, would it be possible to get your signature today? The bank has been getting a little concerned, so I'd love to give them some good news.

2 | Naturally. So, could you sign the contract today? The bank has been getting a bit nervous, so I'm sure they'd welcome some good news.

Function **6** › Deadlinesで決断を催促する②

I'll need a definite answer by the middle of next week, otherwise we'll have to withdraw the offer.

来週の半ばまでに明確な回答が必要で、そうでない場合、この申し出は取り下げさせていただきます。

解説 ここで Teresa は文字通り Deadlines を仕掛けています。

一般的に交渉においては、事前に「ある条件を相手がのめないなら、交渉を打ち切るライン」を設けておいて、最終的にそれを相手に提示することも多くあります。値段交渉の場合、その条件を walk-away price や reservation value（留保価値）といいます。

他の表現
1 | I'll need a final answer by the middle of next week. If that's not forthcoming, we'll have to scrap the offer.

2 | I must have a clear answer by the middle of next week, otherwise we'll have to take the offer off the table.

付属音声を聞き、空所にあてはまる英語を埋めてください。　　　DL-70 〇

1 A: If I'm not mistaken, we're now in ▭▭▭▭▭▭▭▭▭▭.
What do you think?

B: Yes, I'd definitely agree.

A: So, I'd like to ▭▭▭▭▭▭▭▭▭▭▭▭▭▭▭ on the
contract. Is that acceptable?

B: Yes, of course.

A: もし私の勘違いでなければ、この話し合いは最終段階に入っていると思います
が、いかがですか。

B: はい、確かにそうですね。

A: それでは、契約上のさらに重要な項目を確認したいと思いますが、よろしいでしょ
うか。

B: はい、もちろんです。

2 A: ▭▭▭▭▭▭▭▭▭▭▭▭▭▭ when you can start work?

B: In two months' time in August. I'd like to start work on August 1st.

A: I see.

B: Actually, I'd like to ask about ▭▭▭▭▭▭▭▭▭▭▭▭.

A: まずは、いつから出社できるかを教えていただけますか。

B: 2か月後の8月になります。8月1日には出社したいと思います。

A: わかりました。

B: 実は、転職のパッケージの内容についてうかがいたいと思います。

3 A: Are you satisfied with the job change package that I presented to you?

B: Yes, on the whole. But there's just one point—it would be a great help if I could
▭▭▭▭▭▭▭▭▭▭▭▭▭ a little.

A: Bonus negotiations are fixed twice a year, and ▭▭▭▭▭▭▭▭▭▭.

B: No upper limit? That's great!

A: 提示させていただいた転職のパッケージには満足されていますか。

B: はい、おおむね。ただ一点、賞与についての交渉条件を少し明確にできますと大
変助かります。

A: 賞与については年2回の交渉の場が設けられており、要求の上限はありません。

B: 上限はないのですね。それならば結構です。

4

A: Fine—I think we've ▨▨▨▨▨▨▨▨▨▨▨▨▨▨▨▨▨▨▨▨ on the terms and conditions, and so I'd like to get the contract signed today if possible.

B: Well, to be quite frank, I'm ▨▨▨▨▨▨▨▨▨▨▨▨▨▨▨▨▨ my present company.

A: Our discussions up to this point have gone on for the best part of six months, and we can't wait forever. We promised to give the company a clear answer this month. Can you give me a definite answer by the end of next week? Otherwise, we'll have to start looking at other candidates.

B: OK, I see. You'll have my answer by the end of next week.

A: では、契約条件をお互い理解できたと思いますので、できれば本日契約書へのサインをしていただきたいのですが。

B: えー、正直なところ、現在の会社を離れるにあたって多少の未練があります。

A: ここまでほぼ半年にわたる話し合いを続けてきましたが、いつまでも待てるわけではありません。先方には今月中に明確な回答をすると約束しています。来週末までに明確なお答えをいただけるでしょうか。さもなければ、別の候補の方を検討せざるを得ません。

B: わかりました。来週末までに回答を差し上げます。

UNIT 13 Deadlines (2)

正解

1 **A:** the final stage of our discussion
  A: go over some of the more important points

2 **A:** First of all, could you tell me
  B: details of the job change package

3 **B:** clarify the bonus negotiation conditions
  A: there's no upper limit

4 **A:** come to a mutual understanding
  B: a little conflicted about leaving

Deadlines (3)

デッドラインズ(3)

DIALOGUE 3

> Ed Reese is CEO of a company that provides alternative energy solutions. Kerry Blake is a real estate developer who has asked his firm to install solar panels in a housing development now under construction, but she has not yet made the advance payment to ensure that the work will go ahead.

Ed: ₁.I just wanted to make sure whether you have any flexibility in the completion date for the construction.

Kerry: No, I think that is set in stone. If we go past that date, we'll have to pay late penalties.

Ed: In that case, we absolutely have to settle our contract for the solar panel installation on the new houses. ₂.And as you're aware, we can't start work until we receive the agreed 30% advance payment.

Kerry: Well, as I've explained, it would be much more advantageous for us from an accounting point of view if we could delay the payment so that it would go on the books in the new financial year. It's only an extra couple of weeks.

Ed: ₃.OK, I get that, but there is one factor that is forcing our hand.

Kerry: What's that?

Ed: ₄.Our supplier has just informed us that its prices are going up 10% at the beginning of next month. ₅.Our margins are already razor-thin, so we really don't have any choice but to pass that cost on to you. That means we need to move quickly.

Kerry: I see. That's an unfortunate turn of events.

Ed: In that case, we'll have to revise our original costings and submit a new quote, which you would then have to approve.

Kerry: Yes, that's true. The admin work involved would certainly hold things up a bit.

Ed: The deadline is already tight. And any further delay would make it virtually impossible to complete the job by the appointed date. ₆.I regret to say that if you can't settle this by, let's say, the end of this week, there's no guarantee that we can bring the job in on schedule at the cost we specified in our contract.

VOCABULARY

- alternative energy（名・句）代替エネルギー
- set in stone（動・句）〔スケジュールが〕確定して
- on the books（前・句）帳簿上に
- force one's hand（動・句）行動を強いる、真意を明かさ

ケース3 **住宅工事の請負い交渉**

目的 | **EdはKerryに前払い金をすぐに支払わせたい**

TRANSLATION

> Ed Reese は、代替エネルギーソリューションを提供する企業の CEO です。Kerry Blake は、現在建設中の住宅開発にソーラーパネルを設置するよう彼の会社に依頼した不動産デベロッパーですが、彼女はまだ仕事を進めるための前払いをしていません。

Ed: 工事の完了日は調整がきくか確認したかったのですが。

Kerry: いいえ、確定されていると思います。その日を過ぎれば、遅延ペナルティーを支払わなければなりません。

Ed: その場合、新しい家々にソーラーパネルを設置する契約を絶対に取りつける必要があります。さらに、ご存知のように、我々は合意された 30% の前払いを受け取るまで作業を開始することはできません。

Kerry: さて、私がご説明したように、新会計年度の帳簿に記載されるように支払いを遅らせることができれば、弊社にとって会計上はるかにメリットがあります。あとほんの数週間後です。

Ed: なるほど、それはわかりましたが、行動せざるを得ないような要因が1つあります。

Kerry: それは何ですか。

Ed: サプライヤーから、来月初めに価格が 10% 上がると連絡がありました。我々のマージンはすでに極めて薄いので、御社にそのコストを負担していただく以外選択肢がないのです。つまり、早く動く必要があるということです。

Kerry: なるほど。それは残念な展開ですね。

Ed: その場合は、当初の原価計算を修正し、新しい見積もりを提出する必要があり、それを承認していただく必要があります。

Kerry: 確かにそうですね。そのために発生する管理作業のせいで確かに工程が少し遅れるかもしれませんね。

Ed: 締め切りはすでにタイトです。そして、これ以上の遅れは、指定された期日までに仕事を完了することを事実上不可能にします。残念ながら、仮に今週末までにこれを解決できない場合、契約書に明記したコストでスケジュール通りに仕事を完了できる保証はありません。

せる
■ razor-thin (形) 剃刀の刃のように薄い、僅かな

■ turn of events (名・句) 事態の変化

交渉コラム

on the booksの意味は？

このダイアログには多くのイディオムが使われており、Kerry の ...so that it would go on the books in the new financial year という発言中の on the books もその1つです。

この on the books は多義語で、どの意味もビジネスの現場で使うことが多いので、是非押さえておきましょう。

①団体・チームなどに記録・登録されている、会員である

There are 240 people on the books at the organization.
（その団体には 240 人が所属している）

②財務記録として登録・記載されている

※ book は名詞で「帳簿、会計簿」、動詞で「記帳する」 という意味があります。

③有効な法律である

A ban on talking on the phone while driving is on the books in Japan.
（運転中に通話することは日本では法律で禁止されている）

KEY FUNCTION PHRASES

Function 1 > 交渉を切り出す

> I just wanted to make sure whether you have any flexibility in the completion date for the construction.
>
> 工事の完了日は調整がきくか確認したかったのですが。

解説 Ed は Kerry に対し、工事の前払い金を受け取るための交渉に入ります。まずは期日の確認から入り、直接的な請求ではなく、状況の確認から始めます。

I want to は取引相手に使うと幼稚な印象を与えかねませんが、just を入れるだけで「少し～したいと思って」と語気が和らぎ、ビジネスで使っても恥ずかしくない表現になります。ただし、I would like to のほうがもちろん丁寧です。

過去形は時間の隔たりだけではなく「距離の隔たり」も表します。英語には日本語のような敬語はありませんが、この距離感で丁寧な語感になるのです。

他の表現

1 | I just wanted to check to see whether you have any latitude in the completion date for the construction.

2 | I'm curious to find out if there might be any flexibility in the completion date for the construction.

3 | Can I confirm whether it might be possible to adjust the construction completion date?

Function 2 > 前払い金を請求する

> And as you're aware, we can't start work until we receive the agreed 30% advance payment.
>
> さらに、ご存知のように、我々は合意された30%の前払いを受け取るまで作業を開始することはできません。

解説 ここから Ed は具体的に前払いを催促していきます。

ちなみに、1つ前の Kerry の発言中の be set in stone は be carved in stone ともいい、「石に刻まれている」から「変更不能である、スケジュールが固定されている」、さらには「不変である」といった意味になります。特にアメリカ英語の話し言葉でよく耳にするイディオムです。This proposal is not yet carved in stone.（この提案はまだ変更可能だ）といったような使い方をします。

Function **3** 〉 外的要因を持ちだす①

> OK, I get that, but there is one factor that is forcing our hand.
>
> なるほど、それはわかりましたが、行動せざるを得ないような要因が1つあります。

解説 Ed は変更不可能な期日（工事完了日）を逆手にとり、要求をのませていく作戦で、さらに外的な要因も提示して揺さぶりをかけていきます。

このように force majeure（不可抗力）を使って交渉を有利に進める手法は、Deadlines のみならずよく見られます。

文頭で I get that と理解を示していますが、これは単なる枕詞で、その後に詰めを繰り出すのも交渉の定石です。

force one's hand は「行動を強いる」という意味の慣用句。この場合の hand はトランプカードの手持ち札を表し、カードを強制的に明かさせるということから「手の内（真意）を明かさせる」、さらに「行動を強いる」という意味に変化しました。

Function **4** 〉 外的要因を持ちだす②

> Our supplier has just informed us that its prices are going up 10% at the beginning of next month.
>
> サプライヤーから、来月初めに価格が10％上がると連絡がありました。

解説 Ed が先ほど言及した forcing our hand の内容を具体的に説明します。外的要因はサプライヤーからの値上げ要求でした。Kerry は数週間先には支払うと伝えていましたが、それに対して Ed は「来月初めに価格が上がる」→「すぐ行動をとる必要がある」と応戦します。

他の表現
1 | Our vendor has just let us know that they'll bring in a 10% price hike at the beginning of next month.

2 | I just heard from the supplier that they'll be putting up their prices by 10% early next month.

3 | Our supplier has just communicated that they plan to increase their prices by 10% from the beginning of next month.

Function **5** > コスト負担を打診する

> Our margins are already razor-thin, so we really don't have any choice but to pass that cost on to you.
>
> 我々のマージンはすでに極めて薄いので、御社にそのコストを負担していただく以外選択肢がないのです。

解説　サプライヤーからの値上げと利益の薄さを理由に、その値上げ分をコストとして上乗せすることを示唆します。コストも負担してもらい、かつ前払いしろ（デメリット）と要求しています。

　　　razor-thin は razor-thin margin の形で「僅差の得票数」という意味もあり、He is on track for victory in Saturday's presidential elections with a razor-thin margin.（土曜日の大統領選挙において、彼が僅差で当選確実となる見込みだ）というようにジャーナリズムの分野でよく使われます。

他の表現　1 | As our margins are already razor-thin, we really don't have any choice but to shift that cost to you.

　　　　　2 | We barely make any margin, so we're forced to have you bear that cost.

Function **6** > Deadlinesで催促する

> I regret to say that if you can't settle this by, let's say, the end of this week, there's no guarantee that we can bring the job in on schedule at the cost we specified in our contract.
>
> 残念ながら、仮に今週末までにこれを解決できない場合、契約書に明記したコストでスケジュール通りに仕事を完了できる保証はありません。

解説　ここでダイアログの核となる Deadlines が登場します。

　　　ここでのクッション言葉は I regret to say that で、真摯な気持ちを伝えたいときに便利な表現です。Sorry to say that とすると、きっぱりと言い切るようなニュアンスになります。

　　　let's say は「仮に（〜ならば）」で、カジュアルなシーンでは単に say ともいいます。

他の表現　1 | I hate to say it, but if you can't settle this by, let's say, the end of this week, we can no longer guarantee to bring the job in on schedule at the cost we specified in our contract.

　　　　　2 | I'm sorry to say that if you can't clear this matter up by, let's say, the end of this week, we can't promise to finish the job on time at the cost we originally agreed.

付属音声を聞き、空所にあてはまる英語を埋めてください。　DL-72 〇

1⟩

A: The deadline is next week, but would it be possible to ▨▨▨▨▨▨▨▨▨▨?

B: I'm afraid that's impossible. We've already settled on a delivery schedule to the client.

A: Well, as I requested before, you will have to ▨▨▨▨▨▨▨▨▨▨ ▨▨▨▨▨▨.

B: But as I said before, we agreed to wait till next quarter.

A: 来週の締め切りですが、少し遅らせることは可能でしょうか。

B: それは無理ですね。すでにクライアントへ配送する日程が決まってしまっています。

A: でしたら、以前お願いしたように、仕入れの費用を負担していただかないと。

B: しかし以前にも申し上げた通り、来期まで待ってもらうことで合意しています。

2⟩

A: That's correct, but circumstances have changed. Our supplier has asked us to pay in advance for purchases, and I ▨▨▨▨▨▨▨▨.

B: Yes, that's a big change, right?

A: What's more, the supplier is demanding payment this week, and we can't do that ▨▨▨▨▨▨▨▨▨▨.

B: But if we push things to next quarter, we'll both suffer a loss.

A: それはそうですが、事情が変わってしまったんです。仕入先から購入費の前払いを頼まれていて、こちらとしてはそこまでの負担はできかねます。

B: 確かに大きく変わっているようですね。

A: しかも先方は今週中に支払うよう要求してきていて、こちらは御社からの支払いがないと対応できません。

B: ただ、来期に先送りしたら、お互いの損失になります。

3⟩

A: On top of that, the supplier has ▨▨▨▨▨▨▨▨▨▨ of 15％.

B: If that happens, the original budget will change.

A: So, I'd like you to accept that we'll have to ▨▨▨▨▨▨▨▨▨▨.

B: I'd like to take some time to consider that.

A: そのうえ、先方からは15％の値上げの可能性も示唆されています。

B: そうなると、そもそもの予算が変わりますね。

A: では、こちらから新たな見積もりを提出しますので、ご承認いただきたいと思います。

B: それについては考える時間をください。

4

A: If we could do it this week, would you be able to consider a new estimate?

B: Not without consulting with our head office. I'd like to help as much as I can, but ░░░░░░░░░░░░░░░░░░░░░░░░░░░░░░░░░.

A: If you can't, you have to be aware that there is no way that we can finish the main work ░░░░░░░░░░░░░░░░░░░░░░░░░░░░░░░░░.

B: I understand the situation. So, first of all, can I ask you to draw up a new estimate?

A: もし今週中にそれができたら、新たな見積もりをご検討いただけますか。

B: 本社と掛け合ってみないとわかりません。できる限り対応したいと思いますが、保証はできません。

A: それができない場合には、契約書に定められた主な仕事を仕上げることは不可能になるとご承知おきください。

B: 状況はわかりました。ではまずは、新しい見積書の作成をお願いできますか。

正解

1 **A:** push it back a bit
　　 A: bear the expense of purchasing stock

2 **A:** doubt whether we can bear that burden
　　 A: unless you settle your account with us

3 **A:** hinted at a price hike
　　 A: issue a new estimate

4 **B:** I can't make any guarantees
　　 A: in line with the terms of the contract

UNIT

14

—

FLINCH

フリンチ

FLINCH 1

FLINCH 2

Lester Compton is meeting with Marsha Baker, a bank official, to discuss getting a business loan to fund his startup.

Marsha: 1. Well, I've looked through your business plan. It seems quite thoroughly researched.

Lester: Thanks. My partner and I put a lot of time and effort into it. We're convinced that we have a range of viable products and that there's a growing market for them.

Marsha: Yes, I can see that there could be some potential.

Lester: 2. The problem is, we've plowed all of our available funds into developing the prototypes, so we now need an injection of capital to get the product to market. For example, we'll need to find business premises and take on staff to handle sales and marketing, back-office duties, and so on.

Marsha: 3. Right. That's the obvious next step. Now, did you have a figure in mind?

Lester: 4. Er, yes, we've done our initial costing and we estimate that we'll need a loan of $100,000.

Marsha: 5. I'm sorry, could you repeat that? I'm afraid I must have misheard you. Did you just say $100,000?

Lester: Yes, that's exactly what I said. Will that be a problem?

Marsha: To be quite honest, yes, I think it will. You must be able to appreciate that the bank would be taking a substantial risk in making a loan of that size to a business with no track record.

Lester: But you said that you could see potential in our product.

Marsha: Yes, that's true, but whether potential will translate into actual sales is another matter entirely.

Lester: Then how much would you be prepared to lend?

Marsha: 6. I think we could stretch to $50,000.

Lester: But that wouldn't even cover our up-front expenses. How do you suggest we find the rest?

Marsha: You'd need to find a non-bank investor who would be more comfortable taking on the risk involved. Have you by any chance sounded out any venture capital firms?

VOCABULARY

- fund（動）～に資金を調達する
- thoroughly（副）総合的に、徹底的に
- viable（形）〔計画などが〕実行可能な
- plow（動）～を突っこむ、注入する

ケース1 新興企業との融資交渉

| 目的 | MarshaはLesterへの資金提供を少額に抑えたい |

TRANSLATION

> Lester Compton は銀行員の Marsha Baker と会い、彼のスタートアップに出資するためのビジネスローンの取得について話し合っています。

Marsha: さて、あなたのビジネスプランに目を通しました。実に徹底したリサーチをされているようですね。

Lester: ありがとうございます。パートナーと私はそれに多くの時間と労力をつぎ込みました。私たちは有望な製品のラインアップを持っており、それらが成長し得る市場があると確信しています。

Marsha: はい、何がしかの可能性があることはわかります。

Lester: 問題は、利用可能な資金をすべて試作品の開発に投入したので、目下、製品を市場に投入するために資本の注入が必要であるということです。例えば、ビジネス施設を見つけて、営業やマーケティング、バックオフィス業務などを担当するスタッフを雇う必要があります。

Marsha: そうですね。それは明らかに次のステップですね。では具体的な数字をお持ちでしたか。

Lester: えー、はい、原価計算を済ませていて、10 万ドルのローンが必要になると見積もっています。

Marsha: すみません、もう一度言ってくださいますか。聞き間違いかもしれません。今、10 万ドルとおっしゃいましたか。

Lester: はい、そのように申し上げました。何か問題でも。

Marsha: 率直に申し上げて、問題があると思います。銀行は、実績のない企業にその規模の融資を行う際に相当なリスクを取ることを理解しておく必要があります。

Lester: しかし、あなたは私たちの製品に可能性があるとおっしゃいました。

Marsha: はい、その通りですが、可能性が実際の売上に結びつくかどうかは全く別の問題です。

Lester: では、いくら貸す準備ができそうなのですか。

Marsha: 5 万ドルまでは出せると思います。

Lester: しかし、それでは私たちの先行投資分をカバーすることさえできません。残りはどうやって見つければよいと言われるのですか。

Marsha: それに伴うリスクをより取り入れやすいノンバンク投資家を見つける必要があります。ちなみにベンチャーキャピタル企業について聞いたことがありますか。

- injection of capital（名・句）資本の注入
- business premises（名・句）営業上の家屋土地、営業
- 所、事務所
- up-front expenses（名・句）先行投資費用

交渉コラム

Flinchを採用面接の「給与交渉」などで活用！

外資系企業での勤務経験のない方は、給与交渉の要領を知っておくと今後のグローバルキャリアの形成に役立つと思います。

給与交渉には大きく2つの側面があります。1つは給与額自体の交渉、そしてもう1つは給与以外の条件の交渉です。

まず、給与額の交渉ですが、大事な点は、「決して自分からは給与額を提示しない」ことです。必ず相手・会社側から金額を提示させます。そして提示額が自分の予想と期待を上回る場合は一旦受け入れ、次に具体的な休暇や家賃補助、社用車の使用権などの交渉に入ります。

次に、給与額が不満な場合は、このFlinch（たじろぎ作戦）を使います。聞いた給与額の数字を復唱して、次に沈黙し口をつぐむのです。これにより相手に心理的プレッシャーがかかります。そして要望金額ではなく、もう少し上げられないかを聞くのです。

こうすることで、早く妥結したいと願う担当者との心理戦を開始、（勤続途中での給与交渉なら）自らのこれまでの会社への貢献などを訴え、新たな提示額を引き出すのです。

KEY FUNCTION PHRASES

Function 1 › Flinchの地ならしをする①

Well, I've looked through your business plan. It seems quite thoroughly researched.

さて、あなたのビジネスプランに目を通しました。実に徹底したリサーチをされているようですね。

解説 Flinch では、まず相手に多くを語らせることが大切です。
融資額を下げるための交渉のため、thoroughly researched と Lester を褒めて気持ちよくさせることで、Lester は自社の実状について語りやすくなります。
look through 〜は「〜に目を通す」という意味。

他の表現 1 | Well, I've gone over your business plan. Your research seems extremely thorough.

2 | Well, I've checked out your business plan. It looks as though you researched it in depth.

Function 2 › Flinchの地ならしをする②

The problem is, we've plowed all of our available funds into developing the prototypes, so we now need an injection of capital to get the product to market.

問題は、利用可能な資金をすべて試作品の開発に投入したので、目下、製品を市場に投入するために資本の注入が必要であるということです。

解説 戦術通り、リサーチを褒められた Lester は自らの努力を喧伝します。この時点で彼は承認欲求が満たされています。これにより、後でいきなり Flinch でショックを与えるよりも Lester の心理的負担は小さくなります。
以下は上記文の前半の言い換えです。

他の表現 1 | The trouble is, all our available funds are already earmarked for other uses.

2 | The thing is, all our available funds have already been allocated to other projects.

3 | I regret to say that all our available funds are tied up in other projects right now.

Function **3** 〉 相手に先に希望額を言わせる質問をする

Right. That's the obvious next step. Now, did you have a figure in mind?

そうですね。それは明らかに次のステップですね。では具体的な数字をお持ちでしたか。

解説 ▶ Flinch においては、相手に話をさせ、特に「数字は相手に言わせる」ことが最も重要なポイントとなります。
ここで did you have... と、過去形の did を使ってその金額をたずねているのは、すでに決めてきている数字という意味が含まれています。以下は 3 にいくほど、より直接的な表現になります。

他の表現 ▶ 1 │ Now, did you have a number in mind?

2 │ Now, were you thinking of a specific sum?

3 │ So, did you have a precise dollar figure in mind?

Function **4** 〉 相手に先に希望額を言わせる

Er, yes, we've done our initial costing and we estimate that we'll need a loan of $100,000.

えー、はい、原価計算を済ませていて、10万ドルのローンが必要になると見積もっています。

解説 ▶ Marsha からの問いに対して、Lester はすでに褒められて気を良くしているので、当然受け入れてもらえると思い、先に値段を言ってしまいます。
initial costing は「原価計算」もしくは「初期投資」。そこからの算出として、10 万ドルが必要と言っています。
以下は 3 にいくほど丁寧な表現になります。

他の表現 ▶ 1 │ We've made a rough initial costing, and it looks like we'll need a loan of $100,000.

2 │ We've costed out the project, and we'll probably need to borrow $100,000.

3 │ According to our initial costing, we estimate that the size of our loan would need to be $100,000.

Function **5** › Flinchの沈黙で圧迫感を与える

> I'm sorry, could you repeat that? I'm afraid I must have misheard you. Did you just say $100,000?
>
> すみません、もう一度言ってくださいますか。聞き間違えかもしれません。今、10万ドルとおっしゃいましたか。

解説 ▶ Flinch の核心はこの部分です。実際には、しばし「沈黙」を置き、「えっ?」という驚きすら伝えることで、相手に心理的圧迫を与えます。この沈黙ですでにノーであることが相手に伝わり、また「自分の言った数字がおかしかったのか」という動揺を与えることにつながります。

ここでは、さらに I'm sorry, could you repeat that? と聞き返すことで、「自分にとって 10 万ドルという数字は信じられない額」という心情を醸し出しています。また、I must have misheard you. と二の矢を放ち、最後に「数字を復唱する」のも Flinch テクニックのポイントです。

以下は 2 文目までの言い換えです。

他の表現
1 | I'm sorry, could you say that again, please? I'm afraid I must have misheard you.

2 | I'm sorry, what was that again? I didn't quite follow you.

3 | I'm sorry, once more, please. I don't think I heard you correctly.

Function **6** › 後出しで希望額を伝える

> I think we could stretch to $50,000.
>
> 5万ドルまでは出せると思います。

解説 ▶ Flinch では、相手に数字を言わせた後で、こちらからの数字を提示するのが鉄則です。stretch to ～ は「～にまで及ぶ」という意味で、「この額が限界である」というニュアンスを伝える表現となっています。これにより、Lester は「これ以上がない」ことを無意識に感じとることになります。さらに could を使うことで「せいぜい出せても、最大でも」というニュアンスが出ます。

他の表現
1 | I think we can provide you with a maximum of $50,000.

2 | I don't think we can go any higher than $50,000.

3 | Our absolute upper limit would be $50,000.

EXERCISE DIALOGUE

付属音声を聞き、空所にあてはまる英語を埋めてください。　　　　　DL-74 ○

1) **A:** If we want to further develop this enterprise, we'll require [_____] [_____].

B: That would certainly be [_____]. How much were you thinking of?

A: As funding for the project, I think we'll need $5 million.

B: What? $5 million? Did I hear that correctly?

A: さらなる事業展開のためには、さらなる資本注入が必要となります。

B: それは確かに必要な次のステップだと思います。どのぐらいをお考えでしたか。

A: 事業資金として、500万ドルが必要と考えています。

B: え? 500万ドルですか。聞き違いではないですよね。

2) **A:** At this point, we've already achieved a 20% increase in revenue, and I believe there's a good chance of increased profits in the future. But I think we'll need to launch a new venture to do that, and that will depend on our discussion today.

B: I see. We'll definitely need to ensure that the development [_____]. Roughly how much are you going to need?

A: I'd be happy with $6 million.

B: $6 million? Are you serious? I have no idea where I could [_____] that much money.

A: この時点ですでに20%の売上アップを達成しており、今後も増益の見込みです。ただ、そのためには次の事業の開始が必要と考えておりまして、本日ご相談にうかがった次第です。

B: なるほど。着実に発展されていることをまず確かめる必要があります。おいくらほどご入用ですか。

A: 600万ドルあればありがたいと思います。

B: 600万ドル? 本気でおっしゃっているんですか。どこからそんな多額を用立てたらよいのか、私にはさっぱり理解できません。

3) **A:** I think we should be looking [_____] next quarter.

B: Yes, good idea. I think that's certainly within our capability. Do you [_____], by any chance?

A: Yes, I do. I think we'll need $5 million for investment in plant and equipment.

B: What! Did you just say $5 million? Don't you think that's kind of outlandish? There's no way that's a responsible way to do business.

A: 来期には、上場を目指せるところまでいきたいと考えています。

B: なるほど。それは確かに射程圏内ではありますね。ちなみに具体的な数字をお考えですか。

A: はい。設備投資の費用として 500 万ドルが必要と考えています。

B: えっ？ 今 500 万ドルと言われましたか。それは常識外れではないですか。それはとても堅実な経営とは言えませんよ。

4 A: I think the work this company is doing in the field of robotics is really ▨▨▨ ▨▨▨▨▨▨▨▨▨▨▨▨▨▨▨▨▨▨ and that it has really good growth prospects. So, I think we should be considering continued investment.

B: Yes, robotics is definitely ▨▨▨▨▨▨▨▨▨▨▨▨▨▨▨ from this point on. How much do you think we should put in?

A: I was actually thinking of developing robotics for use in the field of nursing care, and for that we'd need 900 million yen to cover development costs and plant construction.

B: That's absolutely out of the question! Even if it's a growth area, that figure is completely impossible.

A: 弊社のロボット事業は市場のトレンドと一致して実に大きな伸びが期待できます。継続的な投資を検討していきたいと考えています。

B: はい、確かにロボティクスは今後の成長分野のようですね。それでいくらご入用ですか。

A: 実は、介護分野で利用できるロボットの開発を考えておりまして、それには開発費および工場建設費として 9 億円が必要です。

B: それは論外ですね。たとえ成長分野としても、完全にあり得ない数字です。

正解

1 A: an injection of more capital
  B: the necessary next step

2 B: stays on an even keel
  B: lay my hands on

3 A: to list on the stock exchange
  B: have a concrete figure in mind

4 A: in line with market trends
  B: looking like a growth area

DIALOGUE 2

Alok Chaudhuri is meeting with Vivian Chen, the boss of a translation agency, to discuss a project to translate his company's technical manuals into other languages.

Vivian: 1.So, let's just quickly recap what you would like us to do.

Alok: Sure. We want you to translate those five technical manuals from English into Japanese, Chinese, Thai, and Korean.

Vivian: And you would want the deliverables by July 31st at the very latest.

Alok: Exactly. Does that time frame work for you?

Vivian: Well, it's a little on the tight side, but I'm confident we can handle it.

Alok: 2.OK, so now, that just leaves the question of price.

Vivian: 3.I assume you've checked the standard rates on our website.

Alok: 4.Yes, of course, but I thought that since this is such a high-volume project, we could get a more favorable price. Actually, we've budgeted $50,000 for the whole project.

Vivian: 5.I'm sorry, but you can't be serious! How could you possibly arrive at that figure? That's less than half of what we would normally charge for a project of this size.

Alok: Well, I'm afraid that's all we can afford right now, but also, I can't help thinking that your rates are a little inflated.

Vivian: Look, let me try to put things in perspective. Not only is this job high-volume, the content is also specialized, and technical translators command higher rates.

Alok: But if they're specialists, they must be able to work quickly.

Vivian: Yes, granted, but you must also realize that for reasons of quality assurance, all the work we do goes through two extra editing stages to ensure we deliver a completely accurate rendering of your original documents.

Alok: Well, if you're not prepared to be flexible, I think we will need to investigate other options.

Vivian: 6.Naturally, that's your prerogative, but you'll find it hard to secure any company of good standing prepared to meet your price.

VOCABULARY

☐ **recap**（動）〜を要約する
☐ **deliverables**（名）成果物

☐ **at the very latest**（前・句）最も遅くとも
☐ **inflate**（動）〜を膨らませる、誇張する

目的 | Vivianは大口の案件を標準価格で受注したい

TRANSLATION

> Alok Chaudhuri は翻訳代理店の社長である Vivian Chen と会い、自社の技術マニュアルを他の言語に翻訳するプロジェクトについて話し合っています。

Vivian: それでは、御社が弊社にしてほしいことを要約してください。

Alok もちろんです。この 5 つの技術マニュアルを英語から日本語、中国語、タイ語、韓国語に翻訳してほしいんです。

Vivian: 遅くとも 7 月 31 日までに成果物が欲しいのですね。

Alok: その通りです。その期限で大丈夫でしょうか。

Vivian: まあ、若干タイトですが、私はできると確信しています。

Alok: オーケー、そうなると、あとは価格の問題ということになりますね。

Vivian: おそらく当社のウェブサイトで標準料金を確認されたと思いますが。

Alok はい、もちろんですが、これは非常に大口のプロジェクトですから、よりお得な値段にしてもらえるだろうと思いました。実際、プロジェクト全体で 5 万ドルの予算を立てています。

Vivian: すみませんが、本気でおっしゃっているんですか。どうすればそのような数字にたどり着けるのでしょうか。それは我々が通常このサイズのプロジェクトに対して請求する額の半分以下です。

Alok 恐れ入りますが、それが今私たちが支払うことができるすべてであり、それと私は御社のレートが少し膨らみすぎていると思わざるを得ません。

Vivian: いいですか、整理して物事を考えてみましょう。この仕事は大量であるだけでなく、コンテンツも専門化されており、技術翻訳者にはより高いレートが要求されます。

Alok: しかし、彼らが専門家であるなら、迅速に働くことができるはずです。

Vivian: はい、当然ですが、品質保証の理由から、私たちが行う全ての作業は元の文書の表現を完全に正確な翻訳にするために、さらに 2 つの編集段階を経ているということを認識していただくことも必要です。

Alok: うーん、柔軟に対応できる準備が御社にない場合は、他の選択肢を調査する必要があると思います。

Vivian: 無論、それは御社の当然の権利ですが、御社の価格に見合い良く準備された会社を確保することは難しいと思いますよ。

■ put things in perspective（動・句）大局的に物事を見る
■ rendering（名）翻訳、訳文
■ prerogative（名）権利、権限、特権

交渉コラム

Flinchが奏功した経験談

これは私が独立して間もない頃の話です。

ある企業から翻訳の依頼があり、英訳作業であったことから、英語ネイティブスピーカー
で proofreading をしてくれる人を探していました。たまたま知り合いになったアメリカ人に
それを依頼したのですが、メールでの交渉が思いのほか難航しました。英文翻訳文の
proofreading ですから当然、仕上がりのワード数での支払いを、と思っていたのですが、ど
うしてもそのアメリカ人は納得しません。先払いを主張するのです。何度かメールで応酬が続
きましたが、最後に少し間をおいて「どうしても先払いなのか」と Flinch を仕掛けました。

そこで、Prepayment by all means. と返事が来た際に、Prepayment by all means? Why?
と初めて聞いたところ「以前日本人から仕事の依頼を受けたが、仕事が終わった後、支払
いをしてくれなかったことがある」と言われました。ならば、「先払いはする。ただしワード数
は未確定なのだから固定額の支払いでよいか」と尋ねたところ、Deal. と返事が返ってきま
した。

メールでのやり取りでしたが、激しい応酬の後、「時間を置く」「相手の主張を繰り返す」と
いう形で、比較的リーズナブルかつ好条件で月額定額での deal が成立しました。その後も彼
は約束通り、どんな分量でも定額かつ期限通りに仕上げてくれ、素晴らしいパートナーとなっ
てくれました。

Flinch のみならず相手とぶつかることを恐れないことも、日本人がグローバルに交渉する点
では重要だと痛感した出来事です。

KEY FUNCTION PHRASES

Function 1 ＞ Flinchの地ならしをする

> So, let's just quickly recap what you would like us to do.
>
> それでは、御社が弊社にしてほしいことを要約してください。

解説 Flinch では「まず相手に話をさせる」ことが重要です。 ここでは、Alok の要望をまとめて話すように促すことから会話が始まります。相手に話させ、数字を先に言わせるのが目的です。
recap は recapitulate の略で、「〜を要約する」「〜の要点を繰り返す」の意味。似た語句に sum up がありますが、こちらはむしろ「総括・概括する」ニュアンスのほうが強いと言えます。wrap up は、同じ「まとめる」でも、「結論を言う、切り上げる」といった「最後に」まとめるイメージの強い語です。

他の表現

1 | So, let's just quickly sum up what you would like us to do.

2 | So, let's just quickly summarize what you would like us to do.

3 | So, could you give us a brief rundown of what you expect from us?

4 | So, let's just quickly run through the main points of what you're asking us to do.

Function 2 ＞ 価格の話題を切り出す

> OK, so now, that just leaves the question of price.
>
> オーケー、そうなると、あとは価格の問題ということになりますね。

解説 基本的な依頼内容が話し合われた後、Alok が価格の話を始めます。that just leaves the question of price は「それはただ価格の問題を残している」、つまり「残るは価格の問題ですね」という意味になります。

他の表現

1 | OK, so now, the only outstanding item is the price issue.

2 | OK, so now, all we have left to discuss is the question of price.

3 | OK, so now, what remains to be settled is the question of price.

4 | OK, so all that remains to be done is to settle the price.

Function **3** > 相手にFlinchの水を向ける

I assume you've checked the standard rates on our website.

おそらく当社のウェブサイトで標準料金を確認されたと思いますが。

解説 Flinch の鉄則は「金額は相手に言わせる」で、これを死守する一言です。先方から「あとは価格の問題」と水を向けられても、あくまでも相手に価格を言わせるため、I assume と「憶測する」という意味の表現で濁しています。これには「当然～だと思う」という意味合いも含まれています。

他の表現 1 | I presume you've checked the standard rates on our website.
2 | By now you must have checked our standard pricing online.
3 | I assume that you're familiar with our standard rates from our website.

Function **4** > 相手に先に希望額を言わせる

Yes, of course, but I thought that since this is such a high-volume project, we could get a more favorable price. Actually, we've budgeted $50,000 for the whole project.

はい、もちろんですが、これは非常に大口のプロジェクトですから、よりお得な値段にしてもらえるだろうと思いました。実際、プロジェクト全体で5万ドルの予算を立てています。

解説 Vivian は金額を先に言わせることに成功しました。Alok は「大量なので割り引きがきく」という理由づけをし、5万ドルを提示します。これによって相手の考え方がわかり、手の内あるいはつきあうべき会社かどうかを見極めることにもつながります。
　「予算を立てる」にはいくつかの表現があります。budget / put together a budget / make a budget / prepare a budget / draw up a budget などです。以下は2文目の言い換えです。

他の表現 1 | Actually, we put together a budget of $50,000 for the entire project.
2 | Actually, we came up with a budget of $50,000 for the whole project.
3 | In actual fact, we've earmarked [allocated/assigned] $50,000 for the entire project.

Function **5** > Flinchによる否定で圧迫感を与える

I'm sorry, but you can't be serious! How could you possibly arrive at that figure? That's less than half of what we would normally charge for a project of this size.

すみませんが、本気でおっしゃっているんですか。どうすればそのような数字にたどり着けるのでしょうか。それは我々が通常このサイズのプロジェクトに対して請求する額の半分以下です。

解説 Flinch の本番です。ここでは「沈黙」よりも、むしろ「あり得ない!」と数字を強く否定する表現で、相手に心理的圧迫を与える戦術を取っています。
you can't be serious によって「まさか」「冗談でしょ」「そんなはずない」と、「あり得ない」という心情をダイレクトに表現しています。
How could you possibly arrive at that figure? も真っ向から全面否定するのでパワーがあります。
以下は 2 文目までの言い換えで、3 にいくほど語調が強く丁寧とは言えない表現になります。

他の表現 1 | I'm sorry, but I can't believe it! What brought to you to that figure?

2 | Are you seriously saying that? How on earth did you calculate a number like that?

3 | Come on, you can't be serious! How you could arrive at that figure is beyond me.

Function **6** > Flinchの後も冷静に否定する

Naturally, that's your prerogative, but you'll find it hard to secure any company of good standing prepared to meet your price.

無論、それは御社の当然の権利ですが、御社の価格に見合い良く準備された会社を確保することは難しいと思いますよ。

解説 相手の希望価格がわかり、さらに他の会社を検討する意向も把握できました。それを踏まえて Vivian は今度は冷静に拒否に入ります。交渉においては常に相手の出方を見て、自ら語りすぎないことが重要です。

他の表現 1 | Of course, that's your right, but I think it's going to be difficult for you to secure a suitable company for that price.

2 | Naturally, you have every right to do so, but it's not going to be easy to find a company of good standing prepared to accept such a low figure.

EXERCISE DIALOGUE

付属音声を聞き、空所にあてはまる英語を埋めてください。

DL-76 ○

1) **A:** Your company's service is truly outstanding. ▨▨▨▨▨▨▨▨ ▨▨▨▨▨▨.

B: That's very kind of you to say so. A lot of people rate us very highly. Now, ▨▨ ▨▨▨▨▨▨▨▨▨▨, the total will be $50,000.

A: What was that again? Did I actually hear you properly?

B: But if we include fewer options, we can offer it at $30,000.

A: 御社サービスは実に素晴らしい。あとは価格の問題だけですが。

B: そう言っていただいて恐縮です。多くの方から非常に高く評価していただいております。さて、すべてのオプションを入れるとトータルで5万ドルになります。

A: 今何とおっしゃいましたか。聞き間違いではないですよね。

B: しかしオプションを少なくすれば、3万ドルで提供することも可能ですが。

2) **A:** I'm very familiar with the outstanding service you offer. ▨▨▨▨▨▨▨▨ ▨▨▨▨▨.

B: Our lowest-priced service plan is $200,000.

A: What was that? That figure must have an extra zero. I've never heard of anyone ▨▨▨▨▨▨▨▨▨▨▨▨▨▨▨▨▨▨▨▨▨▨.

B: Well, I think if you really understood the kind of service we offer, you'd be happy to meet our price.

A: 御社サービスの素晴らしさは十分わかりました。ちなみに気になるのは費用ですが。

B: 最も安いサービスプランで20万ドルとなります。

A: 今何とおっしゃいましたか。その数字はゼロが1つ多いのではありませんか。この手のサービスでそんな高額は聞いたことがありませんよ。

B: いや、弊社サービスの中身を本当にご理解いただければ、きっとご納得していただけるはずです。

3) **A:** So that's the explanation of our company's products.

B: Thanks very much. It was very clear. The only thing that concerns me now is price.

A: Right now, ▨▨▨▨▨▨▨▨▨▨▨▨▨▨▨▨▨▨. With a 10% discount, it'll be $25,000.

B: Sorry? What did you just say? Even with a discount, ▨▨▨▨▨▨▨▨▨.

358

A: ここまでが弊社商品のご説明となります。

B: ありがとうございました。大変わかりやすいご説明でした。ただ1つ気になるのは、お値段ですが。

A: ただ今キャンペーン中ですので、10%引きの2万5000ドルになります。

B: えっ？　今何とおっしゃいましたか。値引きをしてもその値段というのはあり得ないですよね。

4) A: The pronunciation training app that we've developed is powered by an AI engine, which enables it to ████████████████████████████ and ████████████████████.

B: It's a subscription model, right? So, how much will it cost?

A: Ten thousand yen a month.

B: That kind of price is way too high for an app!

A: 弊社が開発した発音トレーニングアプリは AI エンジンを搭載しており、各個人の弱点を判別してカスタマイズした練習を提供することが可能です。

B: サブスクリプションモデルなんですよね。それで、いくらするんですか。

A: 月1万円になります。

B: アプリでその値段は高すぎるでしょ！

正解

1　A: That just leaves the question of price
　　B: if we include all the options

2　A: My concern now is cost
　　A: charging so much for that kind of service

3　A: we're holding a campaign
　　B: that price is unacceptable

4　A: distinguish each individual's weak points
　　A: provide customized training

UNIT

15

—

MIRRORING

ミラーリング

MIRRORING 1

MIRRORING 2

Mirroring (1)
ミラーリング(1)

DL-77

DIALOGUE 1

> Tom Watkins is talking with his boss, Roy Falco, to explain a problem he is having with his manager.

Roy: Hi, Tom. Come in and take a seat. You said you wanted to chat about a problem.

Tom: Yes, that's right.

Roy: So, tell me about it.

Tom: 1. Well, to come straight to the point, I'm having problems with my manager, Ellen.

Roy: Problems with your manager…I see.

Tom: 2. Yes, she keeps making unreasonable demands.

Roy: Making unreasonable demands?

Tom: Yes. She piles extra work on me almost every day and insists that I stay late to finish it.

Roy: Stay late?

Tom: 3. Yes, sometimes I'm still in the office till 9 or 10 o'clock. I get the feeling she's victimizing me.

Roy: Victimizing you? Are you sure you're not just imagining that? Have you talked to any of your colleagues to see if she's treating them in the same way?

Tom: I kind of get the impression that she is.

Roy: You get the impression? So, you haven't discussed this with them in detail yet?

Tom: No, but I was hoping to get around to it soon.

Roy: 4. OK, but first I think we should step back a bit and try to get things in perspective.

Tom: What do you mean?

Roy: 5. Well, you know we've just reorganized your department, and that is inevitably going to lead to more work and increased tensions.

Tom: Yes, I suppose that's true.

Roy: 6. Also, I've worked with Ellen for several years now, and I don't see her as the type of person who would pick on one particular member of her team. I mean to say, I don't see her as a vindictive person.

Tom: But that's what it feels like to me.

CONTINUED P.370

VOCABULARY

- victimize (動) 〜を不当に罰する、犠牲にする
- get around to 〜 (動・句) 〜の機会をやっと見出す
- step back a bit (動・句) 一歩離れて見る
- in perspective (前・句) 遠近法によって、全体的な視

目的 | Royは感情的なTomに広い視野を持たせたい

TRANSLATION

> Tom Watkins は上司の Roy Falco と話をして、彼のマネージャーとの間の問題を説明しています。

Roy: こんにちは、Tom。入って座ってください。君は問題について話したいと言っていましたよね。

Tom: はい、その通りです。

Roy: では、それについて教えてください。

Tom: そうですね、ストレートに申し上げれば、私はマネージャーの Ellen との間に問題を抱えています。

Roy: マネージャーとの問題…なるほど。

Tom: はい、彼女は不当な要求をし続けています。

Roy: 不当な要求をしている?

Tom: はい。彼女はほぼ毎日私に余分な仕事を積み上げて、しかもそれを私に遅くまで残って終わらせるように主張します。

Roy: 遅くまで残る?

Tom: はい、私は時として9時か 10 時までオフィスにいます。彼女が私を不当に罰しているように感じています。

Roy: 君を不当に罰している? 君の単なる想像ではないんですか。同僚の誰かと話してみて同じように扱われているか確認してみましたか。

Tom: 彼女はそうだというある種、印象を受けるんです。

Roy: 印象を受ける? では、まだ彼らと詳しく話していないんですね。

Tom: ええ、でもそういう時間を早く見つけられればと思っていましたが。

Roy: そうですね、ただ、まずは少し後ろに下がって物事を大局的に見てみるべきだと思いますよ。

Tom: それはどういう意味ですか。

Roy: まあ、我々はちょうど部署を再編成したばかりですから、それにより必然的に仕事が増え、緊張感が高まるということです。

Tom: はい、確かにそうだと思います。

Roy: それと、私は Ellen とは今まで何年も仕事をしてきましたが、自分のチームの特定のメンバーをいじめるようなタイプの人間だとは思いません。私が言いたいのは、彼女が悪意のある人には見えないということです。

Tom: しかし、私にはそのように感じられます。

■ 野で
■ inevitably(副)必然的に、不可避的に

■ pick on ~(動・句)~をいじめる、いびる
■ vindictive(形)傷つけるつもりの、悪意のある

交渉コラム

トップダウンの傾向が強い国

トップダウンとは、ご承知のように、組織のリーダーが決定権を持ち、その決断に従って部下が動く仕組みをいいます。

日本企業を見ると、ワンマン経営でトップダウン型の会社もあれば、現場のコンセンサスを重視するところもあるはず。しかし一般的には、現場の社員が企画書を作成し、マネージャーにプレゼンをし、それが通過後に役員会議にかける…といったようなボトムアップ型で日々の業務を遂行している会社が多いのではないでしょうか。

一方、アメリカは伝統的にトップダウン型の企業が多いといわれています。こうなるのはある意味、当然なことです。アメリカでは実力主義が徹底されているので、才能のあるリーダーが指示を出すことが当たり前なのです。ただし、トップダウンといっても強制的に働かせるわけではありません。リーダーはオフィスにこもって承認をするのではなく、むしろ現場に足を運んで指示を出すようなイメージでとらえるとわかりやすいでしょう。これは Time is money. という格言通り、時間を重視するアメリカらしい方法です。

他にもロシア、インド、韓国、中国などはアメリカよりもさらにトップダウン型が強い傾向にあります。実際には各企業によって違いはありますが、目安として頭に入れておくと交渉前に役立つのではないでしょうか。

Function **1** > Mirroringで距離を縮める①

Tom: Well, to come straight to the point, I'm having problems with my manager, Ellen.
Roy: Problems with your manager…I see.

Tom: そうですね、ストレートに申し上げれば、私はマネージャーのEllenとの間に問題を抱えています。
Roy: マネージャーとの問題…なるほど。

解説 Roy が Tom との面談の際に Mirroring の手法を早速使います。彼は単に Tom の発言を繰り返し Mirroring するのみですが、自分の言い分が繰り返されると、時に人は「同意」されていると感じやすくなるものです。
to come straight to the point は、慌ただしいビジネスの現場ではよく使われるフレーズです。

Function **2** > Mirroringで距離を縮める②

Tom: Yes, she keeps making unreasonable demands.
Roy: Making unreasonable demands?

Tom: はい、彼女は不当な要求をし続けています。
Roy: 不当な要求をしている?

解説 Roy は Tom の発言を繰り返しながら、かつ質問をしています。Tom の気持ちを吐き出させるために同じ表現を使って質問し、より関係を深める戦術を取っているのです。ここでは Tom の発言をそのままくり返しています。これが Mirroring のコツです。
demands はやや強制的な意味合いが含まれます。上司が部下に使う分には聞き慣れた表現ですが、相手を選ぶので気をつけましょう。

他の表現
1 | Tom: Yes, she keeps making unreasonable requests.
  | Roy: Making unreasonable requests?

2 | Tom: Yes, she's continually complaining about my work.
  | Roy: Continually complaining about your work?

3 | Tom: Yes, she's constantly making pointless demands.
  | Roy: Making pointless demands?

Function **3** 〉 Mirroringで距離を縮める③

> **Tom:** Yes, sometimes I'm still in the office till 9 or 10 o'clock. I get the feeling she's victimizing me.
> **Roy:** Victimizing you? Are you sure you're not just imagining that? Have you talked to any of your colleagues to see if she's treating them in the same way?
>
> ---
>
> **Tom:** はい、私は時として9時か10時までオフィスにいます。彼女が私を不当に罰しているように感じています。
> **Roy:** 君を不当に罰している? 君の単なる想像ではないんですか。同僚の誰かと話してみて同じように扱われているか確認してみましたか。

解説 一字一句 Mirroring するとくどいので、ここでは victimizing という Tom の強い表現を繰り返しています。

複数回 Mirroring をして十分に関係を築いたところで、Tom を説得していくわけですが、その戦略としては 2 つのステップを取ります。

①質問して事実確認 ②提案≒意見

ここではまず質問することで、Tom が自分自身を客観的に見られるようにしていきます。

以下は Tom の発言 2 文目の言い換えです。

他の表現 1 | It strikes me that I'm being victimized.

2 | I get the distinct impression she's picking on me.

3 | I can't help feeling she's got some kind of grudge against me.

Function **4** 〉 客観的な意見を述べる①

> OK, but first I think we should step back a bit and try to get things in perspective.
>
> ---
>
> そうですね、ただ、まずは少し後ろに下がって物事を大局的に見てみるべきだと思いますよ。

解説 Tom の思い込みが強いと見た Roy は、すぐに彼の間違いを指摘するのではなく、ニュートラルに彼の視野を拡げるよう導いていきます。これは Mirroring に限らずマネジメントにおいて大事な視点です。

他の表現 1 | OK, but first I think we should hit the pause button and try to see the larger picture.

2 | OK, but let's start out by moving back a bit and trying to get a broader perspective.

3 | OK, but why don't we try to get more of a bird's-eye view of the situation?

Function **5** ＞ 客観的な意見を述べる②

> Well, you know we've just reorganized your department, and that is inevitably going to lead to more work and increased tensions.

まあ、我々はちょうど部署を再編成したばかりですから、それにより必然的に仕事が増え、緊張感が高まるということです。

解説 well, you know は、前置きとして相手の気持ちを荒立てないようにする効果的な挿入句です。Roy は Tom と上司との問題にのみ焦点を合わせずに、環境に目を向けさせます。

以下の 1 の restructure は、日本語の「リストラ」とは別の「再編」の意味合いを含む表現となります。会社・組織などの「再編（restructuring）」に伴う人員からきていて、日本語の「リストラ」の意味はありません。

他の表現 1 │ We've just restructured your department, and that will naturally lead to more work and frayed tempers.

2 │ We've just revamped the department, so it's fairly obvious that will involve more work and greater stress.

3 │ Your department has just undergone a major overhaul, and that will inevitably increase the workload and the pressure.

Function **6** ＞ 客観的な意見を述べる③

> Also, I've worked with Ellen for several years now, and I don't see her as the type of person who would pick on one particular member of her team. I mean to say, I don't see her as a vindictive person.

それと、私はEllenとは今まで何年も仕事をしてきましたが、自分のチームの特定のメンバーをいじめるようなタイプの人間だとは思いません。私が言いたいのは、彼女が悪意のある人には見えないということです。

解説 Roy が上司としての意見を続けて述べます。Mirroring で信頼関係を築いた後で意見を言うことで、部下の反応も違ったものになるといえます。

以下は 2 文目の言い換えです。

他の表現 1 │ I mean to say, I don't consider her a vindictive person.

2 │ That is to say, she doesn't come across as malicious.

3 │ In other words, she doesn't strike me as an evil-minded person.

EXERCISE DIALOGUE

付属音声を聞き、空所にあてはまる英語を埋めてください。 DL-78

1

A: You can be honest with me. ____________________?

B: To tell the truth, I'm a bit ____________________ the office.

A: You're worried about morale in the office?

B: Yes, lately the training of the junior staff hasn't been going all that well, and it's causing problems.

A: 正直に話してごらん。いったいどうしたのかな。

B: 実は、職場での人間関係で少し悩んでいます。

A: 職場での人間関係で悩んでいる？

B: はい、このところ部下の育成がうまくいかなくて困っているんです。

2

A: You're ____________________.

B: Ms. A, who joined this spring, has already said she wants to resign.

A: She wants to resign?

B: That's right. As for the reason, ____________________, but she won't tell me anything.

A: 部下の育成に悩んでいるんだね。

B: 今年の春に入社した A さんですが、もう退社したいと言い出しています。

A: 退社したいだって？

B: そうなのです。何が原因なのか、いくら本人に聞いても私には何も教えてくれないのです。

3

A: I'd like to consult with you about ____________________ the other day.

B: Consult me about the personnel changes?

A: Yes. I think that a ____________________ will be a bit difficult because of my family circumstances at the moment.

B: I see. Difficult on account of your family circumstances.

A: この間の辞令についてご相談があるのですが。

B: 辞令についての相談？

A: はい、海外営業部への転属ということですが、今の家族の状況では少し難しいと考えています。

B: なるほど。家族の状況のために難しいと。

4 **A:** ▨▨▨▨▨▨▨▨▨▨▨▨▨▨▨▨▨▨ the report at the meeting the other day.

B: Talk about the report at the meeting the other day? What exactly?

A: What I wanted to discuss is the fact that there were some ▨▨▨▨▨▨▨▨
▨▨▨▨▨▨▨▨▨.

B: Big mistakes in the sales report? Could you explain to me briefly what they were?

A: 先日の会議での報告について折り入ってお話ししたいことがございます。

B: 先日の会議での報告についての話だね。どういったことかな?

A: 営業報告書に大きなミスがありまして、そのことをご相談させていただきたかったのです。

B: 営業報告書に大きなミス? どんなミスか、かいつまんで説明してくれるかな。

正解

1 **A:** What on earth is the matter
　　B: worried about morale in

2 **A:** worried about the training of the junior staff
　　B: I've tried to discuss it with her

3 **A:** the personnel changes that were announced
　　A: transfer to the overseas sales department

4 **A:** I'd like to talk frankly about
　　A: big mistakes in the sales report

15 Mirroring (2)

ミラーリング(2)

DIALOGUE 2

> The conversation between Tom and Roy continues.

Roy: 1. What would your preferred solution be?

Tom: The way I'm feeling right now, I think my best option would be to transfer out of the marketing department.

Roy: 2. Transfer out of the department? That seems a bit drastic. You must realize that you're one of our most experienced marketing professionals. You've been with the company a long time and you really understand the product line. I don't think we should act so hastily. We need to examine the situation more closely.

Tom: But things can't go on like this. I don't want to cause problems, but to tell the truth, I'm starting to feel really burnt out.

Roy: 3. Burnt out? I'm sorry to hear that. If that's the case, we'll need to take some action.

Tom: Yes, I'd appreciate that. For example, would it be possible for me to transfer into sales?

Roy: Transfer into sales? I honestly don't think that would be the best use of your skills. We can't afford to lose you from the marketing department.

Tom: But it's got so bad that I've even thought about resigning.

Roy: Resigning! No, please don't do that—we need you!

Tom: 4. So, where does that leave us?

Roy: 5. I tell you what. I'll have a quiet word with Ellen—without mentioning your name of course—and I'll see if I can get to the bottom of what's happening.

Tom: Would you? I'd be very grateful.

Roy: 6. And in the meantime, perhaps you could talk to some of your colleagues to see if any of them feel the same way you do.

Tom: OK, good idea. Thanks so much for your time and understanding.

VOCABULARY

▢ drastic (形) 過激な、極端な	▢ have a quiet word with ~ (動・句) ~と冷静に話をする
▢ hastily (副) 急いで、急に、慌てて	

ケース ▶ 人間関係で悩む部下の相談にのる②

目的 ┃ Royは感情的なTomをなだめ、安心させたい

TRANSLATION

> Tom と Roy の会話が続きます。

Roy: 君にとって望ましい解決方法とは何ですか。

Tom: 今の私の気持ちは、マーケティング部門から転属するのが一番いいと思います。

Roy: 部署からの転属ですか。それは少し極端に思えますね。君は私たちの中で最も経験豊富なマーケティングの専門家の1人であることを認識していただきたい。君は長くこの会社に勤務していて、製品ラインを本当に理解しています。そんなに急いで行動するべきではないと思います。我々は状況をもっと詳しく調べる必要がありますね。

Tom: しかし、そううまくはいかないと思います。私は問題を起こしたくはありませんが、実のところ、私は本当に燃え尽きてしまったと感じ始めているんです。

Roy: 燃え尽きた? それは残念です。もしそうであれば、何らかのアクションを取る必要がありますね。

Tom: はい、それはありがたいです。例えば、私は営業に異動することは可能ですか。

Roy: 営業に異動ですか。正直言って、それは君のスキルを最大限に活かすことにはならないと思います。マーケティング部門から君を失うわけにはいきません。

Tom: しかし、あまりにもひどい状況なので、退職すら考えたことがあります。

Roy: 退職! いや、そんなことはしないでください! 我々は君を必要としています。

Tom: それでは、どうしたらいいのですか。

Roy: ではこうしましょう。私が Ellen と冷静に話をします。もちろん、君の名前は出さずに。そうすれば私も何が起きているのか、真相にたどり着くことができるはずです。

Tom: そうしていただけますか。大変ありがたいです。

Roy: その間に、おそらく君は同僚の何人かと話をして、君と同じ思いをしている人がいないかどうか確認できると思います。

Tom: はい、良い考えですね。お時間とご理解をどうもありがとうございました。

■ **get to the bottom of** ~（動・句）~の真相にたどり着く　　■ **in the meantime**（前・句）一方で、その間に

交渉コラム

恋愛でも使えるMirroring

「相手のしぐさや話し方を真似する」ことで、真似された側が徐々に好意を持つ効果があります。人は「自分と似た人」を好きになる本能があり、「似ているところ」をアピールすることで相手はどんどん興味を持ちます。好意を持たれやすいだけでなく、親近感を抱いてもらって心を開いてもらうことも可能にしてくれるでしょう。

ですので、Mirroring は片思いの相手に興味を持ってもらう場合にも、すでに付き合っている相手や夫婦間でも効果があると言えます。

真似するのはしぐさや話し方、声のトーン、表情など様々です。相手の言葉を繰り返したり、同じ行動をしたり、同じ食べ物を食べる（注文する）などいった具体的な行為も効果的です。

ただし、ビジネスでも恋愛でも同じですが、やりすぎは効果がありません。何でもかんでも真似すればいいというものではないですし、誰に対しても同じ言動を取ればいいというものでもありません。相手に不快感を与えない程度に観察しながら行うようにしましょう。

KEY FUNCTION PHRASES

Function 1 > 悩んでいる相手の要望を確認する

What would your preferred solution be?

君にとって望ましい解決方法とは何ですか。

> **解説** 困り果てている Tom が望んでいることをストレートに問う表現です。Dialogue 1 の Roy の Mirroring から、彼の傾聴スキルの高さがうかがえると思います。この Dialogue では、解決へ向けて Roy がより具体的な質問を投げかけたり、意見を述べたりします。

> **他の表現** 1 | What do you think would be the optimal solution?
> 2 | What would be your preferred course of action?
> 3 | How would you go about solving this?

Function 2 > Mirroring +「ほめる表現」で相手を動かす

Transfer out of the department? That seems a bit drastic. You must realize that you're one of our most experienced marketing professionals.

部署からの転属ですか。それは少し極端に思えますね。君は私たちの中で最も経験豊富なマーケティングの専門家の1人であることを認識していただきたい。

> **解説** ここでも Transfer out of the department? と Mirroring を使うことで、すぐさま相手の意向を否定することを避けています。直前の Tom の発言の全てではなく、キーとなるところのみを繰り返しているのもポイントです。
> 続けて、方向転換のための会話を始めます。これは実質的に Tom の意見に反対しているのですが、同時にほめてもいるので Tom の気持ちはポジティブに動くはずです。
> That seems a bit drastic. は、seems と a bit で drastic という強い語を弱めています。直接的な否定を避ける表現ですが、直後の相手をほめる際には、むしろ You must realize... と強い表現を選んでいます。

> **他の表現** 1 | That seems a bit drastic. You must realize that you're one of our most experienced marketing professionals.
> 2 | That sounds a bit extreme. I want you to acknowledge that you're one of our most trusted marketing professionals.
> 3 | Don't be too hasty. I think you'd agree that you're one of the most experienced marketing professionals in the company.

373

> Burnt out? I'm sorry to hear that. If that's the case, we'll need to take some action.
>
> 燃え尽きた？ それは残念です。もしそうであれば、何らかのアクションを取る必要がありますね。

解説 直前の Tom の I'm starting to feel really burnt out に対して、Burnt out? と Mirroring を使って対応しています。Mirroring は「相手の話をちゃんと聞いて受け止めている」という印象を相手に与えることができ、このような悩みを聞くケースでは特に効果的です。
その後の文では主語を we にして、「私たちが解決すべき問題」であることを前面に出し、共感や同情の気持ちを巧みに表現しています。

他の表現 1 | That's too bad. If so, we'll need to act promptly.

2 | I'm so sorry to hear that. If that's the case, we'll need to address the problem right away.

3 | We can't leave it as it is. It's essential that we do something about it without fail.
（それは放っておけません。間違いなく何かしら行う必要がありますね）

Function **4** > 心を開かせ、質問させる

> So, where does that leave us?
>
> それでは、どうしたらいいのですか。

解説 転属も退職も Mirroring で封じられ、Tom は解決策を Roy に聞く立場になります。これが Mirroring 戦術の真骨頂です。
上司とのストレスから職場を離れたいと強く望む Tom の気持ちを、Roy は Mirroring で受け止め続けました。その結果、Tom は Roy の提案を受け入れる心情になったということです。「受け止め続けて相手の感情を変化させる」のが Mirroring の狙いです。

Function 5 › 具体的な解決策を提示する

I tell you what. I'll have a quiet word with Ellen—without mentioning your name of course—and I'll see if I can get to the bottom of what's happening.

ではこうしましょう。私がEllenと冷静に話をします。もちろん、君の名前は出さずに。そうすれば私も何が起きているのか、真相にたどり着くことができるはずです。

解説 Mirroring の効果を最大限に活かすべく、Roy が最後の説得に入ります。「Tom の代わりに Roy が直接 Ellen と話す」というのが Roy からの提案です。彼はここまで Mirroring で丁寧に聞き、Tom の意見を十分に吐き出させたので、Tom の心情はすっきりしているはず。2 人で出した結論という印象が強くなります。

have a quiet word with 〜で「〜と冷静に話をする」、get to the bottom of 〜は「〜の真相にたどり着く」。bottom はここでは「真相、根底」の意味です。

I tell you what. は「ではこうしよう」と何かを提案するときに使われます。Here's what I'll do. / How about this way? などで代用できます。

Function 6 › 相手がすべき行動を促す

And in the meantime, perhaps you could talk to some of your colleagues to see if any of them feel the same way you do.

その間に、おそらく君は同僚の何人かと話をして、君と同じ思いをしている人がいないかどうか確認できると思います。

解説 Mirroring での問題解決は最後のフェーズに入りました。

Dialogue 1 で Roy が「Tom の誤解ではないか」と懸念していた部分を、Tom 自身が自分で確かめるように促します。すでに Mirroring 効果により Roy との信頼関係のある Tom は、この提案を快く受け止め、最後は深い謝意を表して終わります。Mirroring なしに不躾にこう指示されるのとでは、Tom の気持ちは大きく違うはずです。

EXERCISE DIALOGUE

付属音声を聞き、空所にあてはまる英語を埋めてください。

DL-80 ○

1 　A: Lately, I've come to feel that ▨▨▨▨▨▨▨▨.

B: Your job isn't worth the effort? What do you mean?

A: To be honest, I can't decide whether ▨▨▨▨▨▨ in my present job.

B: You can't decide whether it's worth your while to continue? How long have you been feeling that way?

A: 最近、仕事にやりがいが感じられなくなってきているんです。

B: 仕事にやりがいが感じられない? それはどういうことですか。

A: 正直なところ、今の仕事を続けるべきかどうか迷っています。

B: 仕事を続けるべきかどうか迷っているんだね。いつごろからそう感じているのかな。

2 　A: I've been feeling that ▨▨▨▨▨▨▨▨ might be the best thing, if that's possible.

B: A transfer to a regional office?

A: I feel that working in Tokyo ▨▨▨▨▨▨.

B: Working in Tokyo doesn't suit you? Is there something you would like to tell me?

A: できれば地方オフィスへの転勤が最善ではないかと感じています。

B: 地方オフィスへの転勤?

A: 東京での仕事は私にはあまり合っていないように感じています。

B: 東京での仕事が合っていないと? どういうことかを教えてくれたまえ。

3 　A: For about a year now, I've been ▨▨▨▨▨▨▨▨ ▨▨▨▨▨.

B: Harassment from a new manager? Could you tell me exactly what form this harassment took?

A: Whenever I make a mistake in my work, he says it must be because of my character.

B: So, you feel that he's been ▨▨▨▨▨▨▨▨, right?

376

A: この 1 年間、新しい上司からハラスメントを受けています。

B: 新しい上司からハラスメントを？ 具体的にはどのようなハラスメントか話してもらえるかな。

A: 仕事で失敗があるといつも、私の人格のせいのような発言をされます。

B: では、君の人格が否定されているように感じているんだね。

[4]

A: So, what on earth can I do?

B: First of all, ▓▓▓▓▓▓▓▓▓▓▓▓▓▓▓▓▓▓▓. I think that will help me to understand what actually happened.

A: ▓▓▓▓▓▓▓▓▓▓▓▓▓▓▓▓▓▓▓. But please don't mention that I was the one who told you.

B: Of course, I'll be careful not to say anything about that.

A: では、いったいどうしたらいいでしょうか。

B: まず、私が彼と冷静に話をしてみよう。そうすれば具体的に何が起きているのかを理解できるかもしれない。

A: そうしていただけると大変助かります。でも私が言ったことは内緒にしてください。

B: もちろん、それについては何も言わないように注意するよ。

正解

1 **A:** my job isn't worth the effort
   A: it's worth my while to continue

2 **A:** a transfer to a regional office
   A: doesn't really suit me

3 **A:** experiencing harassment from a new manager
   B: denigrating your character

4 **B:** I'll have a quiet word with him
   A: It would be a big help if you could do that

あとがき

Thank you very much for choosing this book. My co-author and I hope that you were able to benefit from the dialogues and the language analysis, not only in developing your proficiency in English but also in seeing how English can be deployed strategically to achieve your objectives.

The book contains a lot of material, and it is important not to feel overwhelmed by it. In any language, there are countless ways to express the same idea, and we thought it important to present as many examples as possible. Although the ability to memorize all of them and to have them automatically at your disposal in the relevant business situations would be ideal, this is clearly beyond the reach of most people. These expressions are largely intended to aid your comprehension, giving you an insight into the kind of language that commonly crops up nowadays in business situations. Some of the examples, however, you will definitely want to commit to memory, and the key here is to be selective.

When you come to review this material, some of these phrases will strike you as being particularly relevant to your own needs or will pique your interest in other ways. These are the ones you should focus on and try to learn by heart.

We hope that what we have presented here will widen your linguistic horizons and help you to be comfortable and effective in any business situations that require English proficiency.

Bill Benfield

編集協力	余田志保
	仲　慶次
カバーデザイン	小口翔平 ＋ 喜來詩織（tobufune）
本文デザイン	上坊菜々子
DTP	小林菜穂美

世界基準のビジネス英会話
重要交渉戦略15パターン

2020 年 7 月 30 日　第 1 刷発行

著　者	竹村和浩　ビル・ベンフィールド
発行者	前田俊秀
発行所	株式会社 三修社
	〒150-0001　東京都渋谷区神宮前 2-2-22
	TEL03-3405-4511　FAX03-3405-4522
	https://www.sanshusha.co.jp
	編集担当　本多真佑子
印刷・製本	壮光舎印刷株式会社

©2020 Kazuhiro Takemura, Bill Benfield　Printed in Japan
ISBN 978-4-384-05981-6　C2082

JCOPY 〈出版者著作権管理機構 委託出版物〉

本書の無断複製は著作権法上での例外を除き禁じられています。複製される場合は、
そのつど事前に、出版者著作権管理機構（電話 03-5244-5088 FAX 03-5244-5089
e-mail: info@jcopy.or.jp）の許諾を得てください。